2015 职(执)业资格考试辅导丛书

公路工程造价人员资格考试辅导用书

Gonglu Gongcheng Zaojia de Jijia yu Kongzhi
Moni Lianxi yu Tijie

《公路工程造价的计价与控制》模拟练习与题解

(第二版)

史小丽　主编

内 容 提 要

本书根据《公路工程造价人员资格考试大纲》所列各考点，编制了大量专项模拟练习题，题型与考试真题完全一致，并在题量上尽量反映考试的重点和难点，每道练习题均配有参考答案和较为详细的解析。

本书可供参加公路工程造价人员资格考试的人员复习参考。

增值贴（学习体验卡）**用法**：登录注考网，http://www.zhukaowang.com.cn，注册后，激活增值贴即可免费试用公路工程造价工程师考试辅导相关课程，具体操作方法见注考网。

图书在版编目(CIP)数据

《公路工程造价的计价与控制》模拟练习与题解 / 史小丽主编. —2版. —北京：人民交通出版社股份有限公司，2015.1

ISBN 978-7-114-11993-4

Ⅰ.①公… Ⅱ.①史… Ⅲ.①道路工程—工程造价—资格考试—题解 Ⅳ.①U415.13-44

中国版本图书馆CIP数据核字(2015)第018523号

公路工程造价人员资格考试辅导用书

书　　名：《公路工程造价的计价与控制》模拟练习与题解（第二版）
著 作 者：史小丽
责任编辑：刘永超　李　瑞
出版发行：人民交通出版社股份有限公司
地　　址：(100011)北京市朝阳区安定门外外馆斜街3号
网　　址：http://www.ccpress.com.cn
销售电话：(010)59757973
总 经 销：人民交通出版社股份有限公司发行部
经　　销：各地新华书店
印　　刷：北京盈盛恒通印刷有限公司
开　　本：787×1092　1/16
印　　张：13.5
字　　数：325千
版　　次：2014年1月　第1版
2015年1月　第2版
印　　次：2015年1月　第1次印刷　累计第2次印刷
书　　号：ISBN 978-7-114-11993-4
定　　价：40.00元

前　　言

公路工程造价管理是公路建设不可或缺的一项重要工作，是确保公路建设资金科学、合理使用的重要手段。为提高公路工程造价人员的业务能力与水平，培育一支高素质的公路工程造价人员队伍，交通运输部组织实施了公路工程造价人员资格考试。

为满足广大考生复习备考的需要，我们依据交通运输部颁布的最新《公路工程造价人员资格考试大纲》（以下简称考试大纲）和《公路工程造价人员资格考试用书》（以下简称考试用书），参考近几年考试真题中各知识点的分值分布情况，结合教学及培训工作经验，编写了《〈公路工程造价的计价与控制〉模拟练习与题解》这本考试辅导用书。本书紧扣考试大纲各考点，编制了有针对性的模拟练习题，通过各考点的专项习题训练，使考生能够对各考点相关内容加深记忆和理解，达到"以练促学"的目的。同时，本书针对每道题均编制了较为详细的试题解析，内容依据考试用书和公路工程造价相关的法规文件，力求涵盖全部考试内容，考生可结合试题解析对易错点和重点、难点内容进行更加有针对性的复习。

读者可以利用考试用书，对公路工程造价相关理论与技术进行系统复习，利用本书，对相关考点进行强化训练，二者结合，一定能起到事半功倍的效果，从而能够在较短时间内更好地掌握考试内容，顺利通过考试。

本书由长安大学史小丽主编，研究生范永伟参与了一、二、七章试题解析的编写，研究生蒋家福参与了四、五、六章试题解析的编写。

由于编者水平有限，加之时间较为仓促，本书在编写过程中虽经数次推敲核证，但仍难免存在疏漏或不妥之处，恳请广大读者批评指正，以便我们修订再版时完善，使之成为公路工程造价考试人员的好帮手。最后真诚祝愿使用本书的各位考生能顺利通过考试！

编　者

2014 年 12 月

目　　录

第一部分　模拟练习题

第二部分 答案及解析

第一部分　模拟练习题

一、公路工程造价构成

(一)公路工程造价文件的组成

Ⅰ.单项选择题

1. 公路工程造价文件由封面、目录、编制说明及(　　)组成。

A. 全部计算表　　B. 各项基础数据计算表

C. 各项费用计算表　　D. 甲组和乙组文件

2. (　　)不属于公路工程造价文件甲组文件的内容。

A. 编制说明　　B. 总造价汇总表

C. 建筑安装工程费计算数据表　　D. 建筑安装工程费计算表

3. (　　)是公路工程造价文件中甲组文件的内容。

A. 材料预算单价计算表　　B. 人工、材料、机械台班单价汇总表

C. 机械台班单价计算表　　D. 建筑安装工程计算数据表

4. 造价文件的项目由(　　)个层次组成。

A. 6　　B. 5　　C. 4　　D. 3

5. (　　)是公路工程造价文件中乙组文件内容。

A. 总造价汇总表　　B. 人工、主要材料、机械台班数量汇总表

C. 编制说明　　D. 建筑安装工程费计算数据表

6. 概、预算编制说明中应叙述的内容不包括(　　)。

A. 建设项目设计资料的依据及有关文号

B. 采用的定额、费用标准

C. 其他与造价有关但不能在表格中反映的事项

D. 工程施工组织设计或施工方案

7. 下列说法中，错误的是(　　)。

A. 公路工程造价文件由封面、目录、编制说明及全部计算表格组成

B. 公路工程造价应按统一的表格进行计算

C. 公路工程造价文件按不同的需要分为甲、乙两组文件，其中甲组文件只供审批使用

D. 与造价有关但不能在造价表格中反映的事项可以在造价文件编制说明中反映

Ⅱ.多项选择题

1.《建设项目经济评价方法与参数》(2006)规定的建设投资构成中，工程费用可以分为(　　)和(　　)。

A. 建筑安装工程费　　B. 预备费

C. 设备、工具、器具及家具购置费　　D. 工程建设其他费用

2. (　　)是公路工程造价文件中乙组文件的内容。

A. 材料预算单价计算表　　B. 人工、材料、机械台班单价汇总表

C. 机械台班单价计算表　　D. 建筑安装工程费计算数据表

3. 关于公路工程预算文件的描述,以下选项是错误的是(　　)。

A. 公路工程预算文件中乙组文件只供审批使用

B. 甲组文件包括总概算汇总表、总概算表、建筑安装工程费计算表

C. 乙组文件包括编制说明、建筑安装工程费计算数据表、分项工程概(预)算表

D. 公路工程预算文件由封面及目录、编制说明及全部计算表格组成

4. 下列说法中错误的是(　　)。

A. 造价文件编制完成后,应写编制说明,文字力求简明扼要

B. 公路工程造价文件应按一个建设项目进行编制,不能分段或分部编制

C. 公路工程造价文件的目录应按概、预算表的表号顺序编排

D. 公路工程造价文件的乙组文件是各项费用计算表

Ⅲ. 判断题

1. 甲、乙组文件应按《公路工程基本建设项目设计文件编制办法》中关于设计文件报送份数的要求,随设计文件一并报送。　　(　　)

2. 公路工程概、预算应按一个建设项目进行编制,当一个建设项目需要分段或分部编制时,应根据需要分别编制,但必须汇总编制"总概(预)算汇总表"。　　(　　)

3. 机械台班单价计算表不属于公路工程造价文件甲组文件。　　(　　)

(二)建筑安装工程费、设备及工器具购置费和工程建设其他费用的构成与计算

Ⅰ. 单项选择题

1. 建筑安装工程直接工程费中的人工费是指(　　)。

A. 施工现场所有人员的工资性费用

B. 施工现场与建筑安装施工直接有关的人员的工资性费用

C. 直接从事建筑安装施工的生产人员开支的各项费用

D. 直接从事建筑安装施工的生产人员及机械操作人员开支的各项费用

2. 按《公路工程基本建设项目概算预算编办法》规定,下列不属于直接工程费的是(　　)。

A. 施工作业生产工人的福利费　　B. 材料的检验试验费

C. 材料的采购及保管费　　D. 小型机具使用费

3. 纳税地点在市区的企业,综合税率的计算公式是(　　)。

A. $税率(\%)=[\frac{1}{1-3\%\times(1+5\%+3\%)}-1]\times100\%$

B. $税率(\%)=[\frac{1}{1-3\%\times(1+7\%+3\%)}-1]\times100\%$

C. $税率(\%)=[\frac{1}{1-3\%\times(1+1\%+3\%)}-1]\times100\%$

D. $税率(\%)=[\frac{1}{1-3\%\times(1+3\%+3\%)}-1]\times100\%$

4. 工地转移距离在(　　)km 以内的工程不计取工地转移费。

A. 30　　B. 50　　C. 100　　D. 150

5. 某路基工程人工费为 59 842 元,材料费为 120 566 元,机械使用费为 83 334 元,其他工程费综合费率为 16.6%,规费费率为 4.5%,企业管理费综合费率为 8%,利润率为 6%,综合

税率为3.41%,该项目的建筑安装工程费为(　　)元。

A.366 843　　B.323 062　　C.354 746　　D.339 548

6.按《公路工程基本建设项目概算预算编制办法》规定,施工现场的排污费用属于(　　)。

A.直接费　　B.直接工程费

C.企业管理费　　D.其他直接费

7.在建筑安装工程费中,临时设施费应计入(　　)。

A.直接工程费　　B.企业管理费

C.规费　　D.其他工程费

8.工程排污费,即施工现场按规定缴纳的排污费用,应计入(　　)。

A.企业管理费　　B.其他工程费

C.直接工程费　　D.临时设施费

9.按《公路工程基本建设项目概算预算编制办法》规定,施工企业对建筑材料进行一般鉴定、检查所发生的费用计入(　　)。

A.间接费　　B.研究试验费

C.施工辅助费　　D.材料费

10.其他工程费中的临时设施费不包含的内容为(　　)。

A.临时生活及居住房屋

B.工地范围内的各种临时的工作便道

C.进场汽车便道修建费

D.人行便道,工地临时用水、用电的水管支线和电线支线

11.我国现行建筑安装工程费用构成中,材料二次搬运费应计入(　　)。

A.直接工程费　　B.其他工程费

C.施工辅助费　　D.间接费

12.纳税地点在市区的企业,综合税率约为(　　)。

A.3.41%　　B.3.35%　　C.3.22%　　D.3.45%

13.按现行规定在建筑安装工程间接费中,企业管理费不包括的内容是(　　)。

A.管理人员工资　　B.办公费

C.工会经费　　D.住房公积金

14.建筑安装工程费中的规费不包括(　　)。

A.职工教育费　　B.工伤保险费

C.养老保险费　　D.住房公积金

15.高原地区施工增加费是指在海拔高度在(　　)m以上的地区施工,由于受气候、气压的影响,致使人工、机械效率降低而增加的费用。

A.1 000　　B.1 500　　C.2 000　　D.2 500

16.按我国现行规定,生产工人自备工具的补贴费属于(　　)。

A.其他工程费　　B.直接工程费

C.间接费　　D.施工辅助费

17.施工标准化与安全措施费包括(　　)。

A. 施工期间为保证交通安全而设置的临时安全设施和标志、标牌的费用

B. 工程施工期间为满足安全生产、施工标准化、规范化、精细化所发生的费用

C. 预制场和拌和站的施工标准化费用

D. 临时便道和临时便桥的施工标准化费用

18. 在下列各项费用中,属于公路工程建安工程直接工程费中材料费的是(　　)。

A. 施工机械安装及拆卸损耗材料费

B. 周转材料摊销费

C. 进行建筑材料质量一般性鉴定检验所耗材料费

D. 搭设临时设施所耗材料费

19. 工程竣工交付使用后,在规定保修期以内的修理费用应计入(　　)。

A. 临时设施费　　B. 其他工程费

C. 直接工程费　　D. 企业管理费

20. 施工企业发生的技术开发费计入(　　)。

A. 规费　　B. 直接工程费

C. 企业管理费　　D. 施工辅助费

21. 编制公路工程概算时,规费的计算基数是(　　)。

A. 人工费　　B. 直接工程费

C. 直接费　　D. 人工费与机械使用费之和

22. 建筑安装工程费中的利润,其计算基数为(　　)。

A. 直接工程费 + 间接费　　B. 直接工程费 + 间接费 - 规费

C. 直接费 + 间接费　　D. 直接费 + 企业管理费

23. 下列各项费用中,以各类工程的直接费为计算基数计算的是(　　)。

A. 企业管理费　　B. 间接费　　C. 施工辅助费　　D. 规费

24. 下列各项费用中,以各类工程的直接工程费之和为计算基数计算的是(　　)。

A. 行车干扰工程施工增加费　　B. 雨季施工增加费

C. 高原地区施工增加费　　D. 风沙地区施工增加费

25. 下列叙述正确的是(　　)。

A. 一条路线通过两个以上的气温区时,以工程量大的路段所在气温区计算冬季施工增加费

B. 一条路线通过不同的雨量区和雨季期时,以工程量大的路段所在雨量区和雨季期计算雨季施工增加费

C. 室内管道及设备安装工程不计雨季施工增加费

D. 冬季施工增加费以各类工程的直接工程费之和为基数,按工程所在地的工程类别选用费率计算

26. 某路基工程人工费为 59 842 元,材料费为 120 566 元,机械使用费为 83 334 元,其他工程费综合费率Ⅰ为 3.7%,综合费率Ⅱ为 12%;规费费率为 40%,企业管理费综合费率为 8%,利润率为 6%,综合税率为 3.41%,则该路基工程的税金为(　　)元。

A. 12 164　　B. 18 836　　C. 20 272　　D. 23 255

27. 公路路基施工过程中,承包人为控制工程质量进行灌砂法试验,该类检验试验费在概

算中应列入(　　)中。

A. 直接工程费　　B. 临时设施费

C. 企业管理费　　D. 施工辅助费

28. 下列关于工具、器具及生产家具购置费的表述中,正确的是(　　)。

A. 该项费用属于设备费

B. 该项费用属于工程建设其他费

C. 该项费用是为了保证项目生产运营期的需要而支付的相关购置费

D. 该项费用一般以需要安装的设备购置费为基数乘以一定费率计算

29. 某进口设备的货价为 50 万元人民币,国际运费费率为 10%,运输保险费率为 3%,进口关税税率为 20%,则该设备应支付的关税税额是(　　)万元。

A. 11.34　　B. 11.33　　C. 11.30　　D. 10.00

30. 已知某进口设备 FOB 为 50 万美元,美元对人民币汇率为 1∶8,银行财务费率为 0.2%,外贸手续费率为 1.5%,关税税率为 10%,增值税率为 17%,若该进口设备抵岸价为 586.7 万元人民币,则该进口设备到岸价为(　　)万元人民币。

A. 406.8　　B. 450.0　　C. 456.0　　D. 586.7

31. 关于进口设备原价的构成及其计算,下列说法正确的是(　　)。

A. 进口设备原价是指进口设备的到岸价

B. 进口设备到岸价由离岸价和进口从属费构成

C. 关税完税价格由离岸价、国际运费、国际运输保险费组成

D. 关税不作为进口环节增值税计税价格的组成部分

32. 进口设备应缴纳增值税的组成计税价格是(　　)。

A. 关税 + 关税完税价格　　B. 关税

C. 关税完税价格 + 关税 + 消费税　　D. 关税完税价格

33. 某进口设备的到岸价为 100 万元,银行财务费 0.5 万元,外贸手续费费率为 1.5%,关税税率为 20%,增值税税率为 17%,该设备无消费税和海关监管手续费。则该进口设备的抵岸价为(　　)万元。

A. 139.0　　B. 142.4　　C. 153.3　　D. 154.3

34. (　　)是指建设项目交付使用后为满足初期正常运营必须购置的第一套不构成固定资产的设备、仪器、仪表等的费用。

A. 办公和生活用家具购置费　　B. 零星固定资产购置费

C. 其他工程费　　D. 工具、器具及生产家具购置费

35. 某项目进口一套加工设备,该设备的离岸价为 100 万美元,国外运费 5 万美元,运输保险费 1 万美元,关税税率 20%,增值税税率 17%,无消费税,则该设备的增值税为(　　)万元人民币。(外汇汇率:1 美元 = 8.14 元人民币)

A. 146.68　　B. 176.02　　C. 166.06　　D. 174.35

36. 某进口设备的抵岸价为 7 350 万元人民币,国内运输运杂费费率为 1.2%,运输保险费率为 1%,采购及保管费率为 2.4%,则该进口设备的购置费为(　　)万元。

A. 7 688.1　　B. 7 506　　C. 7 843.5　　D. 7 366.2

37. 下列关于设备购置费的叙述中正确的是(　　)。

A. 国产设备运杂费由设备制造厂交货地点起至工地仓库止所发生的运费

B. 进口设备运杂费由设备制造厂交货地点起至工地仓库止所发生的运费

C. 进口设备原价是指进口设备的到岸价

D. 进口设备到岸价由离岸价和进口从属费构成

38. 根据《公路工程基本建设项目概算预算编制办法》的规定,下列叙述正确的是(　　)。

A. 进口设备购置费 = 进口设备到岸价 + 运杂费 + 运输保险费 + 采购及保管费

B. 进口设备运杂费 = 进口设备到岸价 × 运杂费费率

C. 进口设备购置费 = 进口设备原价 ×(1 + 运杂费费率 + 保险费费率 + 采购及保管费费率)

D. 进口设备运杂费 = 进口设备到岸价 × 采购及保管费费率

39. 下列不属于进口设备抵岸价构成内容的是(　　)。

A. 银行财务费　　B. 国内运费

C. 外贸手续费　　D. 关税

40. 下列费用中,不属于工程建设其他费用中研究试验费的是(　　)。

A. 按施工验收规定在施工中必须进行试验所需费用

B. 为项目提供设计参数所进行的试验费

C. 为项目验证设计参数所进行的试验费

D. 按设计规定在施工中必须进行的试验、验证所需费用

41. 下列不属于建设用地费的是(　　)。

A. 土地征用及补偿费

B. 城市维护建设税

C. 征用耕地一次性缴纳的耕地占用税

D. 租用建设项目土地使用权在建设期支付的租地费用

42. 按规定,对公路工程项目做出环境影响评价的费用应计入(　　)。

A. 专项评价费　　B. 工程质量监督费

C. 建设单位管理费　　D. 建设项目前期工作费

43. (　　)是分段选用费率,以累进办法计算的。

A. 建设单位(业主)管理费　　B. 工程监理费

C. 设计文件审查费　　D. 联合试运转费

44. 进行动(静)荷载试验所需的费用包含在(　　)中。

A. 施工辅助费　　B. 竣(交)工验收试验检测费

C. 研究试验费　　D. 联合试运转费

45. 建设项目前期工作费不包括(　　)。

A. 编制项目建议书、可行性研究报告、投资估算等所需的费用

B. 初步设计和施工图设计的勘察费、设计费、概(预)算编制费等

C. 使用林地可行性研究报告编制费

D. 设计、监理、施工招标文件及招标标底(或造价控制值或清单预算)文件编制费等

46. 联合试运转费是指按设计规定的工程质量标准,进行整个车间有负荷和无负荷试运转时发生的(　　)。

A. 试运转费用支出

B. 试运转费用收入

C. 试运转费用大于试运转收入的亏空部分

D. 施工单位参加试运转人员的工资

47. 按规定,对招标文件及标底或造价控制值编制费应计入(　　)。

A. 其他工程费　　B. 专项评价费

C. 建设单位管理费　　D. 建设项目前期工作费

48. 临时占用的耕地、鱼塘等,待工程竣工后将其恢复到原有标准所发生的费用是(　　)。

A. 土地补偿费　　B. 复耕费

C. 耕地开垦费　　D. 征用耕地安置补助费

49. 下列不应计入土地补偿费的是(　　)。

A. 被征用土地地下附着物及青苗补偿费

B. 用地图编制费及勘界费

C. 租用土地费

D. 拆迁管理费

50. 下列说法中正确的是(　　)。

A. 由施工企业代建设单位(业主)办理“土地、青苗等补偿费”的工作人员所发生的费用,应计入“土地征用及拆迁补偿费”

B. 竣(交)工验收试验检测费标准表中给出的费用标准,高速公路、一级公路按四车道计算,每增加一条车道,按费用标准增加15%计算

C. 当建设单位(业主)委托有资质的单位代理招标时,其代理费应在建设项目前期工作费中支出

D. 建设单位(业主)管理费和工程监理费均为实施建设项目管理的费用,执行时根据建设单位(业主)和施工监理单位所实际承担的工作内容和工作量,在保证监理费用的前提下,可统筹使用

51. 某高速公路建安费为20 000万元,建设单位管理费的费率如下表所示。则建设单位管理费为(　　)元。

建安费(万元)	费率(%)	建安费(万元)	费率(%)	建安费(万元)	费率(%)
500以下	3.48	1 001~5 000	2.18	10 001~30 000	1.52
501~1 000	2.73	5 001~10 000	1.84	30 001~50 000	1.27

A. 456　　B. 488　　C. 362.25　　D. 793.7

52. 联合试运转费不包括(　　)。

A. 联合试运转期间所需的材料、油燃料和动力的消耗费用

B. 联合试运转期间所需的工具用具和低值易耗品费用

C. 设备的调试费

D. 参加联合试运转人员的工资

53. 公路工程项目招标文件的编制费应计入(　　)。

A. 建设单位管理费　　B. 工程监理费

C. 专项评估费　　D. 建设项目前期工作费

54. 建设期间,公路建设指挥部临时办公用房建设的费用属于(　　)。

A. 建设单位管理费　　B. 施工现场管理费

C. 直接费　　D. 临时设施费

Ⅱ. 多项选择题

1. 以人工费和机械使用费之和为计算基数的是(　　)。

A. 高原地区施工增加费　　B. 行车干扰工程施工增加费

C. 沿海地区施工增加费　　D. 风沙地区施工增加费

2. 根据《公路工程基本建设项目概算预算编制办法》规定,下列属于规费的是(　　)。

A. 住房公积金　　B. 养老保险费

C. 生育保险费　　D. 失业保险费

3. 下列属于企业管理费的是(　　)。

A. 劳动保险费　　B. 医疗保险费

C. 施工企业投标费　　D. 施工企业广告费用

4. 冬季施工增加费的内容包括(　　)。

A. 材料因受潮,受湿的耗损的费用　　B. 清除工作地点的冰雪的费用

C. 施工机具所需修建的暖棚的费用　　D. 增加防雨,防潮设备的费用

5. 编制公路工程施工图预算时,以下关于利润的计算公式正确的是(　　)。

A. 利润 = (直接工程费 + 其他工程费) × 利润率

B. 利润 = (直接费 + 间接费) × 利润率

C. 利润 = (直接费 + 间接费 − 规费) × 利润率

D. 利润 = (直接费 + 企业管理费) × 利润率

6. 下面的(　　)属于企业管理费中的劳动保险费。

A. 职工退职金　　B. 职工死亡丧葬补助费

C. 职工抚恤金　　D. 法律顾问费

E. 咨询费

7. 我国现行公路工程建筑安装工程费用中,应计入企业管理费的项目有(　　)。

A. 企业财务费　　B. 企业工会经费

C. 脚手架费　　D. 企业管理人员劳动保险费

8. 雨季施工增加费的内容包括(　　)。

A. 材料因受潮,受湿的耗损的费用　　B. 清除工作地点的冰雪的费用

C. 施工机具所需修建的暖棚的费用　　D. 增加防雨,防潮设备的费用

9. 下列费用中,属于公路工程直接工程费中材料费的有(　　)。

A. 周转性材料摊销

B. 构成工程实体的材料费

C. 对建筑材料进行一般性鉴定检查支出的费用

D. 机械设备的辅助材料费

10. 根据我国现行工程造价构成,设备购置费包括的费用有(　　)。

A. 达到固定资产标准的各种设备

B. 未达到固定资产标准的设备

C. 达到固定资产标准的工、器具

D. 未达到固定资产标准的工、器具

11. 下列关于设备及工器具购置费的描述中,正确的是(　　)。

A. 工具、器具及生产家具购置费计算方法同设备购置费

B. 设备购置费由设备原价,设备运杂费,采购保管费组成

C. 国产标准设备带有备件时,其原价按不带备件的价值计算,备件价值计入工器具购置费中

D. 国产设备的运费和装卸费是指由设备制造厂交货地点起至工地仓库止所产生的运费和装卸费

12. 下列关于设备购置费的叙述中错误的是(　　)。

A. 关税完税价格由离岸价、国际运费、国际运输保险费组成

B. 关税不作为进口环节增值税计税价格的组成部分

C. 设备运杂费是指为运输而进行的包装支出的各种费用

D. 进口设备由设备制造厂交货地点起至施工组织设计指定的设备堆放点止所发生的运费

13. 根据《公路工程基本建设项目概算预算编制办法》的规定,下列叙述正确的是(　　)。

A. 进口设备购置费 = 进口设备离岸价 + 运杂费 + 运输保险费 + 采购及保管费

B. 国产设备购置费 = 国产设备订货合同价 + 运杂费 + 运输保险费 + 采购及保管费

C. 进口设备购置费 = 进口设备离岸价 ×(1 + 运杂费费率 + 保险费费率 + 采购及保管费费率)

D. 国产设备购置费 = 国产设备原价 ×(1 + 运杂费费率 + 保险费费率 + 采购及保管费费率)

14. 下列项目中,在计算联合试运转费时需要考虑的费用包括(　　)。

A. 试运转所需原料、动力的费用　　B. 单台设备调试费用

C. 试运转所需的机械使用费　　D. 试运转产品的销售收入

15. 下列费用中,属于工程建设其他费用中建设项目管理费的有(　　)。

A. 建设单位管理费

B. 可行性研究费

C. 勘察设计费

D. 工程招标费(不含招标文件及标底或招标控制价编制费)

16. 下列费用中,(　　)属于工程建设其他费用。

A. 建设单位管理费　　B. 工程监理费

C. 编制可行性研究报告费　　D. 专项评估费

17. 下列费用中,属于工程建设其他费用中建设项目前期工作费的是(　　)。

A. 建设单位管理费　　B. 设计文件编制费

C. 勘察设计费　　D. 设计文件审查费

18. 下列费用中,属于工程建设其他费用中专项评价(估)费的是(　　)。

A. 环境影响评价费　　B. 水土保持评估费

C. 竣(交)工验收试验检测费　　　　D. 设计文件审查费

19. 下列费用中,属于工程建设其他费用中土地征用及拆迁补偿费的有(　　)。

A. 用地预审报告编制费　　　　B. 耕地开垦费

C. 森林植被恢复费　　　　D. 使用林地可行性研究报告编制费

Ⅲ. 判断题

1. 冬季、雨季和夜间施工增加的用工数量,按照工程所在地的人工单价计算。　(　　)

2. 新结构、新材料的试验费和建设单位要求对具有出厂合格证明的材料进行检验的费用计入施工辅助费内。　(　　)

3. 施工标准化与安全措施费是指工程施工期间为满足安全生产、施工标准化、规范化、精细化所发生的费用,包括施工期间为保证交通安全而设置的临时设施和标志、标牌的费用。　(　　)

4. 设备安装工程及金属标志牌、防撞护栏、防护网、防眩板、隔离栅等不计夜间施工增加费。　(　　)

5. 进口设备的原价是指抵达卖方边境港口或边境车站且交完关税为止形成的价格,即设备的抵岸价。　(　　)

6. 办公和生活用家具购置费,根据工程所在地不同、公路等级不同,或设有看桥房的独立大桥的技术情况不同,按不同的标准计算。　(　　)

7. 建设单位(业主)管理费和工程监理费均为实施建设项目管理的费用,执行时根据建设单位(业主)和施工单位实际承担的工作内容和工作量,在保证监理费用的前提下,可统筹使用。　(　　)

8. 生产人员培训费指新建、改(扩)建公路工程项目,为保证生产的正常运行,在工程交工验收前对运营部门生产人员和管理人员进行培训所必需的费用。　(　　)

(三)预备费、建设期贷款利息的计算

Ⅰ. 单项选择题

1. 当基本预备费采用施工图预算加系数包干承包时,包干费用应为(　　)的3%。

A. 建筑安装工程费　　　　B. 直接费与间接费之和

C. 直接工程费与其他工程费之和　　　　D. 预算费用中一,二,三部分之和

2. 编制公路工程施工图预算基本预备费的费率应为(　　)。

A. 11%　　B. 9%　　C. 5%　　D. 3%

3. 编制公路工程概预算时,(　　)不是基本预备费的计算基数。

A. 设备、工具、器具及家具购置费　　　　B. 土地征用及拆迁补偿费

C. 建设项目管理费　　　　D. 建设期贷款利息

4. 在设备订货时,由于设备规格改变的价差应计入(　　)。

A. 建筑安装工程费　　　　B. 设备购置费

C. 价差预备费　　　　D. 基本预备费

5. 按我国现行投资构成,下列费用不属于基本预备费的是(　　)。

A. 设计变更增加的费用　　　　B. 弥补自然灾害造成损失的费用

C. 局部地基处理增加的费用　　　　D. 建设期内由于价格变化而增加的费用

6. 一个桥梁项目在竣工验收时,为了鉴定一项隐蔽工程质量,进行了必要的挖掘,则该项

挖掘费用应计入(　　)。

A. 专项评估费　　B. 基本预备费

C. 工程监理费　　D. 竣工验收试验检测费

7. 某建设项目建设期 3 年,建设期内各年均衡获得的贷款额分别为 1 000 万元、1 000 万元、800 万元,贷款年利率 8%,期内只计息不支付,建设期第 3 年应计利息为(　　)万元。

A. 368.26　　B. 192.0　　C. 201.86　　D. 205.06

8. 某建设项目建设期 3 年,各年分别获得贷款额 2 000 万元、4 000 万元和 2 000 万元,年利率 6%,建设期内只计息不支付,则建设期第 2 年应计利息为(　　)万元。

A. 120.0　　B. 240.0　　C. 243.6　　D. 367.2

9. 建设期贷款利息费用内容不包括(　　)。

A. 境内外融资费用　　B. 各种金融机构贷款

C. 企业集资　　D. 建设债券

10. 某工程贷款 6 000 万元,建设期 3 年,第一年贷款 3 000 万元,第二年贷款 2 000 万元,第三年贷款 1 000 万元,贷款年利率 7%,则建设期前两年应计利息之和为(　　)万元。

A. 392.35　　B. 980.00　　C. 574.70　　D. 412.46

11. 某新建项目,建设期为 3 年,分年均衡进行贷款,第一年贷款 1 000 万元,第二年贷款 1 800万元,第三年贷款 1 200 万元,年利率 10%,建设期内只计息不支付,则项目建设期贷款利息为(　　)万元。

A. 400.0　　B. 609.5　　C. 780.0　　D. 829.0

Ⅱ. 多项选择题

1. 基本预备费计算方法:以第一、二、三部分费用之和(扣除固定资产投资方向调节税和建设期贷款利息两项费用)为基数按费率计算,下列费率正确的是(　　)。

A. 项目建议书估算按 11% 计列　　B. 概算(修正概算)按 5% 计列

C. 工程可行性研究估算按 9% 计列　　D. 施工图预算按 3% 计列

2. 编制公路工程概预算时,(　　)不是基本预备费的计算基数。

A. 设备、工具、器具及家具购置费　　B. 土地征用及拆迁补偿费

C. 固定资产投资方向调节税　　D. 建设期贷款利息

3. 下列各项费用中属于价差预备费的是(　　)。

A. 因外资贷款汇率变动部分的费用　　B. 设备订货时因规格改变的价差

C. 设备订货时因价格上浮的价差　　D. 因材料货源变更发生的价差

4. 下列关于预备费的说法正确的是(　　)。

A. 在公路工程建设期限内,凡需动用预备费时,需按项目投资来源和隶属关系报有关部门核定批准

B. 预备费由价差预备费及基本预备费两部分组成

C. 设计文件编制至工程完工在一年以内的工程,不计列基本预备费

D. 设计文件编制至工程完工在一年以内的工程,不计列价差预备费

5. 建设期贷款利息费用内容包括(　　)。

A. 境内外融资费用　　B. 各种金融机构贷款

C. 企业集资　　D. 建设债券

Ⅲ. 判断题

1. 施工图预算加系数包干承包的工程,施工图预算包干费用不包括因水文地质条件变化造成的基础变更、结构变更、标准提高、工程规模改变而增加的费用。 ( )

2. 建设期贷款利息系指建设项目中分年度使用国内贷款或国外贷款部分,在建设期内应归还的贷款利息。 ( )

(四)世界银行建设项目费用构成和国外建筑安装工程费的构成

Ⅰ. 单项选择题

1. 下列有关未明确项目准备金描述正确的是( )。

A. 用于补偿直至工程结束时的未知价格增长

B. 用于补偿物质、社会和经济变化引起的估算增加的情况

C. 用于支付工作范围以外可能增加的项目

D. 用于在估算时不可能明确的潜在项目

2. 世界银行关于应急费的规定中,有一项费用是作为费用储备,可能动用,也可能不动用,这项费用被称为( )。

A. 不可预见准备金　　B. 建设成本上升费

C. 预备费　　D. 未明确项目预备费

3. 下列有关建设成本上升费用描述正确的是( )。

A. 用于补偿直至工程结束时的未知价格增长

B. 用于补偿物质、社会和经济变化引起的估算增加的情况

C. 用于支付工作范围以外可能增加的项目

D. 用于在估算时不可能明确的潜在项目

4. 根据世界银行工程造价构成的规定,下列属于项目直接建设成本的是( )。

A. 土地征购费　　B. 生产前费用

C. 项目管理费　　D. 运费和保险费

5. 根据国外建筑安装工程费用构成,施工用水、用电费应计入( )。

A. 材料费　　B. 施工机械费

C. 管理费　　D. 开办费

6. 在国外建筑安装工程费用中,工作人员劳动保护费列入( )。

A. 人工费　　B. 材料费

C. 管理费　　D. 暂定金额

7. 根据国外建筑安装工程费用构成,周转材料费应计入( )。

A. 材料费　　B. 施工机械费

C. 管理费　　D. 开办费

8. 根据国外建筑安装工程费用构成,不属于人工费构成的是( )。

A. 工资　　B. 加班费

C. 招雇解雇费　　D. 工人现场福利费及安全费

Ⅱ. 多项选择题

1. 1978 年,世界银行、国际咨询工程师联合会对工程项目的建设成本做了统一规定。工程项目总建设成本包括( )。

A. 直接建设成本　　　　B. 间接建设成本

C. 应急费　　　　D. 建设成本上升费

2. 根据世界银行工程造价构成的规定，下列属于项目间接建设成本的是(　　)。

A. 开工试车费　　　　B. 临时设施费

C. 设备安装费　　　　D. 运输和保险费

3. 根据国外建筑安装工程费用构成，属于材料费构成的是(　　)。

A. 原价　　　　B. 运杂费

C. 税金　　　　D. 预涨费

4. 国外建筑安装工程费用中各分包工程费包括(　　)。

A. 直接工程费　　　　B. 管理费

C. 利润　　　　D. 税金

Ⅲ. 判断题

1. 根据世界银行工程造价构成的规定，不可预见准备金用于在估算时不可能明确的潜在项目，包括那些在做成本估算时因为缺乏完整、准确和详细的资料，而不能完全预见和不能注明的项目，并且这些项目是必须完成的。　(　　)

2. 国外建筑安装工程费由直接工程费、管理费、利润、开办费、暂定金额和分包工程费用六项组成。　(　　)

二、公路工程造价计价依据

(一)公路工程造价计价依据的分类,工程建设定额体系的分类

Ⅰ.单项选择题

1. 以下不属于费用定额的是(　　)。

A.《公路工程估算指标》

B.《公路工程基本建设项目投资估算编制办法》

C.《公路工程机械台班费用定额》

D.《公路工程基本建设项目概算预算编制办法》

2. 下列不属于公路工程造价计价依据的是(　　)。

A. 估算指标　　B. 概算定额

C. 造价协会行业规范　　D. 设计图纸

3. 下列不属于工程造价计价依据中的定额、指标的是(　　)。

A.《公路工程概算定额》

B. 政府主管部门颁发的各种有关经济法规、政策、计价办法

C.《公路工程基本建设项目投资估算编制办法》

D.《公路工程基本建设项目概算预算编制办法》

4. 工程定额是对有关消耗量的数量规定,这种数量关系没有体现出(　　)。

A. 正常的施工条件　　B. 合理的施工组织设计

C. 生产要素消耗水平　　D. 一定时期的物价平均水平

5. 工程建设定额按其反映的生产要素内容分类,可分为(　　)。

A. 建筑工程定额、设备安装工程定额、建筑安装工程费用定额

B. 劳动消耗定额、机械消耗定额、材料消耗定额

C. 概算指标、投资估算指标、预算定额

D. 施工定额、预算定额、概算定额

6. 工程定额制定和贯彻的一体化体现了其(　　)特点。

A. 科学性　　B. 系统性

C. 统一性　　D. 稳定性

7. 工程定额是一个综合概念,是建设工程造价计价和管理中各类定额的总称,下列选项中,不属于按定额反映的生产要素消耗内容分类的是(　　)。

A. 人工定额　　B. 机械消耗定额

C. 材料定额　　D. 施工定额

8. 下列属于按定额编制程序和用途分类的是(　　)。

A. 机械台班消耗定额　　B. 行业统一定额

C. 施工定额　　D. 补充定额

9. 工程建设定额按(　　)分为:全国统一定额、行业统一定额、地区统一定额和企业

定额。

A. 主编单位和管理权限　　B. 编制程序和用途
C. 执行范围　　D. 物质消耗内容

10. 为了适应组织生产和管理的需要，(　　)的项目划分得很细，是工程建设定额中分项最细、定额子目最多的一种定额，也是工程建设定额中的基础性定额，是编制预算定额的基础。

A. 施工定额　　B. 预算定额
C. 概算定额　　D. 投资估算指标

Ⅱ. 多项选择题

1. 计价依据是指用以计算工程造价的基础资料的总称，包括(　　)。

A. 定额　　B. 指标
C. 费率　　D. 基础单价

2. (　　)属于计价性定额。

A. 施工定额　　B. 预算定额
C. 概算定额　　D. 估算指标

3. 下列关于定额的说法中正确的是(　　)。

A. 劳动定额的主要表现形式是产量定额
B. 按定额的用途，可以把工程定额分为劳动定额、机械台班消耗定额、材料消耗定额
C. 概算定额是编制初步设计概算的依据
D. 机械台班消耗定额是以一台机械一个工作班为计量单位

4. 下列关于工程定额的说法中，错误的有(　　)。

A. 劳动定额的主要表现形式是工、料、机的消耗
B. 企业定额水平，一般应低于国家现行定额水平
C. 概算定额是编制初步设计概算的依据
D. 潜水设备每台班按 6h 计算

Ⅲ. 判断题

1. 公路工程造价计价依据中的定额、指标包括两部分：一部分是实物定额、指标，如《公路工程预算定额》；另一部分是费用定额，如《公路工程机械台班费用定额》等。　(　　)

2. 劳动定额和机械消耗定额的主要表现形式都是时间定额，但同时也都表现为产量定额。　(　　)

(二)施工定额的构成及其编制方法

Ⅰ. 单项选择题

1. 公路工程施工定额测定中，下列关于有效工作时间表述正确的是(　　)。

A. 有效工作时间 = 基本工作时间
B. 有效工作时间 = 基本工作时间 + 辅助工作时间
C. 有效工作时间 = 基本工作时间 + 辅助工作时间 + 准备与结束工作时间
D. 有效工作时间 = 基本工作时间 + 辅助工作时间 + 不可避免的中断时间

2. 在工人工作时间分类中，由于材料供应不及时引起工作班内的工时损失应列入(　　)。

A. 施工本身造成的停工时间　　B. 非施工本身造成的停工时间
C. 准备与结束工作时间　　D. 不可避免的中断时间

3. 工人工作时间中,熟悉施工图纸所消耗的时间属于(　　)。

A. 基本工作时间　　B. 辅助工作时间

C. 准备与结束工作时间　　D. 不可避免的中断时间

4. 定额测定是制定定额的一个主要步骤。测定定额通常采用计时观察法。在计时观察法中,精确度最高的是(　　)。

A. 接续法测时　　B. 选择法测时

C. 写实记录法　　D. 工作日写实法

5. 根据计时观察资料得知,每 m^3 砌体勾缝时间是 41.7min,辅助工作占工序作业时间的比例为 5%,准备结束时间、不可避免中断时间、休息时间占工作班时间的比例分别为 3%、2%、15%。则属于每 m^3 砌体勾缝的产量定额为(　　)m^3/工日。

A. 8.621　　B. 8.772　　C. 9.174　　D. 14.493

6. 根据计时观察测得某工序工人工作时间如下:准备与结束时间 12min,基本工作时间 68min,休息时间 10min,辅助工作时间 11min,不可避免中断时间 6min,则该工序的规范时间为(　　)min。

A. 23　　B. 29　　C. 28　　D. 27

7. 下列对工人工作时间中休息时间的理解,正确的是(　　)。

A. 在定额时间中不进行计算

B. 休息时间即停工时间

C. 它属于必须消耗的工作时间

D. 休息时间的长短是一定的,即 8h 工作时间以外的时间

8. 某单位合格产品的材料净用量为 422kg,场外运输损耗为 5%,场内运输损耗为 2%,施工操作损耗为 1%,则该产品的材料定额消耗量为(　　)kg。

A. 456　　B. 430　　C. 452　　D. 435

9. 某施工机械的台班产量为 $200m^3$,与之配合的工人小组有 5 人,则人工定额(　　)。

A. 0.025 工日/$100m^3$　　B. 0.02 工日/$100m^3$

C. 2.5 工日/$100m^3$　　D. 0.2 工日/$100m^3$

10. 某挖土机挖土,一次正常循环工作时间是 2min。每循环工作一次挖土 $0.5m^3$,工作班的延续时间为 8 小时,机械正常利用系数 0.85,则其产量定额为(　　)m^3/台班。

A. 102　　B. 120　　C. 141　　D. 150

11. 某涵洞工地采用出料容量为 250L 的混凝土搅拌机,每一次循环中,装料、搅拌、卸料、中断需要的时间分别为 1min、2min、1min、1min,机械正常利用系数为 0.85。则该搅拌机的时间定额为(　　)。

A. 0.042 台班/m^3　　B. 0.056 台班/m^3　　C. 0.065 台班/m^3　　D. 0.049 台班/m^3

12. 机器工作时间的消耗中,(　　)属于非定额时间。

A. 施工本身造成的停工时间　　B. 不可避免的无负荷工作时间

C. 工人休息时间　　D. 低负荷下的有效工作时间

13. 运输汽车装载保温泡沫板,因体积大但质量不足而引起的汽车在降低负荷的情况下工作的时间属于机器工作时间消耗中的(　　)。

A. 有效工作时间　　B. 不可避免的无负荷工作时间

C. 多余工作时间　　D. 低负荷下的工作时间

14. 下列计时观察法的种类中，(　　)只用来测定施工过程中循环组成部分工作时间消耗，不研究工人休息、准备与结束及其他非循环的工作时间。

A. 测时法　　B. 混合法

C. 写实记录法　　D. 工作日写实法

15. 利用工时规范计算时间定额的公式是(　　)。

A. 定额时间 = 基本工作时间/(1 − 辅助时间%)

B. 定额时间 = 作业时间/(1 − 规范时间%)

C. 定额时间 = 基本工作时间 × (1 − 辅助时间%)

D. 定额时间 = 基本工作时间 × (1 + 辅助时间%)

16. 在确定材料消耗量的基本方法中，其中无法估计到施工现场某些因素对材料消耗量的影响的方法是(　　)。

A. 现场技术测定法　　B. 现场统计法

C. 试验室试验法　　D. 理论计算法

17. 在确定材料消耗量的基本方法中，主要用来编制材料净用量定额的方法是(　　)。

A. 现场技术测定法　　B. 试验室试验法

C. 现场统计法　　D. 理论计算法

18. 在编制施工定额时，(　　)是基本的施工过程，是主要的研究对象。

A. 综合工作过程　　B. 工作过程

C. 工序　　D. 操作

19. 以下属于影响施工过程因素中组织因素的是(　　)。

A. 所用工具和机械设备的类别、型号、性能及完好情况

B. 所用材料的类别、规格和性能

C. 酷暑、大风

D. 工人技术水平

20. (　　)的长短和工作量的大小无关，但和工作内容有关。

A. 基本工作时间　　B. 辅助工作时间

C. 准备与结束工作时间　　D. 不可避免的中断时间

21. 下列工人工作时间中，虽属于损失时间，但在拟订定额时又要适当考虑它的影响的是(　　)。

A. 施工本身导致的停工时间　　B. 偶然工作时间

C. 不可避免的中断时间　　D. 多余工作时间

22. 计时观察前的准备工作包括：①选择观察对象；②对施工过程进行预研究；③确定需要进行计时观察的施工过程；④准备好必要的用具和表格。其顺序正确的是(　　)。

A. ①②③④　　B. ③②①④

C. ①③②④　　D. ③①②④

23. 在材料消耗定额测定方法中，现场技术测定法主要是用于编制(　　)。

A. 材料净用量定额　　B. 材料损耗定额

C. 材料消耗定额　　D. 材料运输损耗

24. 根据计时观察法测得工人工作时间为:基本工作时间 61min,辅助工作时间 9min,准备与结束工作时间 13min,不可避免的中断时间 6min,休息时间 9min,则其作业时间与规范时间分别是(　　)min。

A. 83 和 15　　B. 70 和 19　　C. 83 和 6　　D. 70 和 28

25. 利用计时观察法进行时间定额的测定过程中,最小的测算单元是(　　)。

A. 施工过程　　B. 施工动作　　C. 施工操作　　D. 施工工序

Ⅱ. 多项选择题

1. 施工定额编制应遵循(　　)等原则。

A. 按社会平均确定定额水平　　B. 统一性

C. 以专家为主　　D. 简明适用

2. 施工中材料的消耗分为必须消耗的材料和损失的材料,在确定材料定额消耗量时,必须消耗的材料包括(　　)。

A. 直接用于建筑和安装工程的材料

B. 不可避免的场外运输损耗材料

C. 不可避免的场内运输损耗材料

D. 不可避免的现场仓储损耗材料

3. 下列阐述正确的是(　　)。

A. 施工定额是以同一性质的施工过程——工序作为研究对象

B. 预算定额是在编制施工图预算阶段,以工程中的分项工程和结构构件为对象编制

C. 概算定额是一种生产性定额

D. 投资估算指标是编制投资估算、计算投资需要量时使用的一种定额

4. 当确定测时法的观察次数时,需要重点考虑的因素是(　　)。

A. 同时测定施工过程的类型数

B. 要求的算术平均值精确度

C. 被测定的工人人数

D. 数列的稳定系数

5. 下列时间中,属于定额时间的是(　　)。

A. 卸料时,机械的等待时间　　B. 工人的午休时间

C. 汽车运土时的空车返回时间　　D. 运料途中遇红灯的等待时间

6. 以下属于计时观察法的三项主要内容和要求的是(　　)。

A. 记录施工过程的时间消耗　　B. 计算实物和劳务产量

C. 确定影响工时消耗的因素　　D. 记录施工过程所处的施工条件

7. 当确定写实记录法的延续时间时,需要重点考虑的因素是(　　)。

A. 测定总延续时间的最小值

B. 要求的算术平均值精确度

C. 被测定的工人或小组的最低数

D. 数列的稳定系数

E. 测定完成产品的最低次数

8. 关于施工定额编制的简明适用原则,下列正确的是(　　)。

A. 走群众路线

B. 定额项目设置齐全,项目划分粗细适当

C. 定额的适应性应服从简明性

D. 简单明了,容易掌握,便于查阅

Ⅲ. 判断题

1. 平均先进水平是一种可以鼓励先进、勉励中间、鞭策落后的定额水平,是编制预算定额的理想水平。 ( )

2. 定额的编制应遵循简明适用原则,定额的简明性和适用性是既有联系又有区别的两个方面,当二者发生矛盾时,定额的简明性应服从适应性的要求。 ( )

3. 定额项目划分的粗细同定额步距的大小关系很大。为了使定额项目划分和步距合理,常用的、主要的、对工料消耗影响大的定额项目,步距要大一些;反之,则步距要小一些。 ( )

4. 写实记录法具有技术简便、费力不多、应用面广和资料全面的优点,是一种在我国采用较广的编制定额的方法。 ( )

(三)公路工程估算、概算、预算编制办法的基本内容

Ⅰ. 单项选择题

1. 下列关于公路工程基本建设项目估算、概算、预算编制办法的作用,叙述正确的是( )。

A. 是编制公路基本建设项目投资估算、初步设计概算(技术设计修正概算除外)和施工图预算的重要依据

B. 对于施工招投标的工程不能作为编制招标控制价的重要依据

C. 可以作为施工企业经营管理的参考

D. 不能作为施工企业投标报价的参考

2. 公路工程估算、概算、预算编制办法中规定,公路交工前养护费指标在编制( )时,已综合在相应的指标中,不再计取。

A. 概算　　B. 修正概算　　C. 预算　　D. 投资估算

3. 编制公路基本建设项目概、预、估算时,采用结合料稳定的路基和软土等特殊路基处理工程应采用( )的费率计算。

A. 高级路面　　B. 人工土方　　C. 其他路面　　D. 机械土方

4. 根据公路工程估算、概算、预算编制办法的规定,公路工程造价文件的第一部分建筑安装工程费由( )项组成。

A. 7　　B. 8　　C. 9　　D. 10

5. 公路工程估算、概算、预算编制办法中规定,设备购置费及其他建设费用取定表中的数据,仅在编制( )时采用。

A. 概算　　B. 可行性研究投资估算

C. 预算　　D. 项目建议书投资估算

Ⅱ. 多项选择题

1. 编制公路基本建设项目概、预、估算时,工程类别划分中高级路面是指( )的面层。

A. 沥青混凝土路面　　B. 水泥混凝土路面

C. 厂拌沥青碎石路面　　D. 级配碎石路面

2. 投资估算指标、概算、预算定额所列材料一般不计回收,只对按全部材料计价的(　　)和由于工程规模或工期限制达不到规定周转次数的拱盔、支架、施工金属设备的材料计算回收金额。

A. 临时电力线路　　B. 临时轨道

C. 临时电信线路　　D. 临时码头

3. 根据公路工程估算、概算、预算编制办法的规定,公路工程造价文件的项目由部分、项、目、(　　)5 个层次组成。

A. 章　　B. 节　　C. 细目　　D. 册

Ⅲ. 判断题

1. 投资估算、概、预算项目应按项目表的序列及内容编制,如实际出现的工程和费用项目与项目表的内容不完全相符时,一、二、三部分和"项"的序号应保留不变,"目"、"节"、"细目"可根据需要增减,并按项目表的顺序以实际出现的"目""节""细目"依次排列,不保留缺少的"目""节""细目"的序号。(　　)

2. 公路工程估算、概算、预算编制办法中规定的费用指标和一系列费用的取费费率属于费用定额的范围。(　　)

(四)概算定额、预算定额、施工机械台班费用定额的基本内容,估算指标的基本内容

Ⅰ. 单项选择题

1.《公路工程概算定额》(JTG/T B06-01—2007)共包括(　　)章内容。

A. 6　　B. 7　　C. 8　　D. 9

2. 公路工程概算定额项目表中,吊装等金属设备的折旧费以(　　)表示。

A. 周转使用量　　B. 定额消耗量

C. 设备摊销费　　D. 其他材料费

3. 路面工程中填隙碎石一层的压实厚度超过(　　)cm,需分层碾压,拖拉机、平地机、压路机的台班消耗按定额数量加倍计算。

A. 10　　B. 12　　C. 15　　D. 20

4. 编制公路隧道工程造价,如洞内工程采用洞外工程定额时,其定额人工工日、机械台班消耗及小型机具使用费应乘以(　　)的调整系数。

A. 1.16　　B. 0.79　　C. 1.26　　D. 1.29

5. 公路工程预算定额中,除特殊说明的情况外,均已包括(　　)。

A. 冬、雨季施工增加费　　B. 工具及机械小修的费用

C. 边施工边维持通车的费用　　D. 混凝土外掺剂的费用

6. 已知某施工机械预算价格为 120 万元,残值率为 3%,机械耐用台班 5 000 台班,则该机械台班折旧费为(　　)元。

A. 194　　B. 240　　C. 245　　D. 233

7. 某施工机械预计使用 9 年,耐用总台班数为 2 200 台班,使用期内有 4 个大修理周期,一次修理费为 4 800 元,则台班大修理费为(　　)元。

A. 4.37　　B. 6.55　　C. 10.91　　D. 8.73

8. 使用现行《公路工程估算指标》(JTG/T M21—2011)时,下列说法中不正确的是(　　)。

A. 软基处理为按处治面积计算

B. 跨径小于0.5m的灌溉涵,按涵身长度和洞口分别计算

C. 分离式交叉桥梁应套用桥梁工程指标

D. 伐树、挖根、砍挖灌木林、路基零星工程等工作已综合到挖土方指标内

9. 下列不属于路基土石方工程的其他零星工程的工程内容是(　　)。

A. 人工挖土质台阶　　B. 耕地填前夯(压)实及填前挖松

C. 整修路拱和边坡　　D. 培路肩

Ⅱ. 多项选择题

1. 定额中各类混凝土均按施工现场拌和进行编制,当采用商品混凝土时,可将相关定额中的(　　)的消耗量扣除,并按定额中所列的混凝土消耗量增加商品混凝土的消耗。

A. 水　　B. 水泥　　C. 中(粗)砂　　D. 碎石

2. 概算定额项目表形式与预算定额相似,其主要包括(　　)。

A. 材料名称、单位和数量　　B. 机械名称、单位和数量

C. 人工、单位、代号和数量　　D. 定额基价

3. 根据《公路工程预算定额》的路基工程章节说明,(　　)应由施工组织设计提出,并入路基填方数量内计算。

A. 因路基沉陷需增加填筑的土石方数量

B. 清除表土后,回填至原地面高程所需的土石方数量

C. 涵洞基坑回填所需的土石方数量

D. 为保证路基边缘的压实度需加宽填筑时,所需的土石方数量

4. 现行的《公路工程概算定额》和《公路工程预算定额》的组成部分均包括(　　)。

A. 定额表　　B. 章、节说明

C. 总说明　　D. 颁发定额的文件

5. 下列内容包括在公路工程施工机械台班费用定额中的有(　　)。

A. 机械自管理部门至工地的运杂费

B. 加油及油料过滤的损耗

C. 变电设备至机械之间的输电线路电力损失

D. 机械自某一工地至另一工地的运杂费

6. 下列机械的安装拆卸及辅助设施费未包括在公路工程施工机械台班费用定额中,需在工程项目中另行计算的有(　　)。

A. 钻孔机械　　B. 龙门式起重机

C. 跨缆吊机　　D. 混凝土搅拌站

7.《公路工程估算指标》(JTG/T M21—2011)路面工程的指标中已综合了(　　)。

A. 稳定土拌和站安拆　　B. 沥青混合料拌和站安拆

C. 水泥混凝土搅拌站安拆　　D. 路肩加固

8.《公路工程估算指标》(JTG/T M21—2011)中服务房屋指标单位为m^2,工程量包括(　　)。

A. 服务区房屋的建筑面积　　B. 养护管理所房屋的建筑面积

C. 收费天棚的建筑面积　　D. 停车工区的建筑面积

Ⅲ. 判断题

1. 概算定额项目表形式与预算定额相似,概算定额的表现形式与预算定额的表现形式相同。 ( )

2.《公路工程概算定额》(JTG/T B06-01—2007)是全国公路专业统一定额,它是编制初步设计概算的依据,也是编制建设项目投资估算指标的基础;适用于公路基本建设新建、改建工程;不适用于公路养护的大中修工程。 ( )

3.《公路工程预算定额》(JTG/T B06-02—2007)适用于公路基本建设新建、改建工程,也适用于独立核算执行产品出厂价格的构件厂生产的构配件。 ( )

4. 在编制机械台班单价时,公路工程机械台班费用定额中的不变费用除青海、新疆等边远地区外,应直接采用。 ( )

5.《公路工程估算指标》(JTG/T M21—2011)中沥青的油石比是按《公路工程预算定额》(JTG/T B06-02—2007)附录的油石比编制的。 ( )

(五)人工、材料、机械台班的编制

Ⅰ. 单项选择题

1. 关于人工费预算单价的描述,错误的是( )。

A. 人工费预算单价包括基本工资、工资性补贴、生产工人辅助工资和职工福利费

B. 职工学习、培训期的工资、病假在六个月以外的工资属于生产工人辅助工资

C. 职工福利费是指按国家标准计提的职工福利费

D. 流动施工津贴属于基本工资的一部分

2. 人工费预算单价不包含( )。

A. 基本工资

B. 按照有关规定在探亲期间发生的往返车船费

C. 因气候影响停工期间的工资

D. 职工福利费

3. 下列( )不应列入生产工人人工费内。

A. 流动施工津贴 B. 交通补贴 C. 劳动保护费 D. 工伤保险

4. 生产工人在有碍身体健康的环境中施工的保健费用应计入( )。

A. 生产工人流动施工津贴 B. 生产工人劳动保护费

C. 工资性补贴 D. 职工福利费

5. 生产工人因气候影响停工期间的工资应计入( )。

A. 基本工资 B. 工资性补贴

C. 生产工人辅助工资 D. 职工福利费

6. 按规定标准发放给生产工人的煤、燃气补贴应计入人工费预算单价中的( )。

A. 基本工资 B. 工资性补贴

C. 生产工人辅助工资 D. 职工福利费

7. 下列( )不应列入生产工人人工预算单价的基本工资内。

A. 因气候影响停工期间的工资 B. 生产工人的基本工资

C. 生产工人的流动施工津贴 D. 为职工缴纳的养老保险费

8. 某工地水泥从两个地方采购,其采购量及有关费用如表所示,则该工地水泥的预算价为

(　　)元/t。

采购处	采购量	供应价格	运杂费	运输损耗率	采购及保管费率
来源一	300t	240 元/t	20 元/t	0.5%	3%
来源二	200t	250 元/t	15 元/t	0.4%	3%

A. 2.44　　B. 262　　C. 271.1　　D. 282.3

9. 某路面工程,用桶装石油沥青,调查价格为 5 000 元/t,运价 1.2 元(t·km),装卸费为 24 元/t,运距 80km,回收沥青桶按 250 元/t 计,场外运输损耗率为 3%,采购及保管费率 2.5%,材料毛重系数 1.17,则石油沥青的预算价格为(　　)元/t。

A. 6 074.36　　B. 5 176.98　　C. 5 155.44　　D. 5 150.00

10. 在公路工程造价中,材料在工地仓库储存保管期间所发生的损耗费用包括在(　　)。

A. 工程定额材料消耗量内　　B. 工程定额其他材料费内

C. 材料场外运输损耗内　　D. 材料采购及保管费内

11. 自采材料原价的计算按(　　)中开采单价加辅助生产间接费和矿产资源税(如有)计算。

A. 施工定额　　B. 预算定额　　C. 概算定额　　D. 估算指标

12. 外购的钢桁梁、钢筋混凝土构件及加工钢材等半成品的预算价格计算方法与材料相同,其采购保管费率为(　　)。

A. 2.5%　　B. 1%　　C. 2%　　D. 0

13. 商品混凝土预算价格的计算方法与材料相同,其采购保管费率为(　　)。

A. 2.5%　　B. 1%　　C. 2%　　D. 0

14. 材料预算单价计算中,对于单程运距 5km 及以内的汽车运输以及人力场外运输,按(　　)计算运费。

A. 施工定额　　B. 预算定额　　C. 概算定额　　D. 估算指标

15. 施工机械台班单价的不变费用包括安装拆卸及辅助设施费等,比如(　　)费用就含在台班单价中。

A. 柴油发电机组的安装、拆卸

B. 施工电梯的安装、拆卸

C. 钻孔机械在施工过程中的过墩、移位等所发生的安装及拆卸

D. 稳定土厂拌设备的安装、拆卸

16. 施工机械台班单价中的可变费用,不包括(　　)。

A. 机上人员人工费　　B. 动力燃料费

C. 车船使用税　　D. 安装拆卸及辅助设施费

17. 某工程造价人员根据《公路工程机械台班费用定额》查得 135kW 以内轮胎式推土机不变费用 440.68 元,人工 2 工日,柴油 98.06kg;另外,工程所在地人工工日预算单价为 69 元/工日,柴油 7.5 元/kg,该机械的车船使用税计量吨位为 15.8t,车船使用税征收标准为 60 元/自重 t·年,年工作台班为 200 台班,则该机械的预算单价为(　　)元/台班。

A. 1 318.37　　B. 1 445.24　　C. 1 584.4　　D. 1 314.13

Ⅱ. 多项选择题

1. 下列费用中不属于人工费组成内容的有(　　)。

A. 生产工人劳动保护费　　B. 生产工人的工会经费和职工教育经费

C. 现场管理人员的工资　　D. 生产工人辅助工资

2. 人工费预算单价中的工资性补贴系指按规定标准发放的(　　)等。

A. 物价补贴　　B. 交通费补贴

C. 地区津贴　　D. 流动施工津贴

3. 生产工人基本工资系指发放给生产工人的基本工资、流动施工津贴和生产工人劳动保护费,以及为职工缴纳的(　　)等。

A. 养老保险费　　B. 医疗保险费

C. 工伤保险费　　D. 失业保险费

4. 组成材料预算价格的费用不包括(　　)。

A. 材料原价　　B. 检验试验费

C. 采购保管费　　D. 场内运输费

5. 材料预算单价中的运杂费包括(　　)。

A. 装卸费　　B. 运输损耗费

C. 运输费　　D. 路桥通行费

6. 下列关于材料预算单价的计算公式中正确的是(　　)。

A. 材料预算价格 = 材料原价 ×(1 + 场外运输损耗率)×(1 + 采购及保管费率)+ 运杂费 - 包装品回收价值

B. 材料预算价格 =(材料原价 + 运杂费)×(1 + 场外运输损耗率)×(1 + 采购及保管费率)- 包装品回收价值

C. 材料预算价格 =(材料原价 + 运杂费)×(1 + 场外运输损耗率)+ 采购及保管费 - 包装品回收价值

D. 材料预算价格 = 材料原价 + 运杂费 + 场外运输损耗费 + 采购及保管费 - 包装品回收价值

7. 自采材料预算单价的计算是在概预算表格的(　　)中进行的。

A. 分项工程概(预)算表　　B. 材料预算单价计算表

C. 自采材料料场价格计算表　　D. 人工、材料、机械台班单价汇总表

8.《公路工程机械台班费用定额》中,下列(　　)属于可变费用。

A. 经常性修理费　　B. 机上人工费

C. 安装、拆卸及辅助设施费　　D. 燃料动力费

9.《公路工程机械台班费用定额》中,下列(　　)属于不变费用。

A. 经常性修理费　　B. 机上人工费

C. 安装、拆卸及辅助设施费　　D. 燃料动力费

10. 以下(　　)属于机械台班预算价格组成内容。

A. 折旧费　　B. 台班租赁费　　C. 经常修理费　　D. 安装拆卸费

11. 下列属于机械台班预算价格组成内容的有(　　)。

A. 机械租赁费　　B. 施工机械进出场费

C. 燃料动力费　　D. 机械操作人员工资

Ⅲ. 判断题

1. 生产工人职工福利费系指按施工企业规定标准计提的职工福利费。 ( )

2. 由于预算定额中汽车运输台班已考虑工地便道特点,以及定额中已计入了“工地小搬运”项目,因此平均运距中汽车运输便道里程不得乘调整系数,也不得在工地仓库或堆料场之外再加场内运距或二次倒运的运距。 ( )

3. 计算机械台班单价时,可变费用中的人工工日数及动力燃料消耗量,应以机械台班费用定额中的数值为准;台班人工费工日单价不同生产工人人工费单价;动力燃料费按材料预算价格的计算规定计算。 ( )

(六)预算定额的编制,了解概算定额和估算指标的编制

Ⅰ. 单项选择题

1. 已知某挖土机挖土,一次正常循环工作时间是40s,每次循环平均挖土量0.3m^3,机械的正常利用系数为0.8,机械幅度差为25%,则该机械挖土方2 000m^3 的预算定额机械耗用台班量为( )台班。

A. 27　　B. 14.46　　C. 11.58　　D. 2.9

2. 关于预算定额,以下表述正确的是( )。

A. 预算定额是确定建筑安装工程造价的基础

B. 预算定额中人工工日消耗量的确定不考虑人工幅度差

C. 预算定额是以扩大的分部分项工程为编制对象的

D. 预算定额是概算定额的扩大与合并

3. 下列关于预算定额的编制原则中不包括的是( )。

A. 按社会平均水平确定预算定额的原则

B. 经济合理的原则

C. 简明适用原则

D. 坚持统一性和差别性相结合的原则

4. 预算定额的人工幅度差主要是指预算定额人工工日消耗量与( )之差。

A. 施工劳动定额人工工日消耗量

B. 概算定额人工工日消耗量

C. 测时资料中人工工日消耗量

D. 实际人工工日消耗量

5. 关于概算定额,以下表述正确的是( )。

A. 概算定额不能作为设计方案比较的依据

B. 由预算定额综合为概算定额不考虑幅度差

C. 概算定额是以分项工程为编制对象的

D. 概算定额是预算定额的扩大与综合

6. 下列关于概算定额的编制原则中不包括的是( )。

A. 贯彻社会平均水平的原则　　B. 经济合理的原则

C. 简明适用原则　　D. 专家编审的原则

7. 以独立的单项工程或完整的工程项目为对象编制的定额是( )。

A. 预算定额　　B. 概算定额

C. 概算指标　　　　　　　　　　　D. 估算指标

Ⅱ. 多项选择题

1. 下列有关定额编制的描述中,符合预算定额简明适用原则的是(　　)。

A. 对于主要工种、主要项目、常用项目,定额距要大些

B. 对于不常用的、价值量小的项目,分项工程划分可以粗些

C. 要注意补充因采用新技术、新材料而出现的新的定额项目

D. 要合理确定预算定额计量单位,避免一量多用

2. 编制预算定额时,机械台班消耗量中机械幅度差的内容包括(　　)。

A. 机械维修引起的停歇时间

B. 因供电故障而发生的运转中断

C. 机械在施工中不可避免的工序间歇

D. 机械因工程量不饱满所损失的时间

3. 编制预算定额应依据(　　)。

A. 现行施工定额　　　　　　　　B. 典型施工图纸

C. 现行施工及验收规范　　　　　D. 现行的概算定额

4. (　　)属于估算指标的编制依据。

A. 交通运输部颁发的《水运、公路建设项目可行性研究报告编制办法》

B. 工程图纸或资料

C. 国家关于基本建设的方针、政策和各项管理制度

D. 施工方案

Ⅲ. 判断题

1. 预算定额是施工单位进行经济活动分析的依据,其规定的物化劳动和劳动消耗指标,是施工单位在生产经营中允许消耗的最低标准。(　　)

2. 概算定额子目划分中,对于工程量大、对工程造价影响较大的定额项目,子目之间的基价综合误差控制在10%以内;工程量不大,对工程造价影响较小的定额项目,子目之间的基价综合误差控制在15% ~20%的范围内。(　　)

(七)国内公路工程标准施工招标文件的基本内容,国外公路工程标准施工招标文件的基本内容,工程量清单及计价规范

Ⅰ. 单项选择题

1.《公路工程标准施工招标文件》(2009年)中,图纸属于(　　)。

A. 第一卷　　B. 第二卷　　C. 第三卷　　D. 第四卷

2. 国际工程项目的招标文件一般分为(　　)卷。

A. 4　　B. 5　　C. 6　　D. 7

3.《建设工程工程量清单计价规范》(GB 50500—2013)的内容由计价规范和计量规范两部分组成,其中计量规范部分分为(　　)个专业。

A. 5　　B. 7　　C. 8　　D. 9

Ⅱ. 多项选择题

1. 下列属于国际工程项目的招标文件组成的是(　　)。

A. 技术规格书

B. 图纸

C. 与施工有关的水文、气象、气候等参考资料

D. 工程量清单

2. 下列属于《建设工程工程量清单计价规范》(GB 50500—2013)编制遵循的工程量计价原则的是(　　)。

A. 项目特征满足组价原则　　B. 可操作性原则

C. 权责对等原则　　D. 工程量计算规则统一原则

Ⅲ. 判断题

在公路工程建设中工程量计量、计价是一项至关重要而又十分复杂的工作,《公路工程工程量清单计量规则》统一了公路工程工程量清单的项目号、项目名称、计算单位、工程量计算规则,并界定了工程内容。(　　)

(八)工程造价信息管理的基本内容

Ⅰ. 单项选择题

1. 建立工程造价资料数据库,首要的问题是(　　)。

A. 网络化管理　　B. 工程分类与编码

C. 数据搜集与整理　　D. 数据分析与录入

2. 下列指数中,属于数量指标指数的是(　　)。

A. 商品销售量指数　　B. 产品价格指数

C. 设备、工器具价格指数　　D. 人工费价格指数

3. 某工程在建设初期预计和建设期第一年末实际发生的设备、工器具购置情况如下表所示,与建设期初相比,第一年末的设备、工器具价格指数为(　　)。

时　间	甲类设备		乙类设备		丙类设备		工器具	
	单价	数量	单价	数量	单价	数量	单价	数量
建设期初	100	5	75	7	50	10	8	60
第一年末	110	5	78	8	48	12	10	65

A. 98.02%　　B. 108.11%　　C. 110.72%　　D. 119.70%

4. 已知报告期某单项工程造价为4 000万元,其中建安工程造价2 400万元,指数为1.08;设备工器具费用为1 360万元,指数为1.02;工程建设其他费用240万元,指数为1.05。则该单项工程造价指数为(　　)。

A. 1.050　　B. 1.052　　C. 1.058　　D. 1.150

5. (　　)是以前一时期为基期计算的指数,表明社会经济现象对上一期或前一期的综合变动的指数。

A. 定基指数　　B. 环比指数　　C. 单项价格指数　　D. 综合价格指数

6. 工程造价信息按(　　)来分,可以分为系统化工程造价信息和非系统化工程造价信息。

A. 管理组织的角度　　B. 形式　　C. 传递方向　　D. 稳定程度

7. 下列对工程造价资料的运用中不正确的是(　　)。

A. 用作编制施工图预算的依据

B. 用作编制投资估算的重要依据

C. 用作编制初步设计概算和审查施工图预算的重要依据

D. 用作技术经济分析的基础资料

8. 工程造价指数按其所反映的现象的性质不同,分为数量指标和质量指标指数,下列选项中属于质量指标指数的是(　　)。

A. 工业产品产量指数　　B. 社会商品零售价格总指数

C. 平均工资水平指数　　D. 个别产品的产量

Ⅱ. 多项选择题

1. 下列关于工程造价信息的说法中,不正确的有(　　)。

A. 建筑工种人工成本信息是按照建筑工人的工种分类

B. 材料价格信息的发布应披露供货单位

C. 机械价格信息包括设备市场价格信息和设备租赁市场价格信息两部分,前者对于工程计价更重要

D. 指数包括已完成或在建工程的各种造价信息

2. 工程造价信息按稳定程度分类可以分为(　　)。

A. 固定工程造价信息　　B. 宏观工程造价信息

C. 流动工程造价信息　　D. 文件式工程造价信息

E 微观工程造价信息

3. 工程造价信息的主要内容包括(　　)。

A. 价格信息　　B. 工程量信息

C. 各种工程造价指数　　D. 已完工程信息

4. 下面的价格指数中,属于个体指数的有(　　)。

A. 间接费指数　　B. 设备、工器具价格指数

C. 工程建设其他费用指数　　D. 单项工程造价指数

Ⅲ. 判断题

工程造价资料积累的内容应包括量和价,以及对造价确定有重要影响的技术经济条件。(　　)

三、公路建设项目决策阶段工程造价的计价与控制

(一)投资估算的编制

Ⅰ.单项选择题

1. 我国建设项目项目建议书阶段投资估算精度要求为误差控制在(　　)以内。

A. ±30%　　B. ±20%　　C. ±10%　　D. ±5%

2. 国外对投资估算的阶段划分中,项目投资机会研究阶段的投资估算精度要求为误差控制在(　　)以内。

A. ±30%　　B. ±20%　　C. ±10%　　D. ±5%

3. 以拟建项目的主体工程费为基础,以其他工程费与主体工程费的比例系数估算项目静态投资的方法称为(　　)。

A. 系数估算法　　B. 比例估算法

C. 指标估算法　　D. 扩大指标估算法

4. 按照生产能力指数法($n=0.6,f=1$),若将设计中的化工生产系统的生产能力提高3倍,投资额大约增加(　　)%。

A. 200　　B. 300　　C. 230　　D. 130

5. 汇率变化对涉外建设项目动态投资的影响是(　　)。

A. 外币对人民币升值:从国外借款,本息所支付的外币金额不变,但换算成人民币的金额减少

B. 外币对人民币贬值:从国外借款,本息所支付的外币金额不变,但换算成人民币的金额增加

C. 外币对人民币升值:项目从国外市场购买设备材料所支付的外币金额不变,但换算成人民币的金额增加

D. 外币对人民币升值:项目从国外市场购买设备材料所支付的外币金额不变,但换算成人民币的金额减少

6. 以下哪一项不是公路建设项目投资估算的编制依据(　　)。

A. 施工组织设计

B. 公路工程概算定额

C. 建设项目总体实施规划

D. 当地人民政府分布的征地、拆迁赔偿标准和有关规定

7. (　　)是公路建设项目建议书和可行性研究报告的重要组成部分,具有控制建设项目投资限额的重要作用,同时也是公路建设项目经济评价的主要依据之一。

A. 投资估算　　B. 初步设计概算　　C. 施工图预算　　D. 竣工决算

8. 某建设项目建筑工程费1 000万元,安装工程费500万元,设备购置费300万元,工程建设其他费100万元,基本预备费20万元,价差预备费30万元,建设期贷款利息60万元,流动

资金 50 万元,则该项目的静态投资额为(　　)万元。

A. 1 900　　B. 1 920　　C. 2 010　　D. 2 060

9. 2004 年已建成年产 10 万吨的某钢厂,其投资额为 4 000 万元,2008 年拟建生产 50 万吨的钢厂项目,建设期 2 年。自 2004 年至 2008 年每年平均造价指数递增 4%,预计建设期 2 年平均造价指数递减 5%。则估算拟建钢厂的静态投资额为(　　)万元。(生产能力 n 指数取 0.8)

A. 16 958　　B. 19 765　　C. 20 543　　D. 17 334

10. 关于流动资金估算的计算公式,正确的是(　　)。

A. 应收账款 = 年营业收入/应收账款周转次数

B. 预收账款 = 年经营成本/预收账款周转次数

C. 产成品 = (年经营成本 - 年营业成本)/产成品周转次数

D. 流动资产 = 应收账款 + 预付账款 + 存货

11. 流动资金估算方法有两种,即(　　)。

A. 比例估算法和扩大指标估算法　　B. 比例估算法和分项详细估算法

C. 扩大指标估算法和分项详细估算法　　D. 分项详细估算法和资金周转率法

12. 某建设项目建筑工程费 1 000 万元,安装工程费 500 万元,设备购置费 300 万元,工程建设其他费 100 万元,基本预备费 20 万元,价差预备费 30 万元,建设期贷款利息 60 万元,流动资金 50 万元,则该项目的动态投资额为(　　)万元。

A. 150　　B. 90　　C. 110　　D. 140

Ⅱ. 多项选择题

1. 固定资产投资中动态投资部分包括(　　)。

A. 工程建设其他费用　　B. 基本预备费

C. 价差预备费　　D. 建设期贷款利息

2. 建设投资动态部分的估算,下列说法正确的是(　　)。

A. 以基准年静态投资的资金使用计划为基础来计算

B. 不以编制年的静态投资为基础计算

C. 建设投资动态部分主要包括价格变动可能增加的投资额、建设期利息两部分内容

D. 汇率变化对建设投资的影响,需以估算年份的投资额为基数计算

3. 分项详细估算法是对流动资产和流动负债主要构成要素分项进行估算,其中流动资产包括(　　)。

A. 现金　　B. 应收账款　　C. 预收账款　　D. 应付账款

4. 分项详细估算法是对流动资产和流动负债主要构成要素分项进行估算,其中流动负债包括(　　)。

A. 现金　　B. 应收账款　　C. 预收账款　　D. 应付账款

Ⅲ. 判断题

1. 投资估算间接费中的辅助生产间接费系指由施工单位自行开采加工的砂、石等自采材料及施工单位自办的人工装卸和运输的间接费,按人工费的 5% 计。该项费用并入材料预算单价内构成材料费,不直接出现在投资估算中。　　(　　)

2. 单位生产能力估算法把项目的建设投资与其生产能力的关系视为简单的线性关系,估

算结果精确度较差;系数估算法简单易行,但精度较低,一般用于项目建议书阶段。（　　）

3. 建设期利息是指项目借款在建设期内发生并计入固定资产投资的利息,包括银行借款和其他债务资金的利息以及其他融资费用。（　　）

(二)决策阶段影响工程造价的主要因素

Ⅰ.单项选择题

1. 关于项目建设标准,下列说法错误的是(　　)。
   A. 工程造价的高低主要取决于建设标准
   B. 建设标准的具体内容应根据各类工程项目的不同情况确定
   C. 大多数交通项目应采用适当先进的标准
   D. 能否起到控制工程造价的作用,关键在于标准水平制订的是否合理

2. 以下(　　)因素是公路工程技术标准中最重要的指标,对工程费用和运输效率的影响最大。
   A. 公路等级的选用　B. 通行能力　C. 服务水平　D. 设计车速

3. (　　)是公路设计中最根本的问题。
   A. 路线方案　B. 主要控制点的选择
   C. 公路建设规模　D. 技术标准的确定

4. 路线方案技术经济比选中,以下(　　)不需要单独进行。
   A. 深挖与隧道方案的比选　B. 大桥、特大桥桥型方案的比选
   C. 国产设备与进口设备的比选　D. 分离式路基与整体式路基的比选

5. 关于设备选用,以下说法错误的是(　　)。
   A. 尽量选用国产设备
   B. 要注意进口设备之间以及国内外设备之间的衔接配套
   C. 不需注意进口设备与原有国产设备之间的配套
   D. 要注意进口设备与原材料、备品备件及维修能力之间的配套问题,尽量避免引进的设备所用主要原料需要进口

6. 以下不属于项目决策阶段影响工程造价的主要影响因素的为(　　)。
   A. 施工组织规划设计　B. 建设地点及工程方案
   C. 公路建设规模和技术标准　D. 施工方的技术管理水平

7. 关于项目决策与工程造价的关系,正确的说法是(　　)。
   A. 工程造价的合理性是项目决策正确性的前提
   B. 项目决策的内容是决定工程造价的基础
   C. 工程造价确定的精确度影响项目决策的深度
   D. 工程造价的控制效果影响项目决策的深度

8. 以下不属于项目决策阶段影响工程造价的主要影响因素的为(　　)。
   A. 施工组织规划设计　B. 建设地点及工程方案
   C. 总体设计　D. 环境保护措施

Ⅱ.多项选择题

1. 公路环境治理投资包括(　　)。
   A. 治理环境污染的投资　B. 服务区的污水治理投资

C. 防治交通噪声的设施投资　　　　　　　　D. 保护环境的投资

2. 环境治理方案比选的主要内容有(　　)。

A. 各治理方案技术水平对比

B. 治理前后环境指标的变化情况

C. 各治理方案所采用的管理和监测方式优、缺点

D. 将环境治理保护所需投资和环保措施运行费用与所获得的收益相比较

3. 施工组织规划设计需要论述和研究的主要内容包括(　　)。

A. 勘测设计计划　　　　　　　　B. 分期建设和分段通车的可能性和必要性

C. 施工进度计划　　　　　　　　D. 现场施工平面规划设计

E. 采用何种招标方式、组织管理模式、实行工程监理的意见

4. 公路建设项目在确定建设规模和技术标准时，应综合考虑成本效益，根据公路的(　　)等进行全过程、全方位的综合论证，使公路的综合效益最佳。

A. 功能　　　　　　　　B. 交通量服务水平

C. 施工组织规划　　　　　　　　D. 可持续发展

5. 下列叙述正确的是(　　)。

A. 项目工程造价的多少主要取决于项目的建设标准

B. 设备购置费用占高等级公路建设总投资的比例较小，因此设备方案不是影响高等级公路造价的主要因素之一

C. 路线方案是公路设计中最根本的问题

D. 环境保护措施应坚持“三同时原则”，即环境治理措施应与项目的主体工程同时设计、同时施工、同时投产使用

Ⅲ. 判断题

高路堤与高架桥方案的经济比选中，除了比较建设方案的工程造价外，还应具有全寿命周期的理念，比较两方案的项目投资费用和项目建成后运营、养护费用。　　(　　)

(三)各类财务基础数据的测算

Ⅰ. 单项选择题

在进行生产成本估算时，下列费用中，既属于经营成本组成项又作为固定成本组成项的是(　　)。

A. 修理费　　　　　　　　B. 摊销费

C. 计件工资及福利费　　　　　　　　D. 折旧费

2. 某项目在某运营年份的总成本费用是 8 000 万元，其中外购原材料、燃料及动力费为 4 500万元，折旧费为 800 万元，摊销费为 200 万元，修理费为 500 万元；该年建设贷款余额为 2 000万元，利率为 8%；流动资金贷款为 3 000 万元，利率为 7%；当年没有任何新增贷款。则当年的经营成本为(　　)万元。

A. 5 000　　　　B. 6 130　　　　C. 6 630　　　　D. 6 790

3. 某建设项目，建设期贷款本金总额为 1 000 万元，建设期贷款利息总额为 200 万元。按照贷款协议，采用等额还本、利息照付的方式分 5 年还清。若年利率为 8%，则项目投产后的第 3 年应还本金和第 3 年应付利息分别是(　　)万元。

A. 200，97.6　　　　B. 200，64.0　　　　C. 240，57.6　　　　D. 240，38.4

4. 已知某项目建设期末贷款本利和为 2 000 万元,按贷款协议,采用等额还本付息的方法分 5 年还清,已知年利率为 10%,则该项目每年的还本付息总额为(　　)万元。

A. 327.6　　B. 527.6　　C. 3 276　　D. 5 276.3

5. 以下关于经营成本构成,正确的是(　　)。

A. 经营成本 = 总成本费用 - 折旧费 - 利息支出

B. 经营成本 = 总成本费用 - 摊销费 - 利息支出

C. 经营成本 = 总成本费用 - 折旧费 - 摊销费 - 利息支出

D. 经营成本 = 外购原材料、燃料和动力费 + 工资及福利费 + 修理费

6. 用于归还贷款的利润,通常应该是(　　)。

A. 利润总额　　B. 净利润

C. 税后利润　　D. 经过利润分配程序后的未分配利润

7. 已知某项目建设期末贷款本利和累计为 1 500 万元,按照贷款协议,采用等额还本付息的方法分 4 年还清,已知年利率为 8%,则该项目还款期第 2 年应还本金和第 2 年应付利息分别是(　　)万元。

A. 375.00,90　　B. 375.00,93.37　　C. 359.51,93.37　　D. 332.88,120

8. 某项目生产期间存货 300 万元,库存现金 100 万元,应收账款 450 万元,应付账款 150 万元,预付账款 280 万元,预收账款 350 万元。据此,该项目流动资金估算额为(　　)万元。

A. 200　　B. 370　　C. 630　　D. 930

9. 已知某项目年总成本费用为 2 700 万元,销售费用、管理费用合计为总成本费用的 15%,固定资产折旧费为 300 万元,摊销费为 120 万元,利息支出 70 万元。则该项目年经营成本为(　　)万元。

A. 1 805　　B. 2 210　　C. 2 280　　D. 2 930

10. 营业税金及附加不包括(　　)。

A. 营业税　　B. 增值税　　C. 城市维护建设税　　D. 教育费附加

11. 设某企业年营业收入 1 000 万元,总成本费用 840 万元,企业所得税税率 33%,营业税及附加税率为 3.3%,则该企业的应缴纳的所得税是(　　)万元。

A. 31.75　　B. 33　　C. 41.91　　D. 160

12. 某项目生产期间存货 300 万元,库存现金 100 万元,应收账款 450 万元,应付账款 150 万元,预付账款 280 万元,预收账款 350 万元。据此,该项目的流动资产为(　　)万元。

A. 200　　B. 370　　C. 1 130　　D. 930

13. 某项目生产期间存货 300 万元,库存现金 100 万元,应收账款 450 万元,应付账款 150 万元,预付账款 280 万元,预收账款 350 万元。据此,该项目的流动负债为(　　)万元。

A. 200　　B. 370　　C. 500　　D. 930

Ⅱ. 多项选择题

1. 以下可作为建设投资借款还本付息资金来源的是(　　)。

A. 固定资产折旧费　　B. 净利润

C. 摊销费　　D. 补贴收入

E. 减免的营业税金

2. 总成本费用估算时按生产成本加期间费用法时,不计入生产成本的是(　　)。

A. 其他直接支出　　B. 制造费用
C. 管理费用　　D. 财务费用
E. 营业费用

3. 按生产要素估算法描述总成本费用的构成,属于固定成本的有(　　)。
A. 外购原材料　　B. 计件工资及福利费
C. 计时工资及福利费　　D. 摊销费
E. 利息支出

Ⅲ. 判断题

1. 经营成本是为了避免现金流量的重复计算和针对特定的分析而提出的,因此经营成本与融资方案无关。(　　)

2. 公路建设项目进口材料、设备的关税包含在投资估算中,一般不需要单独估算。(　　)

3. 公路项目营业收入一般是指对公路使用者收取的车辆通行费,即收费收入。(　　)

(四)建设项目经济评价的内容

Ⅰ. 单项选择题

1. 以下关于公路建设项目经济评价的描述,(　　)是错误的。
A. 采用"有无对比"原则,即"有项目"与"无项目"对比的方法
B. 项目计算期包括建设期和运营期
C. 动态分析与静态分析相结合,以动态分析为主
D. 采用影子价格体系为基础的预测价格,并考虑通货膨胀因素的影响

2. 经济费用效益分析中,由于工程建设的投资支出不是一次性支付,而是分年度逐次支付的,所以要把各年度实际发生的工程建设成本按(　　)折合为现在值。
A. 银行折现率　　B. 社会折现率
C. 银行储蓄利率　　D. 银行贷款利率

3. 以下不属于公路项目经济费用效益分析的指标有(　　)。
A. ENPV　　B. EIRR　　C. FBCR　　D. FYRR

4. 以下(　　)敏感性分析结果表明项目经济抗风险能力较弱。
A. 敏感性分析结果能抵御费用和效益双向 20% 的不利变化
B. 敏感性分析结果能抵御费用和效益双向 10% 的不利变化
C. 敏感性分析结果能抵御费用和效益单向 10% 的不利变化
D. 敏感性分析结果不能抵御费用和效益单向 10% 的不利变化

5. 公路建设项目经济评价所采用的数据,大部分来自预测和估算,为分析不确定性因素对公路项目评价指标的影响,需进行(　　)分析,以估计项目可能承担的经济风险。
A. 影子价格　　B. 净现值　　C. 投资回收期　　D. 敏感性

6. 关于土地影子价格的确定,下列说法错误的是(　　)。
A. 土地影子体格根据机会成本原则或消费者支付意愿原则确定
B. 土地补偿费和青苗补偿费属于机会成本性质的费用
C. 土地机会成本按所放弃的"最佳替代用途"的收益来计算
D. 新增资源消耗包括拆迁补偿费、农民安置补助费

7. 下列说法错误的是(　　)。

A. 影子工资是指项目使用劳动力,国家和社会为此付出的代价

B. 劳动力的机会成本是指劳动力用于所评价的项目中所能创造的最大效益

C. 用于公路建设项目的技术和非技术劳动力影子工资换算系数是不同的

D. 影子工资主要包括劳动力的机会成本和新增资源消耗

8. 以下不是公路项目经济费用效益分析中的特殊投入物的是(　　)。

A. 土地　　B. 外汇　　C. 劳动力　　D. 钢筋

9. 以下说法正确的有(　　)。

A. 项目经济费用效益分析中需要对所有投入物确定其影子价格

B. 外贸货物采用国际市场价格作为影子价格的计算基础

C. 由国家行政主管部门统一测定并发布的社会折现率和影子工资换算系数在各类建设项目经济费用效益分析中必须采用

D. 对于改扩建公路建设项目的经济费用效益分析,也可采用 ENPV、EBCR 指标来分析

10. 关于公路建设项目经济效益,以下说法错误的有(　　)。

A. 公路项目经济费用效益分析中一般只计算直接效益

B. 减少交通事故效益需通过相关路线法或路段费用法来计算

C . 路段费用法是在确定与拟建项目相关的原有公路路线基础上,通过有无比较,计算项目产生的经济效益

D. 经济效益是指公路项目的兴建给国民经济带来的实际成果和利益

11. 以下关于公路建设项目经济效益计算,错误的是(　　)。

A. OD 矩阵法,是以汽车运营成本费用和运行时间采用全部交通量分配到路网上之后的数据

B. 路段费用法可以计算汽车运营成本节约效益和旅客节约时间效益,但是减少交通事故效益还需要相关路线法来计算

C. 相关路线法,是在确定与拟建项目相关的原有公路路线基础上,通过有无比较,计算项目产生的经济效益

D. 路段费用法,是通过公路使用者在"无项目"情况下和"有项目"情况下使用影响区域路网费用的比较,计算项目产生的经济效益

12. 经济内部收益率是反映项目占用的投资对国民经济的净贡献能力的相对指标。下列关于经济内部收益率描述错误的是(　　)。

A. 当经济内部收益率大于社会折现率时,说明项目所占用的投资对国民经济净贡献能力可达到要求

B. 当经济内部收益率等于社会折现率时,说明项目所占用的投资对国民经济净贡献能力可达到要求

C. 当经济内部收益率小于社会折现率时,从国民经济角度看项目应予接受

D. 经济内部收益率是计算期内经济净现值等于零时的折现率

13. 下列关于经济效益费用比(EBCR)的描述错误的是(　　)。

A. 当 EBCR 大于 1 时,表明项目资源配置的经济效率达到了可以接受的水平

B. 当 EBCR 小于 1 时,项目不可接受

C. 当 EBCR 小于 0 时,表明项目不可接受

D. EBCR 的经济含义是单位投资经济费用能获得多少经济效益

14. 最佳建设时机是采用建设项目第一年收益率计算拟建项目最佳建设时机,下列(　　)表明项目建设时机已成熟。

A. FYRR 大于经济效益费用比　　B. FYRR 大于社会折现率

C. FYRR 小于社会折现率　　D. FYRR 大于经济内部收益率

15. 按经济费用与效益划分原则,项目实际征地费用中属于新增资源消耗费用的是(　　)。

A. 耕地占用税　　B. 土地补偿费

C. 青苗补偿费　　D. 农民安置补助费

Ⅱ. 多项选择题

1. 经济费用效益分析与财务分析的区别在于(　　)。

A. 两种评价的角度和基本出发点不同

B. 项目的费用和效益的含义和范围划分不同

C. 使用的价格体系不同

D. 财务分析只有盈利性分析,经济费用效益分析还包括清偿能力分析

E. 使用的基本理论不同

2. 以下说法正确的有(　　)。

A. 项目经济费用效益分析中需要对所有投入物确定其影子价格

B. 外贸货物采用国际市场价格作为影子价格的计算基础

C. 由国家行政主管部门统一测定并发布的社会折现率和影子工资换算系数在各类建设项目经济费用效益分析中必须采用

D. 对于改扩建公路建设项目的经济费用效益分析,也可采用 ENPV,EBCR 指标来分析

E. 公路建设项目经济效益的计算可以采用相关路线法、路段费用法和 OD 矩阵法

3. 下列属于建设项目经济费用效益分析参数的是(　　)。

A. 影子价格　　B. 影子汇率

C. 社会折现率　　D. 经济内部收益率

E. 经济净现值

Ⅲ. 判断题

1. 建设项目经济评价从评价角度和内容看,可分为经济费用效益分析和财务分析。所有公路建设项目都应进行财务分析。　　(　　)

2. 对运营期的投入物和产出物价格,由于运营期比较长,在前期研究阶段对将来的物价上涨水平较难预测,预测结果的可靠性也难以保证,因此一般只预测到建设期初的价格,且运营期各年采用同一不变价格。　　(　　)

3. 在建设项目经济评价中,测定当前的社会折现率为 8%,对于收益期长的建设项目,如果远期效益较大,效益实现的风险较小,社会折现率可适当降低,但不应低于 5%。　　(　　)

(五)建设项目财务分析报表的编制

Ⅰ. 单项选择题

1. 下列各项中,不属于资产负债表中资产组成项的是(　　)。

A. 货币资金　　B. 资本金

C. 在建工程　　D. 固定资产净值

2. 在项目投资现金流量表,用所得税前净现金流量计算所得税后净现金流量,扣除项为(　　)。

A. 所得税　　B. 利润总额×所得税率

C. 息税前利润总额×所得税率　　D. 应纳税所得额×所得税率

3. 项目投资现金流量表和项目资本金现金流量表的主要区别在于(　　)。

A. 项目投资现金流量表用于项目融资后分析,项目资本金现金流量表用于项目融资前分析

B. 项目投资现金流量表反映筹资活动引起的现金流入,不反映筹资活动引起的现金流出

C. 项目投资现金流量表用于项目融资前分析,项目资本金现金流量表用于项目融资后分析

D. 项目资本金现金流量表反映筹资活动引起的现金流出,不反映筹资活动引起的现金流入

4. 在投资各方现金流量表中,属于现金流出的是(　　)。

A. 实分利润　　B. 实缴资本

C. 资产处置收益分配　　D. 租赁费收入

5. 资产负债表中的资产、负债及所有者权益三项之间的关系是(　　)。

A. 资产+负债=所有者权益　　B. 资产+所有者权益=负债

C. 资产=所有者权益+负债　　D. 固定资产=所有者权益+负债

6. 所有者权益包括资本金、资本公积金、累计盈余公积金和累计(　　)。

A. 应付利润　　B. 未分配利润　　C. 税后利润　　D. 利润总额

7. 用于分析项目的财务生存能力的现金流量表是(　　)。

A. 项目投资现金流量表　　B. 项目资本金现金流量表

C. 项目经营现金流量表　　D. 财务计划现金流量表

8. 下列关于项目财务分析与企业日常财务分析的描述错误的是(　　)。

A. 项目财务分析报表与企业日常财务分析的目的相同

B. 项目财务分析根据预测数据进行事前分析,企业日常财务分析根据历史数据进行事后分析

C. 项目财务分析的分析期远远长于企业日常财务分析的分析期

D. 项目财务分析需进行动态分析,企业日常财务分析只作静态分析

9. 下列财务数据中,可以列入项目资本金现金流量表中,而不出现在项目投资财务现金流量表中的是(　　)。

A. 维持营运投资　　B. 经营成本

C. 租赁资产支出　　D. 借款本金偿还

10. 某项目建设投资为1 000万元,项目经营期16年,经营期每年总成本费用为300万元,折旧费和摊销费占总成本费用的20%,若误将总成本费用列入项目投资现金流量表的现金流出,则会多计现金流出量合计(　　)万元。

A. 60　　B. 300　　C. 960　　D. 1 000

Ⅱ.多项选择题

1.在下列各项中,包含在项目资本金的现金流量表中而不包含在项目投资财务现金流量表中的是(　　)。

A.回收固定资产余值　　B.回收流动资金

C.借款本金偿还　　D.借款利息支出

E.经营成本

2.按照评价角度的不同,财务现金流量表通常分为(　　)。

A.项目投资现金流量表　　B.项目资本金现金流量表

C.企业现金流量表　　D.投资各方现金流量表

3.下列关于财务现金流量表的正确表述是(　　)。

A.项目投资现金流量表是将项目总投资作为计算基础

B.投资各方现金流量表是以投资各方的总出资额作为计算基础

C.项目资本金现金流量表以项目资本金作为计算的基础

D.财务计划现金流量表用以考察项目的盈利能力

4.下列报表中,体现具体还本付息额的报表是(　　)。

A.项目投资财务现金流量表　　B.项目资本金现金流量表

C.投资各方财务现金流量表　　D.财务计划现金流量表

5.在财务评价中,通过项目投资现金流量表计算的项目投资评价指标主要有(　　)。

A.财务内部收益率　　B.财务净现值

C.利息备付率　　D.投资回收期

Ⅲ.判断题

1.由于项目财务分析是长期分析,一般要考虑资金的时间价值,进行动态分析;企业日常财务分析也需要考虑资金的时间价值,进行动态分析。(　　)

2.项目财务分析的目的是确定项目所需资金的来源,评价项目建成运营后的盈利能力,测算借款的偿还能力,为提高企业经营水平服务。企业日常财务分析则主要限于分析年度、季度或月度经营活动的盈利状况,挖掘潜力,找出提高经济效益的方向与措施,为投资决策提供依据。(　　)

(六)建设项目财务评价方法

Ⅰ.单项选择题

1.关于项目融资前财务分析的表述中正确的是(　　)。

A.融资前分析只进行盈利能力分析

B.融资前分析从项目投资者获利能力角度,考虑投资的合理性

C.融资前分析以非折现现金流量分析为主

D.融资前分析一般只进行所得税后指标分析

2.项目评价中,保证项目财务可持续性的必要条件是(　　)。

A.各年的筹资现金流量满足投资活动要求

B.拥有足够的经营净现金流量

C.合理安排还本付息期

D.各年累计盈余资金不出现负值

3. 某项目运营期第 3 年,有关财务数据为:利润总额 1 000 万元,全部为应纳税所得额基数,税率 25%;当年折旧 400 万元,摊销不计;当年付息 200 万元,则该项目运营期第 3 年的利息备付率为(　　)。

A. 3.75　　B. 5.75　　C. 6.00　　D. 8.00

4. 某项目运营期第 4 年的有关财务数据为:利润总额 2 000 万元,全部为应纳税所得额基数,税率 25%;当年折旧 600 万元,摊销不计;当年应还本 1 200 万元,付息 300 万元。则本年度该项目的偿债息备付率为(　　)。

A. 1.75　　B. 1.6　　C. 1.5　　D. 1.4

5. 判断项目偿债能力的参数不包括(　　)。

A. 利息备付率　　B. 内部收益率

C. 流动比率　　D. 资产负债率

6. 下列关于财务基准收益率的描述错误的是(　　)。

A. 财务基准收益率是衡量项目财务内部收益率的基准值,也是项目财务可行性和方案比选的主要判据

B. 财务基准收益率反映投资者对相应项目占用资金的时间价值的判断

C. 财务基准收益率是投资者在相应项目上最低可接受的财务收益率

D. 项目投资财务内部收益率、项目资本金财务内部收益率和投资各方财务内部收益率的判别基准相同

7. 在进行财务生存能力分析时,若某年累计盈余资金出现负值,则应考虑(　　)。

A. 长期借款　　B. 短期借款　　C. 发行债券　　D. 内部集资

8. 下列关于财务净现值的表述,错误的是(　　)。

A. 在计算财务净现值时,必须确定一个符合经济现实的基准收益率

B. 财务净现值能反映项目投资中单位投资的使用效率

C. 在使用财务净现值进行互斥方案比选时,各方案必须具有相同的分析期

D. 财务净现值是评价项目盈利能力的绝对指标

9. 如果项目没有足够资金支付利息,偿债风险很大,常常表现为利息备付率低于(　　)。

A. 3　　B. 2　　C. 1.5　　D. 1

10. 当年资金来源不足以偿付当期债务,常常表现为偿债备付率(　　)。

A. 小于 1　　B. 小于 1.5　　C. 小于 2　　D. 小于 3

11. 在进行建设项目财务评价时,(　　)是财务内部收益率的基准判据。

A. 行业平均投资利润率　　B. 行业基准收益率

C. 行业平均资本金利润率　　D. 社会贴现率

Ⅱ. 多项选择题

1. 以下关于财务评价指标阐述正确的是(　　)。

A. 总投资收益率指项目有收益年份的息税前利润与项目总投资的比率

B. 利息备付率从付息资金来源的充裕性角度反映项目偿付债务利息的保障程度

C. 偿债备付率表示可用于还本付息的资金偿还贷款本息的保障程度

D. 项目资本金净利润率属于动态评价指标

2. 反映盈利能力的指标有(　　)。

A. 投资回收期
B. 财务净现值
C. 财务内部收益率
D. 流动比率
E. 速动比率

3. 下列反映项目偿债能力的指标包括(　　)。

A. 偿债备付率
B. 投资回收期
C. 利息备付率
D. 财务内部收益率

4. 对建设项目的经济评价,根据评价的角度、范围、作用的不同,分为(　　)。

A. 社会效益评价
B. 财务评价
C. 技术经济评价
D. 经济费用效益分析

5. 下列属于财务评价动态指标的有(　　)。

A. 投资利润率
B. 借款偿还期
C. 财务净现值
D. 财务内部收益率
E 资产负债率

Ⅲ. 判断题

国家行政主管部门统一测定、发布的行业财务基准收益率,对于政府投资项目和社会其他各类投资项目来说都是参考性的。(　　)

四、公路建设项目设计阶段工程造价的计价与控制

(一)与公路工程造价编制相关的外业资料的内容与收集渠道、方法

Ⅰ.单项选择题

1.(　　)资料的收集,是为了计算价差预备费的。

A.市场行情　　B.生活资料　　C.筹资方式　　D.实施方法

2.对运输道路情况需要调查和收集的资料主要是(　　)。

A.沿线可利用的场地,运输道路和桥梁,过路费

B.运输市场情况,运输道路情况,运输收费情况

C.当地可能提供的运输方式,运输能力,装卸费标准

D.需要加固和维修的桥梁,需要支付的补偿费,与物主的协议

3.进行材料外业调查时要根据(　　)的材料规格,结合工程项目实际情况,确定调查的内容。

A.设计图纸　　B.预算定额　　C.市场供应　　D.技术规范

4.以下不属于自采材料外业调查的内容是(　　)。

A.开采条件　　B.料场位置　　C.供应渠道　　D.上路距离

5.对于树木的调查内容,包括(　　)等。

A.高度,经济林,产量,单价　　B.直径,产量,经济林,单价

C.树种,直径,经济林,产量,单价　　D.树种,高度,经济林,产量,单价

6.在路线范围内,(　　)均要进行调查,以便采取必要的工程措施。

A.障碍物　　B.所有建筑物,树木

C.地面以上的建筑物　　D.地面以下的水管、电缆

7.根据编制公路工程造价的要求,应进行现场调查并搜集相关的资料。其中,对建设工程所在地的政治、历史、区情、风俗以及社会、经济的发展情况应进行必要的调查了解,并对建设工程的顺利实施有着极其重要影响的是(　　)。

A.社会条件　　B.自然条件

C.技术经济条件　　D.参与造价工作人员的工作条件

8.进行征地、拆迁调查时,要全面收集以下有关各项原始数据资料,下列说法错误的是(　　)。

A.需迁移的建筑物只需注明所在的村庄或市镇

B.电杆迁移必须注明形式、负荷量、几线等,是木质或钢筋混凝土的

C.电杆要注明与路中心线的交角,确定拆迁数量要充分考虑由于迁移使两端受影响的数量,一并计入迁移数量中

D.所有拆迁的建筑物必须注明结构形式、材料情况、新旧程度

9.熟悉设计图纸资料与(　　)是公路工程造价编制的两项重要工作。

A. 现场调查　　B. 市场行情

C. 筹资方式　　D. 技术经济条件

10. 临时轨道铺设,按需要分轻、重轨。重轨又分为路基上、桥上两种。桥上重轨指(　　)铺设的长度。

A. 从预制场至桥头　　B. 从预制场至桥面

C. 在桥面上运梁　　D. 从预制场至桥头在路基上

11. 现场调查中,应向工程建设主管部门或建设单位了解兴建工程筹集建设资金的方式,若系贷款项目,则应明确(　　)。

A. 所需贷款总额　　B. 还款期限

C. 偿还借款的资金来源　　D. 还款方式

12. 建筑材料价格调查内容包括(　　)。

A. 供应价格、运输方式及运距、供应价格依据

B. 供货地点、供应价格、运输方式

C. 材料名称及规格、供货地点、供应价格

D. 材料名称及规格、供货地点、供应价格、运输方式及运距、供应价格依据

13. 主副食运输调查内容包括(　　)。

A. 名称、供应地点、供应比重、运输方式

B. 名称、供应地点、供应数量、运输方式

C. 名称、供应地点、供应比重、运距

D. 名称、供应地点、供应数量、运距

14. 以下叙述中,错误的是(　　)。

A. 确定公路征用土地的面积,都是按照横断面双边需占地的宽度来计算的

B. 桥梁施工现场内用的电力支线其费用已综合在规定的临时设施费中,不再另列

C. 在路线范围内,所有建筑物、树木等均要进行调查

D. 路基上重轨指从预制场至桥头在路基上铺设的长度,在桥上为桥面上运梁铺设的长度

Ⅱ. 多项选择题

1. 根据编制公路工程造价的要求,现场调查并搜集的资料包括(　　)。

A. 社会条件　　B. 自然条件

C. 技术经济条件　　D. 气象资料

2. 根据编制公路工程造价的要求,现场调查并搜集的自然条件资料包括(　　)。

A. 地形情况　　B. 土壤地质情况

C. 水文资料　　D. 气象资料

3. 临时工程要根据工程项目所确定的施工方案和路线所经现场的实际情况确定,需要调查的内容包括(　　)。

A. 小型临时设施

B. 工地范围内的便道,便桥

C. 水泥混凝土集中拌和的拌和场

D. 需要架设的临时电力,电讯线路长度

4. 拆迁建筑物补偿调查内容包括(　　)。

A. 土地等级　　B. 补偿单价　　C. 规格标准　　D. 建筑物种类

5. 为编制公路造价,在现场调查和搜集资料过程中,凡涉及下列事项时,应取得书面协议文件的是(　　)。

A. 与地方政府就砂石料场的开采使用、运输以及取土场、弃土堆的意向协议

B. 拆迁建筑物、构筑物与物主协商的处理方案

C. 当地环境保护对公路建设工程的特殊要求条件

D. 当地政府为保证当地人员的就业,在工程中要求增加劳务人员的条件

6. 临时汽车便桥是为修建汽车便道而必须相应修建的便桥以及桥梁施工时,材料、机械设备过河需修建的汽车便桥,便桥的高度与长度按(　　)确定。

A. 设计图纸　　B. 施工现场实际情况

C. 工期安排　　D. 施工组织规划设计

7. 下列属于临时汽车便道的是(　　)。

A. 运输材料、构件、半成品至工地的道路　　B. 砂、石材料从料场至公路的道路

C. 预制场、拌和场内部汽车公路　　D. 大型的施工机械进场道路

8. 迁移电力电信线路补偿调查内容包括(　　)。

A. 迁移线路种类　　B. 补偿单价

C. 型号与规格　　D. 材料情况

9. 砍伐经济林木补偿调查内容包括(　　)。

A. 占地数量　　B. 补偿单价

C. 经济林木种类规格　　D. 材料情况

10. 征用土地补偿调查内容包括(　　)。

A. 土地种类　　B. 土地等级

C. 农作物种类及其近三年平均产量　　D. 实物单价

11. 外业调查中,对于所有拆迁的建筑物必须注明(　　)。

A. 结构形式　　B. 占地面积　　C. 材料情况　　D. 新旧程度

Ⅲ. 判断题

1. 外业调查收集到的气象部门资料,若与概预算编制办法中有关冬雨季的规定要求有较大出入时,可作为调整计算冬雨季费用的依据。(　　)

2. 现场调查时,临时电力线路为从变压器到接线处的电力干线长度,从变压器到用电点的接线为电力支线,以及桥梁施工现场、拌和场等场内的电力支线。(　　)

3. 熟悉设计图纸与现场调查是公路工程造价编制的两项重要工作,这两项工作不是截然分开的,并不是在前者完成之后,然后才进行后者,实际上是互相交错进行的。(　　)

(二)初步设计概算、施工图预算的编制

Ⅰ. 单项选择题

1. 初步设计阶段的目的是基本确定设计方案,必须根据(　　)、测设合同的要求,拟订修建原则,选定设计方案、拟订施工方案,计算工程数量及主要材料数量、编制设计概算,提供文字说明及图表资料。

A. 初步设计批复意见　　B. 批复的可行性研究报告

C. 初勘资料　　D. 详勘资料

2. 进行工程造价编制工作的前提和必要条件是(　　)。

A. 拟订工作方案、确定编制原则　　B. 进行现场调查、收集有关资料

C. 熟悉设计图纸、核对工程数量　　D. 选择施工方法

3. (　　)是完成工程造价编制工作的重要手段。

A. 拟订工作方案,确定编制原则　　B. 进行现场调查、收集有关资料

C. 熟悉设计图纸、核对工程数量　　D. 选择施工方法

4. 关于分项工程概算表中的定额表号,正确的是(　　)。

A. 采用八位数字编号法　　B. 第二位数字表示“节”

C. 第三位数字表示“项目”　　D. 最后二位数字表示“子目”

5. 工程造价编制的一个关键环节是(　　)。

A. 核对工程量　　B. 划分工程子目

C. 各项费用的计算　　D. 选择施工方法

6. 关于设计概算,下列说法错误的是(　　)。

A. 设计概算是建设项目从筹建到竣工将会使用所需的全部费用

B. 设计概算一经批准就作为工程造价管理的最高限额

C. 设计概算是确定静态投资,作为筹措、供应和控制资金使用的限额

D. 设计概算是设计方案技术经济合理性的综合反映

7. 施工图预算编制的关键环节是(　　)。

A. 编制分项工程预算表和建筑安装工程费计算表

B. 编制机械台班单价计算表

C. 编制材料预算单价计算表

D. 编制其他工程费、间接费综合费率计算表

8. 关于分项工程预算表中的定额表号,正确的是(　　)。

A. 采用七位数字编号法　　B. 第二位数字表示“节”

C. 第三位数字表示“项目”　　D. 最后三位数字表示“子目”

9. 编制施工图预算中第二部分费用时,错误的是(　　)。

A. 以批准的概算文件为准

B. 设备价格可按当时的情况进行调整

C. 设备价格不可进行调整

D. 设备规格品种和数量不能随意修改

10. 公路工程概算、预算编制中,从设计图纸摘取工程量是指(　　)。

A. 主体工程　　B. 辅助工程　　C. 计价工程量　　D. 设计工程量

11. 为了施工图预算便于同标底对比,施工图预算可将(　　)费用综合在相应的路面结构内,不单独反映这些费用项目。

A. 路缘石　　B. 挖路槽,培路肩

C. 透层,黏层,封层　　D. 混合料的运输和拌和设备的安拆

12. 石灰粉煤灰碎石基层,设计配合比为石灰:粉煤灰:碎石 =4:11:85,设计压实厚度为18cm。预算定额1 000m^2 石灰粉煤灰碎石的主材消耗量见下表。粉煤灰调整后的数量应

为(　　)m^3。

A. 76.730　　B. 104.63　　C. 56.269　　D. 87.20

项目名称	石灰 : 粉煤灰 : 碎石 =5 : 15 : 80	
	压实厚度 15cm	每增减 1cm
生石灰	15.987	1.066
粉煤灰	63.95	4.26
碎石	166.54	11.10

13. 在编制概预算时,需要考虑的辅助工程量是(　　)。

A. 路基防护　　B. 路面排水

C. 隧道通风　　D. 桥梁预制厂及设施

14. 路基设计断面以外填方有一项计价不计量,是(　　)的填方数量。

A. 为保证路基边缘的压实度须加宽填筑所需

B. 耕地填前压实后回填所需

C. 清除表土后回填所需

D. 路基沉陷需增加

15. 在编制圆管涵施工图预算时,其预制构件的工程量应(　　)。

A. 大于安装构件工程量　　B. 小于安装构件工程量

C. 等于安装构件工程量　　D. 与安装构件工程量无关

16. 在编制工程造价之前,往往能发现降低工程费用的更佳施工方法和结合实际的技术组织措施,也是编好工程造价的一个重要工作环节和必要手段。这项工作指的是(　　)。

A. 熟悉设计图纸　　B. 现场调查

C. 熟悉概预算编制内容　　D. 熟悉施工组织设计

17. 公路工程概算编制过程中,第一部分建筑安装工程费中的绿化工程补助费通过(　　)完成计算过程。

A. 总概算表　　B. 工程建设其他费用及回收金额计算

C. 建筑安装工程费计算表　　D. 分项工程概算表

18. 编制构造物工程的施工图预算时,当(　　)时不可调整相应的定额用量。

A. 安装设备的实际使用周期超过四个月

B. 砂浆的强度等级设计与预算定额的规定不同

C. 混凝土的强度等级设计与预算定额的规定不同

D. 施工中实际采用的机械种类、规格与定额的规定不同

19. 挖孔灌注桩当孔深大于(　　)m 时应考虑通风及安全设施。

A. 10　　B. 12　　C. 15　　D. 20

20. 水中钻孔灌注桩施工时,围堰筑岛方案是比较经济的。当水深小于等于 1.5m、流速小于等于 0.5m/s 的浅滩且河床渗水性较小时,可采用(　　)。

A. 草土围堰　　B. 草袋围堰

C. 竹笼围堰　　D. 麻袋围堰

21. 公路工程预算定额中开挖基坑土、石方运输按弃土于坑外(　　)m 范围内考虑,如超

过此运距时,另按路基土、石方增运定额计算。

A. 10　　B. 20　　C. 50　　D. 100

22. 在编制公路基本建设项目概(预)算时,计算现浇支架的数量可根据支架的高度、长度计算支架的立面积,钢支架按有效宽度(　　)m 计,如实际宽度与定额不同时可按比例换算。

A. 8.5　　B. 10.0　　C. 12.0　　D. 15.0

23. (　　)施工方法既适用于岸边墩台也适用于河中墩台,既适用于浅水基础也适用于深水基础、高桩承台等。

A. 钢板桩　　B. 钢管桩　　C. 钢套箱　　D. 沉箱法

24. 承台厚度超过(　　)m 以上时,混凝土中需另行计算外掺剂的费用。

A. 2　　B. 3　　C. 4　　D. 5

25. 大体积混凝土项目必须采用埋设冷却管来降低混凝土水化热时,要根据实际需要另行计算。现行定额中冷却管的计量单位是(　　)。

A. 1t　　B. 1m　　C. 10m　　D. 10t

26. 对于高度小于 40m 的空心墩及一般轻型墩台、圆柱式、方柱式墩台、框架式、埋置式桥台及 Y 型墩薄壁墩,直接根据不同的结构形式套用概预算定额计算即可,除高度大于(　　)m的桥墩需计算提升模架外,无需计算其他辅助工程数量。

A. 10　　B. 20　　C. 30　　D. 40

27. 公路桥梁施工的预制安装方法中(　　)安装法不受桥跨、墩高、桥宽、桥下地形、预制场地等因素的制约,尤其在山岭地区优越性较大。

A. 自行式吊车安装　　B. 跨墩龙门架安装

C. 架桥机安装　　D. 悬臂拼装

28. 对于跨径在 30m 以内的板梁,现场运输条件较好的工程可采用(　　)预制安装方法,尤其在城市桥梁中应用较广。

A. 自行式吊车安装　　B. 跨墩龙门架安装

C. 架桥机安装　　D. 悬臂拼装

29. 当桥梁预制场设置在桥头引道或桥下且桥位为地形平坦的旱地、桥墩高度不大、桥梁宽度适宜时可选择(　　)安装法,此方法在一般高架桥或较长的引桥中应用广泛。

A. 自行式吊车安装　　B. 跨墩龙门架安装

C. 架桥机安装　　D. 悬臂拼装

30. 普通混凝土板及后张法预应力混凝土空心板采用起重机或扒杆安装时,不考虑(　　)费用。

A. 运输轨道　　B. 平板拖车运输

C. 垫滚子绞运　　D. 场地平整

31. 在下列概、预算编制中,预制混凝土不再计算底座(含于定额中)的是(　　)。

A. 普通混凝土空心板　　B. 后张法预应力混凝土空心板梁

C. 预制钢筋混凝土 T 形梁　　D. 预应力混凝土 T 形梁

32. 预应力混凝土 T 形梁与钢筋混凝土 T 形梁相比,在套用定额时增加了(　　)项目。

A. 场地平整　　B. 预制底座

C. 运输轨道　　D. 钢绞线

33. 公路桥梁施工的支架现浇法中，下列属于按支架构造不同分类的是（　　）。

A. 贝雷桁架　　B. 满布式支架

C. 扣件式支架　　D. 门式支架

34. 公路工程预算定额中，当现浇混凝土工程的混凝土平均运距超过（　　）m 时应增列混凝土运输费用。

A. 10　　B. 20　　C. 50　　D. 100

35. 采用钢管桩支架现浇施工的概预算编制中，钢管支架上部工程量按（　　）计算。

A. 支架水平投影面积　　B. 支架质量

C. 立柱质量　　D. 立柱水平投影面积

36. 悬浇挂篮设备的计算可按预算定额说明提供的设备参考质量计算，其中块件质量指的是（　　）。

A. 最小节段的混凝土质量

B. 各节段混凝土质量的平均值

C. 中间节段的混凝土质量

D. 最大节段的混凝土质量

37. 现行交通运输部部颁预算定额中，对于零号块托架设备的计算是根据零号块顶面梁宽乘以参考质量计算的，该参考质量是（　　）。

A. 2.5t/m　　B. 7t/m　　C. 7t/m^3　　D. 2.5t/m^3

Ⅱ. 多项选择题

1. 关于公路工程概算和预算的编制，正确的是（　　）。

A. 二者作用相同

B. 二者编制程序基本相同

C. 二者编制方法基本相同

D. 二者有关工程量计算方法和规则基本相同

E. 二者编制方法不同

2. 公路工程概算和预算编制过程中都需要的文件资料有（　　）。

A. 国家发布的有关法律、法规、规章、规程

B.《公路工程基本建设项目概预算编制办法》

C. 技术设计图纸

D. 有关合同、协议

E. 有关的自然、技术、经济条件等资料

3. 初步设计概算中，在建筑安装工程费的编制时，计算材料预算价格几点注意要求正确的是（　　）。

A. 按经济合理，方便运输的原则，确定材料的供应地点和运输方式，并计算出平均运距及比重

B. 确定材料的供应价格时，凡需要外购的各种建筑材料。一般通过各省（区、市）公路（交通）工程造价（定额）管理站机构发布的材料价格信息来直接确定

C. 凡施工单位自行开采加工的砂石材料，应按“自采材料料场价格计算表”的要求进行计算确定

D. 通过“材料预算单价计算表”计算出各种材料的预算价格,并据以编制“人工、材料、机械单价汇总表”

4. 在汇总编制公路工程总预算项目表时,桥梁基础工程中的(　　)等辅助工程所需用的费用都可综合在内,不单独列项反映。

A. 挖基　　B. 防水

C. 排水　　D. 基坑废方的远运处理

5. 在汇总编制公路工程总预算项目表时,桥梁工程中的(　　)不单独列项反映。

A. 墩台帽　　B. 人行道及栏杆

C. 盖梁　　D. 耳背墙

6. 在编制预算时,对于高度大于40m的空心墩应考虑(　　)等辅助工程的数量。

A. 提升模架　　B. 混凝土拌和　　C. 塔吊　　D. 施工电梯

7. 普通混凝土板及后张法预应力混凝土空心板采用单导梁安装时,应计算(　　)费用。

A. 临时轨道　　B. 单导梁

C. 场地平整　　D. 场地龙门架

8. 桥梁支架现浇法施工中,一般满布式支架的地基基础加固可采用(　　)处理。

A. 砂砾垫层　　B. 混凝土垫层

C. 碎石垫层　　D. 混凝土条形基础

9. 在编制概预算时,需要考虑的辅助工程量是(　　)。

A. 路基防护　　B. 路面排水

C. 临时便桥　　D. 构造物的挖基、排水

10. 编制施工图预算中第二部分费用时,正确的是(　　)。

A. 以批准的概算文件为准

B. 设备价格可按当时的情况进行调整

C. 设备价格不可进行调整

D. 设备规格品种和数量不能随意修改

11. 编制构造物工程的施工图预算时,当(　　)可调整相应的定额用量。

A. 安装设备的实际使用周期超过四个月

B. 砂浆的强度等级设计与预算定额的规定不同

C. 混凝土的强度等级设计与预算定额的规定不同

D. 施工中实际采用的机械种类、规格与定额的规定不同

Ⅲ. 判断题

1. 在公路工程设计和建设中,施工方法的选择是非常重要的,必须依据工程条件和经济合理的原则进行多方面的比较,选择技术先进、经济又适用的施工方法。(　　)

2. 公路工程施工图预算编制中各种费用、表格之间的关系是彼此相关,非常严密的,同时也是不能变动的;在编制的程序上应当遵循它们之间的关系依次进行,不能同时或交叉进行。(　　)

3. 编制概预算时,确定主体工程量是根据定额规定的工程量计算规则,将设计图表中提供的工程量进行分类、统计、汇总后,得出符合技术规范要求的计价工程量;而辅助工程的工程数量,则主要依靠概、预算编制人员的工作经验、施工组织设计及工程实际情况来确定。(　　)

(三)初步设计概算、施工图预算的审查

Ⅰ.单项选择题

1. 概算工程造价总额突破可行性研究报告批准的投资额(　　)以上时,必须报原批准可行性研究报告单位批准后,初步设计(包括概算)才能生效。

A. 5%　　B. 10%　　C. 15%　　D. 20%

2. 审查建设项目工程造价的目的是为了(　　)。

A. 控制建设项目工程造价在限额之内　　B. 为施工做准备

C. 确定建设项目的投资总额　　D. 降低工程造价

3. 下列各项中,不属于审查设计概预算编制依据的是(　　)。

A. 审查概预算编制深度　　B. 审查编制依据的合法性

C. 审查编制依据的时效性　　D. 审查编制依据的适用范围

4. 拟建工程与已完工程采用同一个施工图,但两者基础和现场施工条件不同,则对相同部分的施工图预算,宜采用的审查方法是(　　)。

A. 分组计算审查法　　B. 标准预算审查法

C. 对比审查法　　D. 重点审查法

5. 公路工程概预算审查方法中,下列属于全面审查法的缺点的是(　　)。

A. 重点突出　　B. 适用范围小

C. 工作量大　　D. 审查质量高

6. 公路工程概预算审查方法中,下列属于标准预算审查法的缺点的是(　　)。

A. 重点突出　　B. 适用范围小

C. 工作量大　　D. 审查质量高

7. 如果采用重点审查法审查施工图预算,下列不属于应重点审查的内容有(　　)。

A. 材料预算单价　　B. 造价高的项目

C. 工程量大的项目　　D. 预算的编制深度

8. 公路工程概预算审查中,下列属于审查定额的使用的是(　　)。

A. 是否有重套、漏套定额现象

B. 其他工程费、间接费的费率取定是否合理,计算是否正确

C. 费用计算是否包括了全部建设费用

D. 技术经济指标是否合理

9. 某政府投资项目已批准的投资估算为 8 000 万元,其总概算投资为 9 000 万元,则审查处理办法是(　　)。

A. 查明原因,调减至 8 000 万元以内

B. 对超投资估算部分,重新上报审批

C. 查明原因,重新上报审批

D. 如确实需要,即可直接作为预算控制依据

Ⅱ.多项选择题

1. 下列属于公路概、预算审查内容的是(　　)。

A. 审查编制依据及编制内容　　B. 审查编制工程量

C. 审查定额的使用　　D. 审查其他各项费用及技术经济指标

2. 设计概算编制依据的审查内容有(　　)。

A. 编制依据的合法性　　B. 编制依据的权威性

C. 编制依据的适用范围　　D. 编制依据的时效性

3. 如果采用重点审查法审查施工图预算,下列应作为重点审查的内容有(　　)。

A. 材料预算单价　　B. 造价高的项目

C. 工程量大的项目　　D. 预算的编制深度

4. 公路工程概预算审查中,下列属于审查编制内容的是(　　)。

A. 审查概预算的列项是否完整,有无遗漏

B. 是否体现设计要求,施工方法选择合理与否

C. 定额的换算是否正确

D. 技术经济指标是否合理

Ⅲ. 判断题

1. 公路工程概预算文件的审查是一项政策性、技术性、经济性和实践性很强的技术经济工作;审查的要求和内容,应与基本建设程序各阶段的内容、深度相结合。(　　)

2. 对比审查法是利用标准图纸所编制的标准预算,对比审查拟建工程概预算的一种方法。(　　)

(四)设计阶段影响工程造价的主要因素

Ⅰ. 单项选择题

1. (　　)的经济合理性对整个设计方案的经济合理性有极大影响。

A. 桥梁、涵洞和隧道设计　　B. 施工组织设计

C. 总体设计　　D. 路线交叉设计

2. 路线设计方案中的(　　)主要对公路运营阶段的经济效益产生影响。

A. 各方案平、纵指标均衡情况

B. 行车安全、通行能力、服务水平

C. 与铁路、电力等的干扰及迁移工作量

D. 水文条件不良地段

3. 施工组织设计对工程造价中的(　　)用影响最大。

A. 建筑安装工程费　　B. 直接工程费

C. 直接费　　D. 其他工程费

4. 总体设计是勘察设计中的重要组成部分,(　　)是影响工程建设规模的主要因素。

A. 隧道　　B. 大型桥梁

C. 立体交叉　　D. 技术标准

5. 施工组织设计对工程造价的影响是多方面的,包括(　　)。

A. 施工进度计划,质量标准,预制场设置

B. 工作面布设,施工方案,工期,材料运输

C. 施工工期,材料运输,机械设备选择,组织机构

D. 施工现场平面布置、施工方案、工期,运输组织计划

6. 施工方案所确定的(　　),是安排劳力、机具、设备及材料购入计划的依据。

A. 施工顺序　　B. 合理工期

C. 施工方法　　D. 施工机械

7. 交通工程及沿线设施设计中,(　　)是影响工程造价的主要因素。

A. 收费系统设施　　B. 安全设施

C. 交通管理设施　　D. 设备的选型

8. 下列属于项目设计阶段影响工程造价的主要因素的是(　　)。

A. 施工组织规划设计　　B. 建设地点及工程方案

C. 总体设计　　D. 环境保护措施

Ⅱ. 多项选择题

1. 路线设计方案的(　　)因素对工程造价产生影响。

A. 沿线建设条件　　B. 征用基本农田及拆迁工程量的多少

C. 路线交叉的类型　　D. 互通式立体交叉位置的确定

2. 以下说法正确的是(　　)。

A. 植物防护具有美化环境、防止水土流失、造价较高等特点

B. 路基填、挖方高度直接影响路基土石方数量

C. 与一般路基方案相比,软土地基处治的造价要高得多

D. 弃土方案因影响占地面积、水保方案,进而影响工程造价

3. 以下说法正确的是(　　)。

A. 跨越深沟的桥梁,一般选用大跨径结构,以减少桥墩数量

B. 应对长隧道与明线方案进行技术经济比较,选择最佳方案

C. 路线交叉设计中,分离式立体交叉是影响造价的主要因素

D. 交通工程及沿线设施设计中,设备的选型是影响工程造价的主要因素,应尽可能采用进口设备

4. 施工组织设计对工程造价的影响主要体现在(　　)。

A. 施工工期　　B. 运输组织计划

C. 施工方案的选择　　D. 施工现场平面布置

5. 以下说法正确的是(　　)。

A. 合理选择材料、确定经济运距和运输方案是施工组织设计中的重点

B. 工地仓库、拌和站的位置等平面布置对材料预算单价影响较大

C. 在保证工程质量的前提下,合理选择工程费用和安排工程进度

D. 施工方案所确定的施工顺序,是安排劳力、机具、设备及材料购入计划的依据

6. 以下说法正确的是(　　)。

A. 施工组织设计应符合公路施工标准化的要求

B. 施工标准化活动主要内容有施工现场的标准化、施工标准化和管理标准化

C. 国家贷款金融政策的调整对工程造价没有影响

D. 设计方案应从全寿命周期费用的角度,兼顾近期与远期的要求

7. 以下说法正确的是(　　)。

A. 跨越深沟的桥梁,一般选用大跨径结构,以减少桥墩数量

B. 应对长隧道与明线方案进行技术经济比较,选择最佳方案

C. 路线交叉设计中,分离式立体交叉是影响造价的主要因素

D. 桥孔布设应满足设计流量,不压缩河道,在满足技术要求的同时,选择造价较低的方案

8. 编制运输组织计划,应达到(　　)要求。

A. 运距最短,运输量最大　　B. 减少运转次数,力求直达工地

C. 装卸迅速和运转方便　　D. 充分发挥运输工具的运载条件

Ⅲ. 判断题

确定外购材料工地仓库和自采材料堆放点,预制场、拌和站的位置,应避免材料的二次倒运和缩短材料的场外运距。(　　)

(五)设计方案的技术经济比选

Ⅰ. 单项选择题

1. (　　)是设计阶段优选方案的一种有效方法。

A. 最小费用法　　B. 价值工程法

C. 全寿命周期成本法　　D. 德尔菲法

2. 在对各设计方案进行分析、比较、认证时,必须遵循(　　)可比性,否则它们之间不能相互代替,就失去了相互比较的意义。

A. 质量相同　　B. 产量指标　　C. 功能相同　　D. 技术指标

3. 下列说法中,不正确的是(　　)。

A. 线形设计是对道路路线平、纵、横三方面的一种综合设计

B. 因地制宜地选择适合的筑路材料对于降低工程造价至关重要

C. 特大桥应提出两个以上桥型方案进行比选论证

D. 建设项目设计方案技术经济比选的目的是选出功能上齐全、技术上先进、经济上合理的最优设计方案

4. 下列属于公路设计方案的经济评价指标是(　　)。

A. 工程数量指标　　B. 分项指标

C. 综合指标　　D. 单项指标

5. 下列属于公路设计方案的经济评价指标是(　　)。

A. 经济净现值　　B. 工程总造价

C. 经济效益费用比　　D. 经济内部收益率

6. 下列属于路线方案技术比选内容的是(　　)。

A. 路线交叉的分布及设置情况　　B. 设计方案与周围环境、自然景观的协调

C. 取弃土方案及节约用地措施　　D. 沿线桥梁、涵洞的设置位置

7. 下列属于路基、路面方案技术比选内容的是(　　)。

A. 路线交叉的分布及设置情况

B. 设计方案与周围环境、自然景观的协调

C. 取弃土方案及节约用地措施

D. 沿线桥梁、涵洞的设置位置

8. 下列属于路线交叉方案技术比选内容的是(　　)。

A. 路线交叉的分布及设置情况

B. 设计方案与周围环境、自然景观的协调

C. 取弃土方案及节约用地措施

D. 沿线桥梁、涵洞的设置位置

9. 下列属于桥梁、涵洞方案技术比选内容的是(　　)。

A. 路线交叉的分布及设置情况

B. 设计方案与周围环境、自然景观的协调

C. 取弃土方案及节约用地措施

D. 沿线桥梁、涵洞的设置位置

10. 下列属于环境保护与景观设计方案技术比选内容的是(　　)。

A. 拟采用的植物配置及特性

B. 设计方案与周围环境、自然景观的协调

C. 取弃土方案及节约用地措施

D. 隧道施工的弃渣方案

11. 下列关于设计方案优选原则正确的是(　　)。

A. 在资金限制范围内,尽可能降低工程造价

B. 满足使用者要求的前提下,尽可能降低工程造价

C. 设计方案必须兼顾建设与使用,力求使项目全寿命周期费用适当

D. 设计必须兼顾近期与远期的要求,并以远景发展需要为主

12. 路线方案技术比选的主要内容不包括(　　)。

A. 线形设计　　B. 技术指标

C. 料场的设置　　D. 路线走向

Ⅱ. 多项选择题

1. 关于设计方案的经济比选,以下正确的是(　　)。

A. 不同设计通行能力的两个方案可以直接进行比较

B. 功能等同是方案比较的共同基础

C. 既可对各设计方案的全部费用和效益进行比较,也可就其不同因素进行局部对比

D. 时间因素的可比包括服务年限可比和考虑资金的时间价值两个方面

2. 设计方案经济比选常用的方法是(　　)。

A. 最小费用法　　B. 价值工程法

C. 全寿命周期成本法　　D. 比例估算法

3. 下列属于路线方案技术比选内容的是(　　)。

A. 路线交叉的分布及设置情况

B. 设计方案与周围环境、自然景观的协调

C. 取弃土方案及节约用地措施

D. 线形连续、均衡

4. 公路设计方案的经济比选时要满足时间因素的可比性,时间因素的可比性包括(　　)。

A. 考虑资金时间价值因素,工程方案不同时间产生的费用和效益不能简单相加

B. 工程方案的费用和效益用货币值表示时,各消耗指标所采用的价格指标要相同

C. 工程方案比选时采用的是同一时期的定额标准

D. 对使用寿命不同的方案进行经济效果比较时,应采用相同的计算期作为比较的基础

Ⅲ.判断题

建设项目设计方案技术经济比选就是对设计方案进行技术与经济的分析、计算、比较和评价,从而选出功能上齐全、结构上坚固耐用、技术上先进、造型上美观、环境上自然协调以及经济合理的最优设计方案,为决策提供科学依据。 (　　)

(六)养护的取费特点

Ⅰ.单项选择题

下列关于公路养护工程预算表述错误的是(　　)。

A.按养护工程预算发包的工程,是办理工程结算的依据

B.公路养护工程预算文件由封面、目录及全部预算计算表格组成

C.公路养护工程预算是确定养护工程资金需求量、编制养护工程年度计划的依据

D.公路养护工程预算应由具备相应资质的设计、工程(造价)咨询单位负责编制,编制及审核人员必须持有相应执业资格,并对其编制质量负责

Ⅱ.多项选择题

下列关于公路养护工程的计价特点,表述正确的是(　　)。

A.公路养护施工环境复杂,行车干扰大,需要特别考虑施工安全问题

B.由于公路养护机械、设备的利用效率不高,机械台班费用相对较高

C.公路养护工程单位施工消耗高于新建工程

D.公路养护工程与新建工程的工程量确定方法相同

Ⅲ.判断题

公路养护工程与新建工程费用组成不同,在编制公路养护工程预算时应按照养护工程所在地的公路养护工程预算编制办法的费用组成和要求进行编制。 (　　)

五、公路建设项目招投标与合同管理

（一）公路工程标准施工招标文件的主要条款及合同价款的确定

Ⅰ.单项选择题

1.下列关于合同文件执行优先顺序的解释正确的是（　　）。

A.中标通知书优于合同协议书

B.投标函优于专用合同条款

C.图纸优于通用合同条款

D.已标价工程量清单优于中标通知书

2.按《公路工程标准施工招标文件》（2009 年）规定，下列合同文件的解释效力的优先顺序中，正确的是（　　）。

A.技术规范—通用合同条款—图纸—已标价工程量清单

B.通用合同条款—技术规范—图纸—已标价工程量清单

C.技术规范—通用合同条款—已标价工程量清单—图纸

D.通用合同条款—技术规范—已标价工程量清单—图纸

3.监理人更换总监理工程师须经发包人同意，并在调离（　　）天前通知承包人。

A.24 小时　　B.72 小时　　C.7 天　　D.14 天

4.紧急情况下，总监理工程师发出临时书面指示。承包商应在收到上述临时书面指示后 24 小时内，向监理人发出书面确认函，若监理人收到确认函 24 小时内未答复，则（　　）。

A.承包商应继续等待答复

B.承包人应再次提出书面确认要求

C.总监理工程师可不予承认该口头指令

D.该书面确认函应被视为监理人的正式指示

5.有关暂停施工的说法正确的是（　　）。

A.由于发包人原因引起的暂停施工造成工期延误的，承包人有权要求发包人延长工期和（或）增加费用，但不可以要求支付合理利润

B.由于发包人的原因发生暂停施工的紧急情况，且监理人未及时下达暂停施工指示的，承包人不能暂停施工，应等待监理人的书面指示

C.因发包人原因无法按时复工的，承包人有权要求发包人延长工期和（或）增加费用，但不可以要求支付合理利润

D.由于承包人责任引起的暂停施工，如承包人在收到监理人暂停施工指示后 56 天内不认真采取有效的复工措施，造成工期延误，可视为承包人违约，由承包人承担违约责任

6.下列有关工程交工验收的表述中，不正确的是（　　）。

A.监理人应在收到交工验收申请报告后的 28 天内提请发包人进行工程验收

B.发包人经过验收后同意接收工程的，应在监理人收到交工验收申请报告后的 28 天

内,由监理人向承包人出具经发包人签认的工程接收证书

C.监理人审查后认为尚不具备交工验收条件的,应在收到交工验收申请报告后的28天内通知承包人

D.承包人在完成不合格工程的返工重作或补救工作后,应重新提交交工验收申请报告

7.根据《公路工程标准施工招标文件》,施工工期的起算日期为(　　)。

A.发承包双方签订施工合同协议书之日

B.合同进度计划确定的开工日期

C.监理人发出开工通知后7天

D.开工通知中载明的开工日期

8 根据《公路工程标准施工招标文件》,关于缺陷责任期内缺陷责任的表述,正确的是(　　)。

A.发包人发现已接收使用的工程存在新的缺陷的,发包人应负责修复

B.发包人在使用过程中,发现已修复的缺陷部位又遭损坏的,承包人应负责修复

C.经查验缺陷属承包人造成的,应由承包人承担修复费用,发包人承担查验费用

D.经查验缺陷属发包人造成的,应由发包人承担修复费用,但不支付承包人相应的合理利润

9.下列有关隐蔽工程验收的表述中,不正确的是(　　)。

A.工程具备隐蔽条件的,承包人应通知监理人在约定的期限内检查

B.监理人未按时进行检查的,除监理人另有指示外,承包人可自行完成覆盖工作

C.监理人重新检验,工程质量不合格的,增加的费用和(或)工期延误由发包人承担

D.监理人已参加验收且验收合格的隐蔽工程,监理人仍有权要求再次剥露,重新检验

10.下列关于投保责任的说法中,错误的是(　　)。

A.建筑工程一切险应由承包人以承包人和发包人的共同名义投保

B.承包人应依照法律规定为其履行合同所雇佣的全部人员缴纳工伤保险费

C.发包人应在整个施工期间为其和监理人现场机构雇佣的全部人员投保人身意外伤害险

D.承包人应以承包人和发包人的共同名义投保第三者责任险

11.公路工程专用合同条款规定:承包人提交合同进度计划修订申请报告的期限:实际进度发生滞后的当月(　　)日前。监理人批复修订合同进度计划的期限:收到修订合同进度计划后(　　)天内。

A.28,14　　B.25,14　　C.14,28　　D.20,7

12.(　　)是在考虑了公路工程的特点,对通用合同条款所做的约定、补充和细化,适用于公路工程施工项目。

A.通用合同条款　　B.公路工程专用合同条款

C.项目专用合同条款　　D.承诺

13.下列关于合同条款的说法错误的是(　　)。

A.《公路工程标准施工招标文件》的合同条款由通用合同条款、公路工程专用合同条款和项目专用合同条款三部分构成

B. 通用合同条款参考 FIDIC 有关内容,对发包人、承包人的责任进行恰当的划分,为明确责任、减少合同纠纷提供了条件

C. 公路工程专用合同条款是在考虑了公路工程的特点,对项目专用合同条款所做的约定、补充和细化

D. 项目专用合同条款是根据招标项目的具体特点和需要,对公路工程专用合同条款所做的补充、细化,是专用于本施工项目的

14. 某工程项目发包人供应的材料进入施工现场经承包人点验后使用,事后发现该材料有质量问题,应由(　　)。

A. 发包人承担重新采购及拆除重建的追加合同价款,并相应顺延由此延误的工期

B. 承包人承担重新采购及拆除重建的有关费用,工期不予顺延

C. 发包人承担重新采购及拆除重建所发生的费用,工期不予顺延

D. 承包人承担重新采购及拆除重建的有关费用,可以顺延由此延误的工期

15. 下列关于不可抗力导致的人员伤亡、财产损失、费用增加或工期延误等后果由合同双方按原则承担的叙述中,正确的是(　　)。

A. 发包人和承包人各自承担其人员伤亡和其他财产损失及其相关费用

B. 永久工程,包括已运至施工场地的材料和工程设备的损害等由承包人承担

C. 不能按期竣工的,应合理延长工期,承包人需支付逾期竣工违约金

D. 发包人要求赶工的,承包人应采取赶工措施,赶工费用由承包人承担

16. 关于工程分包,下列说法中不正确的是(　　)。

A. 承包人不得将其承包的全部工程肢解后以分包的名义转包给第三人

B. 承包人不得将工程主体、关键性工作分包给第三人

C. 未经发包人同意,承包人不得将工程的其他部分或工作分包给第三人

D. 承包人可以将全部工程转包给第三人

17. 因发包人违约解除合同,发包人应支付的金额不包括(　　)。

A. 承包人为该工程施工订购的材料金额

B. 合同解除日以前所完成工作的价款

C. 承包人为完成工程所发生的,而发包人未支付的金额

D. 承包人撤离施工场地以及遣散承包人人员的金额

18. 下列关于争议评审程序的表述中,错误的是(　　)。

A. 首先由申请人向被申请人提交评审申请报告,同时将报告副本提交争议评审组和监理人

B. 被申请人在收到争议评审组通知后 28 天内,向争议评审组提交答辩报告

C. 被申请人将答辩报告副本同时提交申请人和监理人

D. 争议评审组在收到合同双方报告后 14 天内,邀请双方代表及有关人员举行调查会

19. 监理人未按约定的时间进行检查的,除监理人另有指示外,承包人可自行完成覆盖工作,并做相应记录报送监理人,(　　)。

A. 监理人应要求重新检查

B. 监理人不能再要求重新检查

C. 监理人应签字确认,事后出现问题,承包人负责

D. 监理人应签字确认,事后出现问题,监理人负责

20. 关于施工进度与工期,下列说法正确的是(　　)。

A. 经发包人批准的施工进度计划称合同进度计划

B. 实际进度与合同进度计划发生偏离时,承包人可以向发包人提交修订合同进度计划的申请报告

C. 监理人在发出开工通知前应获得发包人同意

D. 发包人增加了合同工作内容,承包人一定能获得延长工期的许可

21. 根据《公路工程标准施工招标文件》规定,因(　　)增加的费用和工期延误由承包人承担。

A. 发包人违约引起的暂停施工

B. 监理人认为有必要时,可向承包人做出暂停的指示

C. 由于承包人原因为工程合理施工和安全保障所必需的暂停施工

D. 发包人原因引起的暂停施工

22. 关于专业分包,下列说法中正确的是(　　)。

A. 专业分包的工程量累计不得超过总工程量的 20%

B. 承包人和专业分包人各自对其施工现场安全负责

C. 专业分包的工程量累计不得超过总工程量的 30%

D. 专业分包工程可以再次分包

23. 下列公路工程施工项目中必须进行招标的是(　　)。

A. 抢险救灾项目

B. 利用扶贫资金实行以工代赈的项目

C. 施工单项合同估算价 250 万元人民币的公路工程施工项目

D. 总投资额 2 500 万元人民币的公路工程施工项目

24. 工程项目合同以付款方式划分为:①总价合同;②单价合同;③成本加酬金合同三种。以业主所承担的风险从小到大的顺序来排列,应该是(　　)。

A. ③②①　　B. ①②③　　C. ③①②　　D. ①③②

25. 在各种合同类型中,最常用的合同形式是(　　)。

A. 总价合同　　B. 单价合同

C. 成本加酬金合同　　D. 可调单价合同

26. 某进度款支付申请报告包含了下列内容:①本期已实施工程的价款;②累计已完成的工程价款;③累计已支付的工程价款;④本期已完成计日工金额;⑤应扣减的质量保证金。据此,发包人本期应支付的工程价款是(　　)。

A. ③ - ② + ① + ④ - ⑤　　B. ② - ③ + ① + ④ - ⑤

C. ② - ③ - ① + ④ - ⑤　　D. ① - ② - ③ + ④ - ⑤

27. 成本加酬金合同适用于一些紧急工程,为了调动鼓励承包人降低成本的积极性,宜选择(　　)形式。

A. 成本加固定酬金　　B. 成本加浮动酬金

C. 成本加百分比酬金　　D. 成本加固定百分比酬金

28. 投标截止日期前的第(　　)天后,如果工程所在地政策的变更导致承包人施工费用

增加,则发包人应向承包人补偿该增加值。

A. 14　　B. 20　　C. 28　　D. 30

29. 下列说法正确的是(　　)。

A. 总价合同形式中,发包人承担工程数量错误和价格风险

B. 单价合同形式中,发包人承担工程数量错误风险,承包人承担价格风险

C. 成本加酬金合同形式中,承包人承担工程数量错误和价格风险

D. 三种合同形式中,承包人都要承担工程数量错误和价格风险

30. 一般情况下宜采用总价合同的是(　　)。

A. 发包人的管理人员多,且具有较丰富的项目管理经验

B. 工程变更较多的工程

C. 工期较紧急的工程

D. 技术复杂、规模较大的工程

Ⅱ. 多项选择题

1. 公路施工合同的组成文件包括(　　)。

A. 招标文件　　B. 投标函及投标函附录

C. 已标价工程量清单　　D. 合同协议书

2. 关于施工进度与工期,下列说法正确的有(　　)。

A. 经监理人批准的施工进度计划称合同进度计划

B. 实际进度与合同进度计划发生偏离时,承包人可以向监理人提交修订合同进度计划的申请报告

C. 监理人在发出开工通知前应获得发包人同意

D. 发包人增加了合同工作内容,承包人不一定能获得延长工期的许可

3. 下列因不可抗力而发生的费用或损失中,应由发包人承担的有(　　)。

A. 承包人的人员伤亡相关费用

B. 已运至施工场地的材料和工程设备的损害

C. 因工程损害造成的第三者财产损失

D. 赶工费用

4. 下列关于合同文件执行优先顺序的解释,错误的是(　　)。

A. 中标通知书优于合同协议书

B. 投标函优于专用合同条款

C. 图纸优于通用合同条款

D. 已标价工程量清单优于中标通知书

5. 根据我国《公路工程标准施工招标文件》,下列关于安全生产费用的表述正确的是(　　)。

A. 若发包人公布了投标控制价上限,则安全生产费用为投标控制价上限的1%

B. 安全生产费用可用于施工安全防护用具及设施的采购和更新

C. 若承包人实施安全生产的费用超过了合同金额,发包人将予以追加

D. 安全生产费用可用于安全施工措施的落实和安全生产条件的改善

6. 根据我国《公路工程标准施工招标文件》,下列关于施工安全责任的表述正确的

是(　　)。

A. 工程或工程的任何部分对土地的占用所造成的第三者财产损失由发包人负责赔偿

B. 承包人应在签订合同协议书后的 14 天内,向监理人和发包人报送施工安全技术措施报告

C. 对影响安全的重要工序和危险性较大的工程,承包人应编制专项施工方案,并附安全验算结果,经承包人项目经理签字并报监理人和发包人批准后实施

D. 发包人负责赔偿由于发包人原因在施工场地及其毗邻地带造成的第三者人身伤亡和财产损失

7. 根据我国《公路工程标准施工招标文件》,下列关于保修责任和缺陷责任期责任的表述正确的是(　　)。

A. 保修期自实际交工日期起算

B. 工程保修期终止后 14 天内,监理人签发保修期终止证书

C. 缺陷责任期终止后 14 天内,监理人签发缺陷责任终止证书,并退还剩余的质量保证金

D. 保修期与缺陷责任期重叠期间,承包人的保修责任同缺陷责任

8. 应由发包人承担的工作包括(　　)。

A. 委托监理人按合同约定的时间向承包人发出开工通知

B. 按专用合同条款的约定向承包人提供施工场地

C. 根据合同进度计划,组织设计单位向承包人进行设计交底

D. 保证工程施工和人员的安全

9. 根据有关规定,下列行为中属于禁止的有(　　)。

A. 施工企业允许其他单位使用本企业的营业执照,以本企业的名义承揽工程

B. 建筑施工企业联合高资质等级的企业承揽超出本企业资质等级许可范围的工程

C. 两个以上的建筑施工企业联合承包大型或结构复杂的建筑工程

D. 分包单位将承包的工程根据工程实际再分包给具有相应资质条件的分包单位

Ⅲ. 判断题

根据我国《公路工程标准施工招标文件》,安全生产费用应为投标价(不扣除安全生产费及建筑工程一切险及第三者责任险的保险费)的 1%,若发包人公布了投标控制价上限,则按投标控制价上限的 1% 计。　　(　　)

(二)工程量清单、招标控制价(或清单预算)及投标报价的编制

Ⅰ. 单项选择题

1. 关于计日工材料基本单价,正确的是(　　)。

A. 承包人的利润,管理,质检,保险,税费及其他附加费

B. 供货价 + 运杂费 + 保险费 + 仓库管理费 + 管理 + 质检 + 税费 + 利润

C. 从现场运至使用地点的人工费和施工机械使用费不包括在上述基本单价内

D. 供货价加运至使用地点的运杂费,保险费,仓库管理费以及运输损耗等

2. 以下关于暂估价的表述不正确的是(　　)。

A. 材料单价参考市场价格确定

B. 暂估价在施工中可能发生也可能不发生

C. 不属于依法招标的,应由承包人按合同约定提供

D. 专业工程暂估价应分不同专业,按有关计价规定估算

3. 合理的划分工程量清单细目,可以便于施工中的管理,工程细目划分小,则(　　)。

A. 减少计量工作难度　　B. 影响合同的正常履行

C. 有利于处理工程变更的计价　　D. 不能够发挥单价合同的优势

4. 工程细目是由招标人根据《公路工程标准施工招标文件》、招标项目具体特点和实际需要编制,通常按(　　)排列。

A. 技术规范　　B. 不同施工方法

C. 不同性质分章　　D. 不同的施工阶段

5. 下列关于计日工劳务基本单价的叙述,正确的是(　　)。

A. 包括承包人的利润,管理,质检,保险,税费及其他附加费

B. 由承包人劳务的全部直接费 + 管理 + 质检 + 税费 + 利润

C. 由承包人劳务的全部直接费用组成,包括工资、加班费、津贴、福利费及劳动保护费等

D. 包括易耗品的使用、水电及照明费

6. 下列关于计日工施工机械的租价的叙述,正确的是(　　)。

A . 仅包括施工机械的折旧、利息、维修、保养、零配件、油燃料、保险和其他消耗品的费用

B. 在计日工作业中,承包人计算所用施工机械各费用时,应按实际工作小时支付

C. 计算的工作小时包括将施工机械从现场某处运到监理人指令的计日工作业的另一现场往返运送时间

D. 不包括司机与助手的劳务费用

7. 下列关于暂估价的表述,正确的是(　　)。

A. 暂估价表包括材料暂估价和专业工程暂估价

B. 暂估价是对工程实施中可能发生的临时性项目的事先定价

C. 暂估价是对工程实施中可能发生的新增项目的事先定价

D. 在工程实施阶段,可根据不同类型的材料与专业工程再重新定价

8. 下列关于工程数量调整的表述正确的是(　　)。

A. 调整工程量的依据是设计图纸和技术规范,设计文件中工程量所对应的计量方法与技术规范中的计量方法是一致的

B. 工程量的错误不会引起合同总价的调整,但可能导致合同管理难度增加

C. 工程量的错误会造成投资控制和预算控制的困难,其误差最大不应超过5%

D. 工程量的错误一旦被承包人发现,承包人会提高单价报价而给业主带来损失

9. 关于工程量清单,下列说法错误的是(　　)。

A. 清单所列工程数量是估算的或设计数量

B. 清单所列工程数量仅作为投标的共同基础

C. 清单所列工程数量是最终结算和支付的依据

D. 清单所列工程数量不能作为最终结算和支付的依据

10. 下列不是工程量清单组成部分的是(　　)。

A. 工程量清单说明　　　　B. 工程量清单表
C. 暂估价表　　　　D. 工程量清单成本分析表

11. 工程量清单为投标人提供公开、公平、公正的竞争环境,由(　　)统一提供。
A. 招投标管理部门　　　　B. 招标人
C. 工程咨询公司　　　　D. 业主

12. 下列关于招标控制价的表述,符合规定的是(　　)。
A. 招标控制价不能超过批准的概算
B. 投标报价与招标控制价的误差超过 ±3% 时,应予拒绝
C. 招标控制价应在招标文件中公布
D. 工程造价咨询人可以同时编制同一工程的招标控制价和投标报价

13. 下列关于招标控制价的说法,不正确的是(　　)。
A. 评标时,接近招标控制价的投标报价得分最高
B. 招标控制价应在招标文件中公布,不应上调或下浮
C. 招标控制价超过批准的概算时,招标人应将其报原概算审批部门审核
D. 招标控制价应由具有编制能力的招标人或受其委托,具有相应资质的工程造价咨询人编制

14. 招标控制价不同于标底,下列说法错误的是(　　)。
A. 招标控制价是预算控制价,是公开的
B. 超过招标控制价的投标为废标
C. 标底是招标人对工程的心理价位,是公开的
D. 低于招标控制价的合理最低价可中标

15. 下列关于招标控制价及其编制的说法,正确的是(　　)。
A. 清单单价中包括应由招标人承担的风险费用
B. 暂估价中的专业工程暂估价应分不同专业,参考市场价格确定
C. 招标控制价是招标人对工程的心理价位
D. 低于招标控制价的最低价即可中标

16. 下列关于招标控制价的说法中,不正确的是(　　)。
A. 招标控制价应公布各组成部分的详细内容,不得只公布总价
B. 招标控制价的清单单价中包括应由投标人承担的风险费用
C. 投标人不得对招标控制价提出异议
D. 招标控制价应在招标文件中公布,不应上调或下浮

17. 下列关于招标控制价的编制,符合规定的是(　　)。
A. 暂列金额一般以分部分项工程费的 10% ~15% 为参考
B. 暂估价中的材料单价必须按照工程造价管理机构发布的工程造价信息确定
C. 暂估价中的专业工程暂估价应分不同专业,参考市场价格确定
D. 招标控制价必须由行业建设主管部门编制

18. 下述关于招标控制价的说法中,错误的是(　　)。
A. 低于招标控制价的合理最低价可以中标
B. 招标控制价是最高限价,投标价如超过则废标

C. 招标控制价应在招标文件中公布,不应上调或下浮

D. 招标控制价是检验投标报价合理性的标准,体现的是社会工程造价最高水平

19. 工序单价分析法确定施工机械的数量,是根据(　　)确定的。

A. 施工方案　　B. 主导机械数量

C. 工序作业时间　　D. 施工进度计划和工程量

20. 标价的动态分析是指(　　)。

A. 单价的变动分析

B. 标价随时间的变动分析

C. 拟投标工程与其他类似工程的比较

D. 测算某些因素发生变化时标价的变化幅度

21. 关于投标报价的编制,下列说法中正确的是(　　)。

A. 内部标价是按照工程量清单格式计算的费用

B. 投标人编制内部标价时,其建筑安装工程费是施工单位在施工中所花费的全部费用,从报价的角度看可以划分为直接费、间接费、利润及税金

C. 内部标价是递交标书后投标单位内部控制的标价

D. 对外标价是在内部标价计算的基础上,经过分析、组合、分配后对外做出的最终报价

22. 公路工程投标价编制若采用定额单价法计算直接工程费时,下列说法不正确的是(　　)。

A. 定额单价分析法与编制工程概、预算方法完全不同

B. 定额单价分析法计算方法比较规范,便于使用计算机

C. 按定额单价法计算的直接工程费与整个工程的施工安排及工期的要求没有必然联系

D. 定额单价法可能产生由于施工机械的利用率达不到定额的平均水平,造成报价偏低

23. 定额单价分析法计算清单细目单价的过程有:①计算工程量清单细目单价;②套用定额;③分析工、料、机单价;④计算直接工程费;⑤确定分摊费用;⑥分析确定工程量清单所列支付细目所包含的工作内容和相关要求。其正确步骤应为(　　)。

A. ⑥⑤③④②①　　B. ⑥⑤③②④①

C. ⑥③②④⑤①　　D. ⑥⑤②③④①

24. 下列关于标价的盈亏分析的表述,正确的是(　　)。

A. 盈亏分析包括盈余分析和亏损分析两个方面

B. 盈余分析是为了计算出基础标价可能提高的数额,进而得出高标价

C. 亏损分析是为了分析未来可能产生的利润减少或损失

D. 亏损分析后可得出低标价

25. 下列关于标价的盈亏分析的表述,正确的是(　　)。

A. 亏损分析的高标价 = 基础标价 -(估计亏损 × 修正系数)

B. 盈余分析得到的低标价 = 基础标价 -(挖潜盈余 × 修正系数)

C. 亏损分析的低标价 = 基础标价 -(估计亏损 × 修正系数)

D. 盈余分析得到的高标价 = 基础标价 + (挖潜盈余 × 修正系数)

26. 下列关于施工企业在投标报价时的说法中,错误的是(　　)。

A. 工程单价可以同国家颁布的定额单价不一致

B. 应掌握工程现场情况

C. 发现工程量清单有误,可自行更正后报价

D. 投标报价按规定税率进行报价

Ⅱ. 多项选择题

1. 清单中有标价的单价和总额价均已包括了为实施和完成合同工程所需的(　　)等费用。

A. 缺陷修复　　B. 工程一切险

C. 质检(自检),安装　　D. 劳务,材料,机械,管理

2. 关于工程量清单中工程量的计算规则,以下表述正确的是(　　)。

A. 招标文件中的技术规范

B. 中华人民共和国法定计量单位

C. 按照有合同约束力的图纸所标示的尺寸

D. 有关工程量清单的国家标准,行业标准

3. 工程量清单是合同文件的重要组成部分,是一份与技术规范相对应的文件,它是单价合同的产物,下列对其作用表述正确的是(　　)。

A. 提供合同中关于工程量的足够信息,为所有投标人提供投标报价的共同基础,以使投标单位能统一、有效而准确地编写投标文件

B. 工程量清单是标底编制的基础

C. 工程量清单是企业投标报价的参考资料,在投标报价时可以进行修改

D. 在投标单位报价及签订合同后,标有单价的工程量清单是办理中期支付和结算以及处理工程变更计价的依据

4. 承包人填报工程量清单时,下列做法正确的是(　　)。

A. 工程量清单中每一个子目须填入一个单价,且只允许有一个报价

B. 工程量清单中各项金额均以人民币(元)结算

C. 计日工劳务单价包括基本单价及承包人的管理费、税费、利润等所有附加费

D. 未填入单价或价格的子目,以后可以补报并按此进行结算与支付

5. 承包人填报工程量清单时,对于没有填入单价或价格的子目,下列做法正确的是(　　)。

A. 其费用视为已分摊在工程量清单中其他相关子目的单价或价格中

B. 承包人必须按监理人指令完成工程量清单中该子目的工作,并得到结算与支付

C. 承包人必须按监理人指令完成工程量清单中该子目的工作,但不能得到结算与支付

D. 以后可以补报并按此进行结算与支付未填入单价或价格的子目,但不能得到结算与支付

6. 对于工程量清单,下列说法正确的是(　　)。

A. 工程量清单是投标报价、评标的共同基础

B. 工程量清单的工程量是投标的共同基础,是最终结算与支付的依据

C. 工程量清单中投标人没有填入单价或价格的子目,不能得到结算与支付

D. 标有单价的工程量清单是处理工程变更计价的依据

7. 下列关于招标控制价的说法中,错误的是(　　)。

A. 招标控制价必须由招标人编制

B. 招标控制价只需公布总价

C. 投标人不得对招标控制价提出异议

D. 招标控制价不应上调或下浮

8. 下列关于招标控制价的说法正确的是(　　)。

A. 招标控制价超过批准的概算时,招标人应将其报原概算审批部门审核

B. 招标控制价应在招标文件中公布,不应上调或下浮

C. 招标控制价应由具有编制能力的招标人或受其委托,具有相应资质的工程造价咨询人编制

D. 投标人经复核认为招标人公布的招标控制价未按照规定进行编制的,应在开标前10日向招投标监督机构或(和)工程造价管理机构投诉

9. 下列关于招标控制价的叙述,错误的是(　　)。

A. 招标控制价必须由行业建设主管部门编制

B. 招标控制价可以超过概算,但要报原概算审批部门审核

C. 招标控制价体现的是社会工程造价的平均水平

D. 招标控制价就是标底,表述方法不同

10. 投标报价时,直接工程费的计算方法有(　　)。

A. 定额单价分析法　　B. 工序单价分析法

C. 成本加酬金计算法　　D. 总价控制法

11. 下列属于公路工程投标报价的动态分析内容的是(　　)。

A. 测算工期延误多久利润将全部丧失

B. 测算投标计划利润对物价的承受能力

C. 测算政策法规的变化对计划利润的影响程度

D. 测算工资上涨对总报价的影响程度

12. 定额单价分析法计算投标报价的特点是(　　)。

A. 计算方法比较规范　　B. 与工期没有必然的关系

C. 考虑了人员和机械的合理调配问题　　D. 反映了承包人的平均先进水平

Ⅲ. 判断题

1. 在计日工作业中,承包人计算所用的施工机械费用时,应按实际工作小时支付。除非经监理人的同意,计算的工作小时才能将施工机械从现场某处运到监理人指令的计日工作业的另一现场往返运送时间包括在内。(　　)

2. 为了保持合同的公平性,工程细目划分中将承包人的驻地建设、临时工程等开办项目作为独立的工程细目单列出来。(　　)

3. 招标控制价编制时应与工程量清单保持一致,计算过程中应严格按照特征描述所体现的组价原则计价,招标文件要求投标人考虑的风险因素,在招标控制价中则不应体现。

(　　)

4. 招标控制价的编制以工程量清单预算方式进行,编制人员要做到各标段的清单单价均衡,无特殊情况不应出现明显的不平衡单价。 (　　)

5. 承包人在投标报价时,如果工程量清单中计列的数量与设计图纸中的数量不同时,以设计图纸数量为准。 (　　)

6. 公路工程投标报价编制中,如果施工方案是切实可行的,利用总价控制法计算出来的直接工程费总额与将来要发生的费用是基本符合的。 (　　)

(三)公路建设项目施工招标的程序和招标文件的构成

Ⅰ. 单项选择题

1. 下列有关招标项目标段划分的表达中,不正确的是(　　)。

A. 标段不能划分得太小,一般分解为分部工程进行招标

B. 若招标项目的几部分内容专业要求接近,则该项目可以考虑作为一个整体进行招标

C. 当承包商更能做好招标项目的协调管理工作时,应考虑整体招标

D. 标段划分要考虑项目在建设过程中的时间和空间的衔接

2. 建设项目施工公开招标资格预审阶段的步骤不包括(　　)。

A. 发布资格预审公告　　B. 发售资格预审文件

C. 资格预审查　　D. 发资审合格通知书

3. 下列关于踏勘现场与投标预备会,说法正确的是(　　)。

A. 踏勘现场一般安排在投标预备会前的 3 ~5 天

B. 招标人负责踏勘现场发生的费用

C. 在踏勘现场中所发生的人员伤亡和财产损失均由招标人负责

D. 召开投标预备会的目的在于澄清招标文件中的疑问

4. 按照有关文件规定,关于招标人根据招标项目本身的特点和需要,对潜在投标人或者投标人进行的资格审查,以下说法中正确的是(　　)。

A. 资格预审是在开标时对投标人进行的资质条件、业绩、信誉、技术、资金等方面进行的资格审查

B. 进行资格预审的一般不再进行资格后审

C. 资格后审有助于增强投标的竞争性因而优于资格预审

D. 资格预审与资格后审不仅在时间上不同,内容与标准也是有差异的

5. 发生下列哪种情形,可以重新招标(　　)。

A. 所有投标人的投标报价招标人都不能接受

B. 排名第一的中标候选人放弃中标

C. 投标截止时间止,投标人少于 5 个

D. 投标截止时间止,投标人少于 3 个

6. 招标单位组织现场踏勘时对于某投标单位提出的问题,应当(　　)。

A. 以书面形式向该投标人答复

B. 以口头方式形式向该投标人答复

C. 以书面形式向全部投标人做出同样答复,不写明具体提出问题单位名称

D. 以书面形式向全部投标人做出同样答复,写明提出该问题的投标单位名称

7. 招标文件的澄清将在规定的投标截止时间(　　)天前以书面形式发给所有购买招标文件的投标人,但不能指明澄清问题的来源。

A. 7　　B. 15　　C. 30　　D. 45

8. 在建设工程招投标活动中,招标文件应当规定一个适当的投标有效期。投标有效期的计算起点为(　　)。

A. 开始发放招标文件之日　　B. 投标人提交投标文件之日

C. 投标人提交投标文件截止之日　　D. 停止发放招标文件之日

9. 在建设工程招标投标活动中,在提交投标文件截止时间后到投标有效期终止之前,下列对有关投标文件处理的表述中,正确的是(　　)。

A. 投标人可以替换已提交的投标文件

B. 投标人可以补充已提交的投标文件

C. 投标人可以修改已提交的投标文件

D. 投标人可以撤回投标文件的,其投标保证金将被没收

10. 下列有关公路工程招标项目标段划分的表达中,错误的是(　　)。

A. 应当有利于对项目实施管理和规模化施工

B. 若招标项目的几部分内容专业要求接近,则该项目可以考虑作为一个整体进行招标

C. 标段不能划分得太小,一般分解为分部工程进行招标

D. 高速公路路面工程一般不少于15km

11. 依据《公路工程标准施工招标文件》,下列说法错误的是(　　)。

A. 投标报价或调整函中的报价超出招标人公布的投标控制价上限,视为废标

B. 若投标人未在投标函上填写投标总价,经监标人确认后当场宣布为废标

C. 若投标函的投标价大小写金额不一致时,应以大写金额为准

D. 投标人若未派法定代表人或委托代理人出席开标活动,该投标视为废标

12. 下列内容中,不属于招标文件中投标人须知内容的是(　　)。

A. 招标范围和工期要求

B. 合同的主要条款

C. 对投标人资格要求的规定

D. 评标原则和采取的评标办法

13.《公路工程标准施工招标文件》附有的格式文件包括(　　)。

A. 承包人承揽工程项目一览表　　B. 预付款担保

C. 工程质量保修书　　D. 发包人供应材料设备一览表

14.《公路工程标准施工招标文件》给出了几种评标方法,除技术特别复杂的特大桥和长大隧道工程外,公路工程施工招标评标一般应当使用(　　)。

A. 双信封法　　B. 综合评估法

C. 合理低价法　　D. 经评审的最低投标价法

15. 按《公路工程标准施工招标文件》规定,下列说法中错误的是(　　)。

A. 结构物台背回填按压实体积,以立方米计量,计价中包括挖运、摊平、压实、整型等一切与此有关的作业费用

B. 借土填方,按压实的体积,以立方米计量

C. 钢筋及钢筋骨架用的铁丝、钢板、套筒(连接套)、或其他固定钢筋的材料作为钢筋工程的附属工作,不另行计量

D. 后张法预应力钢筋的计量长度为两端锚具间的理论长度与锚固长度和实际张拉工作长度之和

Ⅱ. 多项选择题

1. 以下说法正确的是(　　)。

A. 投标准备时间从开始发放招标文件之日起至开标之日止最短不得少于 15 日

B. 招标人对已发出的招标文件进行修改时,应当在开标前 20 日进行

C. 招标人应当自确定中标人之日起 15 日内,向有关行政监督部门提交招标投标情况的书面报告

D. 招标人和中标人应当自中标通知书发出之日起 30 日之内按规定订立书面合同

2. 根据《公路工程标准施工招标资格预审文件》规定,资格审查办法主要有(　　)。

A. 符合性审查　　B. 合格制审查

C. 有限数量制审查　　D. 强制性资格审查

3. 依据我国现行法律,招标投标的基本原则包括(　　)。

A. 合法原则　　B. 平等原则

C. 遵循价值规律原则　　D. 优胜劣汰原则

4. 根据《公路工程施工招标投标管理办法》的规定,公路工程项目在进行施工招标前,应具备的条件是(　　)。

A. 投资估算已经审批

B. 建设资金已经落实

C. 工程已正式列入国家或地方公路建设计划

D. 初步设计文件已经完成

5. 按照有关文件规定,关于招标人根据招标项目本身的特点和需要,对潜在投标人或者投标人进行的资格审查,以下说法中错误的是(　　)。

A. 资格预审是在开标时对投标人进行的资质条件、业绩、信誉、技术、资金等方面进行的资格审查

B. 进行资格预审的一般不再进行资格后审

C. 资格后审有助于增强投标的竞争性因而优于资格预审

D. 资格预审与资格后审不仅在时间上不同,内容与标准也是有差异的

6. 根据《公路工程标准施工招标文件》,下列(　　)属于招标文件的内容。

A. 招标公告　　B. 评标办法

C. 图纸及技术规范　　D. 中标通知书

7. 根据《公路工程标准施工招标文件》规定,在填筑路堤的土石方数量计量中,下列说法正确的有(　　)。

A. 零填挖路段的翻松、压实不另计量

B. 借土填方按压实的体积以立方米计量

C. 临时排水以及超出图纸要求以外的超填,均不计量

D. 零填挖路段的换填土,按天然方的体积,以立方米计量

Ⅲ.判断

1.采用有限数量制审查办法进行资格审查的,若通过详细审查的申请人不少于3个且没有超过规定数量的,均通过资格预审,不再进行评分。（ ）

2.投标预备会后,招标人在规定的时间内,将对投标人所提问题的澄清,以书面方式通知所有购买招标文件的投标人,该澄清内容不构成招标文件。（ ）

3.《公路工程标准施工招标文件》中的三个合同条款解释的优先顺序是公路工程专用合同条款优先于项目专用合同条款,公路工程专用合同条款优先于通用合同条款。（ ）

4.通用合同条款是以发包人委托监理人管理工程合同的模式设定合同当事人的权利、义务和责任,区别于由发包人和承包人双方直接进行约定和操作的合同管理模式。通用合同条款仅适用于单价合同。（ ）

5.按《公路工程标准施工招标文件》的规定,桥涵基坑开挖中的排水、支撑、回填、压实等作为挖基工程的附属工作,不另行计算,有地面水需要的围堰单独计量。（ ）

(四)公路建设项目施工投标程序及投标策略

Ⅰ.单项选择题

1.投标人应当在（ ）送达投标文件。

A.投标有效期内　　B.评标之前

C.投标截止时间前　　D.中标通知书发出之前

2.投标人针对工程量清单中工程量的遗漏或错误,可以采取的正确做法是（ ）。

A.即向招标人提出异议,要求招标人修改

B.不向招标人提出异议,风险自留

C.是否向招标人提出修改意见取决于投标策略

D.等中标后,要求招标人按实调整

3.投标人在现场踏勘之前,应先拟定好现场踏勘计划,提出考察提纲和疑点。以下不属于现场踏勘计划的是（ ）。

A.核实工程数量　　B.环境保护要求

C.当地主副食供应情况　　D.修筑便道位置,高度,宽度标准

4.公路建设项目施工投标程序包括:①复核工程数量;②现场踏勘;③编制施工组织计划;④研究招标文件;⑤参加资格预审;⑥编制标书。他们的正确顺序是（ ）。

A.⑤②①③④⑥　　B.⑤④②①③⑥

C.⑤①④②③⑥　　D.⑤②①④③⑥

5.合同条件中的（ ）是影响承包人计算流动资金及其利息费用的重要因素。

A.保险　　B.付款条件

C.保函的要求　　D.保修期的有关规定

6.合同条件中的（ ）对承包人何时可收回工程“尾款”、资金利息和保函费用计算有影响。

A.保险　　B.付款条件

C.保函的要求　　D.保修期的有关规定

7.合同条件中的（ ）对制订施工计划、施工方案、施工机械设备和人员配备均是重要依据。

A. 拖期损失赔偿金的有关规定　　　　B. 付款条件

C. 承包人权利、义务的基本规定　　　　D. 工期

8. 在可供选择的项目的报价条件下，对于技术难度大或其他原因导致的难以实现的规格，投标人可采取的报价策略是(　　)。

A. 报价适当降低，待澄清后可再要求提价

B. 采用正常价格报价

C. 避免报高价，以免抬高总报价

D. 有意将报价提高得更多一些

9. 投标人报价时，在保持总价格水平的前提下，将某些项目的单价定得比正常水平高些，而另外一些项目的单价则可以比正常水平低些。并保持在一定的限度内，避免单价的不合理而导致废标，这种报价技巧称为(　　)。

A. 计日工单价的报价　　　　B. 暂列金额的报价

C. 不平衡单价方法　　　　D. 降价系数法

10. 某施工企业的经营业务近期不饱满，并且预测市场工程项目因资金不足开工较少，为防止职工"窝工"，多抓几个项目，投标时确定一个低而适度的报价，应该采取(　　)。

A. 以获得微利为投标策略　　　　B. 以获得高额利润为投标策略

C. 以保本为投标策略　　　　D. 亏损报价策略

11. 不平衡报价时，其幅度一般控制在(　　)，以免引起反对，甚至导致废标。

A. 2% ~4%　　　　B. 2% ~5%　　　　C. 5% ~10%　　　　D. 10% ~15%

12. 下列关于不平衡报价方法论述不正确的是(　　)。

A. 为提前回收资金，将待摊入单价中的各项费用多摊入早收款的项目中

B. 对在工程实施中可能增加工程量的项目适当提高单价，而对在实施中可能减少的工程量项目适当减低单价

C. 图纸不明确或有错误的，估计今后有可能修改的项目单价可提高，工程内容说明不清楚的单价可以减低

D. 工程量清单中无工程量而只填单价的项目其单价可以降低

13. 某施工企业的经营业务近期比较饱和，该企业施工设备和施工水平又较高，而投标的项目施工难度较大、工期短、竞争对手少，此时该企业可采取(　　)。

A. 以获得微利为投标策略　　　　B. 以获得高额利润为投标策略

C. 以保本为投标策略　　　　D. 亏损报价策略

14. 某施工企业为了打入新的地区、开辟新的业务，在第一次参加投标，可采取(　　)，中标后充分发挥企业专长，在质量、工期上创优质工程，以提前奖的形式给予补助，使总价不亏本。

A. 以获得微利为投标策略　　　　B. 以获得高额利润为投标策略

C. 以保本为投标策略　　　　D. 亏损报价策略

15. 某施工企业投标中遇到较强的竞争对手，而该企业又正面临生存危机，为保住施工地盘或解决本企业"窝工"，可采取(　　)。

A. 以获得微利为投标策略　　　　B. 以获得高额利润为投标策略

C. 以保本为投标策略　　　　D. 亏损报价策略

Ⅱ.多项选择题

1. 承包人复核工程量的准确程度,将影响其(　　)。

A. 确定投入使用的劳动力数量

B. 确定订货及采购物资的数量

C. 按复核后的工程量清单数量报价

D. 根据工程量的大小采取合适的施工方法

2. 公路工程投标中应认真研究合同条件,下列(　　)属于合同条件中对投标报价影响较大的因素。

A. 计量支付方法　　B. 付款条件

C. 工期　　D. 承包人权利、义务的基本规定

3. 下列叙述正确的是(　　)。

A. 投标人复核工程量中发现的错误,可以向招标人提出,由招标人统一修改

B. 投标人复核工程量应按一定的顺序进行,避免漏算或重算

C. 投标人无法根据工程量的大小确定需要投入的劳动力数量

D. 投标人通过工程量复核无法确定订货及采购物资的数量

4. 下列关于不平衡报价方法论述正确的是(　　)。

A. 为提前回收资金,将待摊入单价中的各项费用多摊入早收款的项目中

B. 对在工程实施中可能增加工程量的项目适当提高单价,而对在实施中可能减少的工程量项目适当减低单价

C. 图纸不明确或有错误的,估计今后有可能修改的项目单价可提高,工程内容说明不清楚的单价可以减低

D. 工程量清单中无工程量而只填单价的项目其单价可以降低

5. 在使用不平衡报价法作为投标报价策略时,下列哪种情况可适当降低报价(　　)。

A. 早日结账收款的项目　　B. 工程量可能减少的项目

C. 工程内容解说不清楚的项目　　D. 施工条件好的工程

6. 下列关于增加建议方案的投标技巧,描述正确的是(　　)。

A. 所有的投标都可以增加建议方案,以提高中标概率

B. 仅当招标文件规定可以提出建议方案时,才可采用此投标技巧

C. 采用增加建议方案报价时,对原招标方案一定也要报价

D. 建议方案要写得具体详细,具有可操作性,利于中标

7. 下列关于不平衡报价方法论述正确的是(　　)。

A. 为提前回收资金,将待摊入单价中的各项费用多摊入早收款的项目中

B. 对在工程实施中可能增加工程量的项目适当降低单价,而对在实施中可能减少的工程量项目适当提高单价

C. 图纸不明确或有错误的,估计今后有可能修改的项目单价可提高,工程内容说明不清楚的单价可以降低

D. 工程量清单中无工程量而只填单价的项目其单价可以降低

8. 以下关于“不平衡单价法”的说法中正确的是(　　)。

A. 早收款的项目的单价可提高,后期的项目单价可适当降低

B. 对在工程实施中可能增加工程量的项目,可适当提高单价

C. 图纸不明确或有错误的,估计今后有可能修改的项目单价可提高,工程内容说明不清楚的项目的单价可提高

D. 工程量清单中无工程量而只填单价的项目,单价宜低。

Ⅲ. 判断题

1. 承包人的风险责任规定,在招标文件的各份文件中都能直接或间接的体现。通常,承包人的风险责任越小,其报价越高。 ( )

2. 现场踏勘是承包人投标前全面了解现场施工环境、风险的重要途径,是投标单位做好投标报价的先决条件。 ( )

3. 对于计日工单价的报价,不能只考虑报高价,而要具体分析计日工是否计入总价,再根据具体情况分析是否报高价。 ( )

(五)公路建设项目施工评标定标

Ⅰ. 单项选择题

1. 有关投标文件的初步评审,下列说法中错误的是( )。

A. 投标文件中的大写金额与小写金额不一致的,以大写金额为准

B. 评标委员会接受投标人主动提出的澄清、说明或补正

C. 经评审的最低中标价法和综合评估法,在初步评审的内容和标准上基本是一致的

D. 评标委员会对投标人提交的澄清、说明或补正有疑问的,可以要求投标人进一步澄清、说明或补正

2. 关于评标,下列说法不正确的是( )。

A . 评标委员会成员名单一般应于开标前确定,且该名单在中标结果确定前应当保密

B. 评标委员会必须由技术、经济方面的专家组成,且其人数为 5 人以上的单数

C. 评标委员会成员应是从事相关专业领域工作满 8 年并具有高级职称或者同等专业水平

D. 评标委员会成员不得与任何投标人进行私人接触

3. 下列有关建设项目施工招标投标评标定标的表述中,正确的是( )。

A. 若有评标委员会成员拒绝在评标报告上签字同意的,评标报告无效

B. 使用国家融资的项目,招标人不得授权评标委员会直接确定中标人

C. 招标人和中标人只需按照中标人的投标文件订立书面合同

D. 合同签订后 5 个工作日内,招标人应当退还中标人和未中标人的投标保证金

4. 下列有关投标文件的澄清和说明,正确的是( )。

A. 投标文件不响应招标文件实质性条件的,可允许投标人修正或撤销其不符合要求的差异

B. 单价与工程量的乘积与总价之间不一致时,以单价为准

C. 投标文件中用数字表示的数额与用文字表示的数额不一致时,由投标人澄清说明为准

D. 若投标单价有明显的小数点错位,应调整单价,并修改总价

5. 对于投标文件存在的下列偏差,评标委员会应书面要求投标人在评标结束前予以补正的情形是( )。

A. 所提供的投标担保有瑕疵

B. 投标人名称与资格预审时不一致

C. 未按招标文件规定的格式填写,内容不全

D. 实质上响应招标文件要求但个别地方存在算术性偏差

6. 某中标单位提交履约担保,合同价格为 200 万元,则履约担保金额为(　　)万元。

A. 10　　B. 20　　C. 15　　D. 30

7. 评标委员会由招标人负责组建,成员人数为(　　)人以上单数,其中技术、经济等方面的专家不得少于成员总数的(　　)。

A. 5,1/3　　B. 7,2/3　　C. 5,2/3　　D. 7,1/3

8. 某高速公路项目招标评标过程中,投标人评标价为 6 500 万元,其评标基准价为 5 800 万元,则其投标报价的偏差率为(　　)%。

A. 10.77　　B. 12.07　　C. 13.34　　D. 15.67

9. 招标人和中标人应当自中标通知书发出之日起(　　)天内,根据招标文件和中标人的投标文件订立书面合同。

A. 15　　B. 30　　C. 14　　D. 28

10. 招标单位应当在(　　)退还未中标投标单位的投标保证金。

A. 规定的投标有效期期满之前　　B. 确定中标人后的 14 天

C. 与中标人签订合同前 5 个工作日　　D. 与中标人签订合同后 5 个工作日内

11. 下列(　　)评标方法按得分由低到高顺序推荐中标候选人。

A. 合理低价法　　B. 综合评估法

C. 经评审的投标价法　　D. 双信封法

12. 发生下列哪种情形,可以重新招标(　　)。

A. 所有投标人的投标报价招标人都不能接受

B. 排名第一的中标候选人放弃中标

C. 投标截止时间止,投标人少于 5 个

D. 经评标委员会评审后否决所有投标的

13. 招标人应当自确定中标人之日起(　　)日内,向有关行政监督部门提交招标投标情况的书面报告。

A. 15　　B. 20　　C. 28　　D. 30

14. 发包人应在工程接收证书颁发后(　　)天内把履约担保退还给承包人。

A. 15　　B. 20　　C. 28　　D. 30

Ⅱ. 多项选择题

在初步评审阶段,下列属于投标文件的形式评审与响应性评审内容的是(　　)。

A. 投标函上是否有法定代表人或其委托代理人签字或加盖单位章

B. 投标人以联合体形式投标时,联合体协议书满足招标文件的要求

C. 审查全部报价数据计算的正确性,分析报价构成的合理性

D. 工期保证体系及保证措施

E. 报价是否唯一

Ⅲ.判断题

1.依据《公路工程标准施工招标文件》,评标委员会只能向招标人推荐中标候选人,无权直接确定中标人。 ( )

2.评标委员会评标过程中,对于修正的价格经投标人书面确认后才具有约束力;如果投标人不接受修正价格的,其投标作废标处理。 ( )

(六)公路建设项目招标的分类及内容

Ⅰ.单项选择题

1.建设工程招投标是一种经济活动,也是一种法律行为,我国法学界一般认为( )。

A.招标是要约,投标是承诺

B.招标是邀请,投标是响应,中标通知书是承诺

C.招标是要约邀请,投标是要约,中标通知书是承诺

D.招标是要约邀请,投标是承诺,中标通知书是对投标承诺的承诺

2.下列不属于公开招标方式优点的是( )。

A.招标人有较大的选择范围

B.有助于打破垄断,实现公开竞争

C.有助于提高工程质量

D.有助于降低招标成本

3.下列关于邀请招标的说法不正确的是( )。

A.邀请招标又称有限竞争性招标

B.邀请招标可能失去技术上和报价上有竞争力的投标者

C.在我国建设市场上应大力推行邀请招标

D.邀请招标应当向三个以上具备承担招标项目的能力、资质良好的特定法人或其他组织发出投标邀请书

4.我国《招投标法》指出,凡在中华人民共和国境内进行下列工程建设项目,包括项目的勘察、设计、施工、监理以及与工程建设有关的重要设备、材料等的采购,必须进行招标的是( )。

A.涉及国家安全、国家秘密或抢险救灾的项目

B.施工主要技术采用特定的专利或者专有技术的

C.全部或者部分使用国有资金投资或国家融资的项目

D.属于利用扶贫资金实行以工代赈需要使用农民工的

5.根据有关规定,公路勘察、设计、监理等服务的采购,单项合同估算价在( )以上必须进行招标。

A.200 万元　　B.100 万元　　C.50 万元　　D.3 000 万元

6.招标代理机构是依法设立、从事招标代理业务并提供相关服务的( )。

A.工程咨询公司　　B.建设行政主管部门的派出机构

C.社会中介组织　　D.建设工程监理企业

7.公路建设项目招标按( )分为公开招标和邀请招标。

A.竞争程度　　B.组织形式

C.工程标的　　D.工程类型

Ⅱ. 多项选择题

1. 公路建设项目招标按照招标的组织形式分为(　　)。

A. 施工招标　　B. 公开招标

C. 自行招标　　D. 委托招标机构代理招标

2. 招标代理机构应当具备(　　)等条件。

A. 依法成立的法人

B. 有从事招标代理业务的营业场所和相应资金

C. 有能够编制招标文件和组织评标的相应专业力量

D. 有可以作为评标委员会成员人选的技术、经济等方面的专家库

3. 依法履行审批手续后,可以进行邀请招标的公路工程项目包括(　　)。

A. 项目技术复杂或有特殊技术要求,且符合条件的潜在投标人数量有限的

B. 受自然地域环境限制的

C. 公开招标的费用与工程费用相比,所占比例过大的

D. 一般的高速公路,但里程在 30 公里以内的

4. 公路建设项目招标按工程标的分为(　　)。

A. 勘察设计招标　　B. 施工招标

C. 材料设备招标　　D. 施工监理招标

5. 下列属于公开招标方式优点的是(　　)。

A. 招标人有较大的选择范围

B. 有助于打破垄断,实现公开竞争

C. 有助于提高工程质量

D. 有助于降低招标成本

Ⅲ. 判断题

1. 公路工程施工招标的邀请招标,是指招标人以发送投标邀请书的方式,邀请具有相应资格的不特定的法人投标。(　　)

2. 我国《招标投标法》中规定的法定招标方式可分为公开招标和邀请招标。其中公开招标方式是无限竞争性招标。(　　)

(七)国际上有关建设工程招投标和国际咨询工程师联合会编写的土木工程施工合同条件(简称 FIDIC 合同条件)的主要内容

Ⅰ. 单项选择题

1. 世界银行贷款项目招标中,招标文件需要得到世界银行的(　　)才能公开发售。

A. 批准后　　B. 通知后

C. 授权后　　D. "无意见"表示后

2. 国际竞争性招标过程中,一般从刊登招标广告或发售招标文件(两个时间中以较晚的时间为准)算起,给予投标商准备投标的时间不得少于(　　)天。

A. 20　　B. 30　　C. 45　　D. 60

3. 根据 FIDIC 合同条件,争端解决过程中,如果合同双方中任一方对 DAB 的裁决不满意或 DAB 在 84 天内未能作出裁决意见,则可提交仲裁,但仲裁必须经过(　　)天的友好解决期

后才能开始。

A. 28　　B. 42　　C. 56　　D. 84

Ⅱ. 多项选择题

1. 国际竞争性招标的开标时间一般应在(　　)。

A. 投标文件全部递交之后　　B. 投标截止时间

C. 紧接在投标截止时间之后　　D. 发布具体合同招标广告后 60 天

2. 下列关于国际竞争性招标的开标,叙述正确的是(　　)。

A. 开标时允许提问或作任何解释,也允许记录和录音

B. 对每份标书都当众读出其投标人、报价和交货或完工期

C. 公开开标也可以采用变通的"两个信封制度"

D. 如果标书中未附投标保证金或保函则拒绝开启此标书

Ⅲ. 判断题

1. 国际工程招标程序中,当中标人确定后,应尽快通知中标的投标人准备谈判。但合同谈判中不应要求投标人承担技术规格书中没有规定的工作责任,也不得在谈判中要求投标人承担额外工作。(　　)

2. FIDIC 通用合同条件中,明确规定工程师是独立的第三方,工程师应站在公正的立场处理问题。(　　)

六、公路建设项目施工阶段工程造价的计价与控制

(一)掌握工程变更和合同价款的调整

Ⅰ.单项选择题

1. 根据我国现行合同条款,在合同履行过程中,承包人发现有变更情况的,可向监理人提出(　　)。

A. 变更指示　　B. 变更意向书

C. 变更建议书　　D. 变更报价书

2. 在合同履行过程中,监理人认为可能发生变更的,可向承包人发出变更意向书。下列内容中,变更意向书可不包括的是(　　)。

A. 变更的具体说明　　B. 必要的变更图纸

C. 发包人对变更的时间要求　　D. 变更所涉及的费用清单

3. 下列事件中,不属于工程变更的是(　　)。

A. 取消合同中某一项工作并转由发包人实施

B. 提高质量标准

C. 合同中的遗漏

D. 追加某些工作

4. 项目法人负责对(　　)进行审查。

A. 重大设计变更　　B. 较大设计变更

C. Ⅱ级及以上设计变更　　D. 一般设计变更

5. 对于一般设计变更文件项目法人应当在(　　)日内完成审批工作,对于较大和重大设计变更文件应当在(　　)日内完成审批工作。

A. 7,14　　B. 14,28　　C. 14,30　　D. 15,20

6. 公路工程较大设计变更由(　　)负责审批。

A. 施工单位　　B. 项目法人

C. 省级交通主管部门　　D. 交通运输部

7. 下列属于重大设计变更确认的是(　　)。

A. 大中桥的数量或结构形式发生变化的

B. 特殊不良地质路段处置方案发生变化的

C. 收费方式及站点位置、规模发生变化的

D. 互通式立交的位置或方案发生变化的

8. 对公路工程较大和重大设计变更建议,项目法人经审查论证确认后,向省级交通主管部门提出公路工程设计变更的申请,下列属于设计变更申请材料内容的是(　　)。

A. 对设计变更申请的调查核实情况

B. 设计变更的勘察设计图纸及原设计相应图纸

C. 设计变更说明

D. 投资变化对照清单

9. 承包人收到监理人按合同约定发出的图纸和文件,经检查认为其中存在变更情况的,可向监理人提出书面变更建议。监理人收到承包人书面建议后,应与发包人共同研究,确认存在变更的,应在收到承包人书面建议后的(　　)天内做出变更指示。

A. 7　　B. 14　　C. 21　　D. 28

10. 某工程合同金额为 500 万元。调价因素为 A、B、C 三项,其在合同价中的比重分别为 20%、10%、25%。在合同基期的价格指数分别为 105、102、110,结算期的价格指数分别为 107、106、115,根据合同中确定的调价公式调整后的合同价款应为(　　)万元。

A. 509.55　　B. 509.38　　C. 509.26　　D. 509.45

11. 如果工程量的增减是由于其实际工程量超过或少于工程量清单中估算的数量而并非监理工程师指令的结果,则这类工程量的增减(　　)。

A. 不需变更指令　　B. 需要变更指令

C. 是多余工程量,不予计量　　D. 不需要监理工程师签证

12. 由于设计变更,造价工程师在审核承包人提出的变更价款是否合理时,(　　)是确定的基础。

A. 类似于变更工程的合同价格　　B. 施工定额基价

C. 设计单位提出的变更价格　　D. 业主提出的变更价格

13. 公路工程设计变更文件完成后,项目法人组织对设计变更文件进行审查。下列属于项目法人在报审设计变更文件时应提交的材料的是(　　)。

A. 对设计变更申请的调查核实情况

B. 设计变更的勘察设计图纸及原设计相应图纸

C. 设计变更申请书

D. 对设计变更申请的合理性论证情况

14. 工程变更的估价可采用合理差价法定价,如某合同中水稳碎石原设计 16cm,合理报价为 30 元/m^2,现变更为 18cm,其合理报价为 34 元/m^2,承包人的原报价为 28 元/m^2,则变更后的单价应为(　　)。

A. 32.0　　B. 30.0　　C. 34.0　　D. 31.5

15. 当承包人的工程量发生增加时,以(　　)为基础确定的工程变更单价中的不变成本会随工程量的增加而减少。

A. 施工定额　　B. 合理差价定价法

C. 概预算方法　　D. 合同单价

16. 某合同沥青路面原设计厚度为 4cm。合同单价为 36 元/m^2,合理单价为 40 元/m^2,现在设计变更为厚度 5cm,合理单价为 49.6 元/m^2。承包人原报价为 32 元/m^2。采用合同单价为基础确定的新单价是(　　)元/m^2,以及采用合理差价定价法确定新单价是(　　)元/m^2。

A. 38.4,49.6　　B. 48,45.6　　C. 45,45.6　　D. 45,41.6

17. 在合同履行过程中,承包人应在收到变更指示或变更意向书后的(　　)天内,向监理人提交变更报价书。

A. 7　　B. 14　　C. 21　　D. 28

18. 当承包人的工程量发生增加时,以(　　)为基础确定的工程变更单价不能反映承包人的实际水平和市场竞争对价格的影响。

A. 施工定额　　B. 合理差价定价法

C. 概预算方法　　D. 合同单价

19. 当承包人的工程量发生增加时,以(　　)为基础确定的工程变更单价不会使承包人因工程变更而额外受益,也不因工程变更而受损。

A. 施工定额　　B. 合理差价定价法

C. 概预算方法　　D. 合同单价

20. 某承包人4cm厚沥青路面的合同单价为35元/m^2,其合理单价为40元/m^2。现设计变更为5cm厚,其合理单价为50元/m^2,则依据合理差价定价法,变更后的5cm厚沥青路面的新单价应为(　　)。

A. 43.75元/m^2　　B. 45元/m^2　　C. 47.5元/m^2　　D. 50元/m^2

Ⅱ. 多项选择题

1. 公路工程设计变更分为重大,较大和一般。以下属于重大设计变更的是(　　)。

A. 超过施工图设计批准预算

B. 互通式立交的数量发生变化

C. 特大桥的数量或结构形式发生变化

D. 连续长度5km以上的路线方案调整

2. 公路工程设计变更分为重大,较大和一般设计变更。以下属于较大设计变更的是(　　)。

A. 隧道的数量或方案发生变化

B. 连接线的标准和规模发生变化

C. 收费方式及站点位置,规模发生变化

D. 连续长度2km以上的路线方案调整

3. 引起工程变更的原因有(　　)。

A. 设计方面　　B. 不可预见的事件

C. 社会原因　　D. 外界干扰

4. 下列关于暂列金额,说法正确的是(　　)。

A. 暂列金额只能按照发包人的指示使用,并对合同价格进行相应调整

B. 尽管暂列金额列入合同价格,但并不属于承包人所有,也不必然发生

C. 暂列金额只有按照合同约定实际发生后,才成为承包人的应得金额,纳入合同结算价款中

D. 扣除实际发生额后的暂列金额余额仍属于发包人所有

5. 在履行合同过程中,经发包人同意,监理人可按约定的变更程序向承包人作出变更指示,承包人应遵照执行。下列属于变更指示内容的是(　　)。

A. 变更工程的进度和技术要求　　B. 变更所涉及的费用清单

C. 变更的目的、范围和内容　　D. 变更的工程量

6.《公路工程标准施工招标文件》给出的估价原则包括情形为(　　)。

A. 取消的工作不支付

B.清单中有适用的变更子目,采用该子目单价

C.清单中没有适用的单价但有类似子目的,可参考类似子目单价由监理人商定或确定变更单价

D.承包过错造成的变更,由监理人商定额外增加费用

Ⅲ.判断题

1.工程变更是为了实现工程合同的总目标,在原合同范围内的变更,否则承包人可以拒绝。 ( )

2.工程变更估价方法中,以合同单价为基础定价简单且有合同依据,但不足之处是当工程量增加时,分摊在合同单价中的可变成本下降,而不是随着工程量的增加而增加。 ( )

(二)掌握工程索赔的处理原则和索赔费用的计算

Ⅰ.单项选择题

1.监理工程师对合同缺陷的解释导致工程成本增加和工期延长,此时的索赔方向是( )。

A.承包人向工程师索赔　　B.工程师向发包人索赔

C.发包人向承包人索赔　　D.承包人向发包人索赔

2.按照索赔事件的性质分类,在施工中发现地下流砂引起的索赔属于( )。

A.工程变更索赔

B.工程延误索赔

C.意外风险和不可预见因素索赔

D.合同被迫终止索赔

3.分析工程索赔产生的原因时,下列事件中,不属于合同变更的是( )。

A.施工方法变更　　B.设计变更

C.合同中的遗漏　　D.追加某些工作

4.某工作的自由时差为1天,总时差为4天。该工作施工期间,因发包人延迟提供工程设备而致施工暂停,以下关于该项工作工期索赔的说法正确的是( )。

A.若施工暂停2天,则承包人可获得工期补偿1天

B.若施工暂停3天,则承包人可获得工期补偿1天

C.若施工暂停4天,则承包人可获得工期补偿3天

D.若施工暂停5天,则承包人可获得工期补偿1天

5.在出现"共同延误"情况下,承担拖期责任的是( )。

A.造成拖期最长者

B.最先发生者

C.最后发生者

D.按造成拖期的长短,在各共同延误者之间分担

6.下列事件既可索赔工期又可索赔费用的是( )。

A.发包人要求承包人提前竣工

B.发包人要求向承包人提前交付工程设备

C.承包人遇到不利物质条件

D.承包人遇到异常恶劣的气候条件

7.下列事件中,承包人可以索赔工期的是( )。

A. 发包人原因导致的工程缺陷和损失
B. 发包人要求向承包人提前交付工程设备
C. 施工过程发现文物
D. 政策变化引起的价格调整

8. 某项目总价值 1 000 万元，合同工期为 18 个月，现承包人因建设条件发生变化需增加额外工程费用 50 万元，则承包人提出工期索赔为(　　)个月。

A. 1.5　　B. 1.2　　C. 0.9　　D. 3.6

9. 某土方工程发包人与承包人签订了土方施工合同，合同约定的土方工程量为 8 000m^3，合同期为 16 天，工程量增加 20% 以内为承包人应承担的工期风险。施工过程中，因出现了较深的软弱下层，致使土方量增加了 10 200m^3，则承包人可提出的工期索赔为(　　)天。

A. 1　　B. 4　　C. 17　　D. 20

10. 在标准施工招标文件下，由于不可抗力，承包人可获得补偿的内容包括(　　)。

A. 费用　　B. 工期
C. 工期和费用　　D. 工期，费用和利润

11. 某工程项目发包人供应的材料进入施工现场经承包人点验后使用，事后发现该材料有质量问题，应由(　　)。

A. 承包人承担重新采购及拆除重建的有关费用，工期不予顺延
B. 发包人承担重新采购及拆除重建的有关费用，工期不予顺延
C. 承包人承担重新采购及拆除重建的有关费用，工期顺延
D. 发包人承担重新采购及拆除重建的有关费用，工期顺延

12. 承包人在索赔意向通知提交后的(　　)天内递交正式的索赔报告。

A. 7　　B. 14　　C. 28　　D. 56

13. 下列有关索赔依据的说法正确的是(　　)。

A. 因为会谈纪要的证明力小，不能作为索赔依据
B. 只有经各方签署后的会谈纪要，才可以作为索赔依据
C. 只要是与索赔有关的双方会谈纪要，就可以作为索赔依据
D. 施工合同是重要的索赔依据，但其附件不能作为索赔依据

14.《公路工程标准施工招标文件》规定，发包人提供的基准点错误导致承包人返工或者工程损失，一般承包人可以得到(　　)补偿。

A. 工期　　B. 工期和费用
C. 费用和利润　　D. 工期、费用和利润

15.《公路工程标准施工招标文件》规定，施工过程发现文物、古迹以及其他遗迹、化石、钱币或物品，一般承包人可以得到(　　)补偿。

A. 工期　　B. 工期和费用
C. 费用和利润　　D. 工期和利润

16. 发包人违约造成工程索赔的情形不包括(　　)。

A. 监理人不按合同执行
B. 发包人原因停工
C. 发包人不履行合同

D. 监理人没有在约定期限发出复工指示致承包人无法复工

17. 分析工程索赔产生的原因时,下列事件中,属于合同缺陷起因的是(　　)。

A. 施工方法变更

B. 设计变更

C. 合同中的遗漏

D. 追加某些工作

18. 承包人在施工现场遇到不利物质条件时,应采取合理措施继续施工,并通知监理人。监理人发出的指示不构成变更时,承包人因采取合理措施而增加的费用和(或)工期延期,应由(　　)承担。

A. 承包人　　B. 发包人

C. 设计单位　　D. 监理人

19. 由于业主原因,监理工程师下令工程暂停,导致承包人工期延误和费用增加,则停工期间承包人可索赔(　　)。

A. 工期、成本和合理利润　　B. 工期、成本,不能索赔利润

C. 工期,不能索赔成本和利润　　D. 成本,不能索赔工期和利润

20. 某施工合同在履行过程中,先后在不同时间发生了如下事件:因业主对隐蔽工程复检导致某关键工作停工 2 天,隐蔽工程复检合格;因异常恶劣天气导致工程全面停工 3 天;因季节大雨导致工程全面停工 4 天。则承包人可索赔的工期为(　　)天。

A. 2　　B. 3　　C. 5　　D. 9

21. 某施工合同约定,人员窝工补贴为 15 元/工日,在基础工程施工期间,因暴雨导致基坑淹水而停工 2 天,人员窝工 20 工日,在主体工程施工期间,因重大公共活动政府通知停工 2 天,人员窝工 30 工日。为此,承包人可向发包人索赔工期和费用分别为(　　)。

A. 2 天,0 元　　B. 2 天,450 元　　C. 4 天,450 元　　D. 4 天,750 元

22. 某公路工程项目在施工过程中,发生了如下事件:承包人进行 A 工作时,遇异常恶劣天气导致停工 3 天,造成窝工费 900 元,同时承包人遇到不利物质条件导致停工 1 天,窝工费 300 元;发包人增加 B 工作,需工期 7 天,费用 15 000 元。A、B 两项工作均为关键工作,据此,承包人可以提出的索赔项目有(　　)。

A. A 工作工期索赔 4 天

B. A 工作费用索赔 900 元,工期索赔 4 天

C. B 工作工期索赔 7 天,费用索赔 15 000 元

D. 总工期索赔 11 天

23. 某施工合同约定,现场主导施工机械一台,由承包人租得,台班单价为 200 元/台班,租赁费 100 元/天,人工工资 50 元/工日,窝工补贴 20 元/工日,以人工费和机械费为基数的综合费率为 30%。在施工过程中,发包人增加合同工作,用工 20 工日,使用机械 1 台班。下列选项正确的有(　　)。

A. 承包人可得的费用索赔额为(2 050 + 1 × 200) = 1 200(元)

B. 承包人可得的费用索赔额为(20 × 50 + 1 × 200) × (1 + 30%) = 1 560(元)

C. 承包人可得的费用索赔额为(20 × 20 + 1 × 100) × (1 + 30%) = 650(元)

D. 承包人可得的费用索赔额为(20 × 20 + 1 × 100) = 500(元)

24. 下列属于按工程延误责任分类的是(　　)。

A. 关键延误　　B. 可补偿延误

C. 不可控制因素导致的延误　　D. 不可原谅延误

25. 下列属于按延误原因分类的是(　　)。

A. 关键延误　　B. 可补偿延误

C. 不可控制因素导致的延误　　D. 不可原谅延误

26. 下列属于按延误出现的活动类型分类的是(　　)。

A. 关键延误　　B. 可补偿延误

C. 不可控制因素导致的延误　　D. 不可原谅延误

27. 下列属于按延误出现的形式分类的是(　　)。

A. 关键延误　　B. 共同延误

C. 不可控制因素导致的延误　　D. 不可原谅延误

28. 下列原因中,不允许索赔"窝工"费用的是(　　)。

A. 异常恶劣的气候造成的停工　　B. 施工图纸未及时提供

C. 工程变更　　D. 业主方原因要求暂停施工

29. 某公路工程项目桩基施工,其在网络图中处于关键线路上,实施期间发生以下原因引起的停工:6 月 30 日至 7 月 3 日承包人设备出现故障;工程师向承包人提供后续图纸比规定的时间晚 10 天(7 月 1 日至 7 月 10 日);7 月 5 日至 7 月 18 日之间工地下了百年一遇特大暴雨。则承包人可获得的补偿天数是(　　)天。

A. 31　　B. 28　　C. 18　　D. 16

Ⅱ. 多项选择题

1. 按索赔事件处理方式分,工程索赔的种类有(　　)。

A. 费用索赔　　B. 综合索赔

C. 单项索赔　　D. 工期索赔

2. 根据《公路工程标准施工招标文件》通用合同条款的规定,承包人可以索赔利润的情况有(　　)。

A. 法律变化引起的价格调整

B. 发包人原因导致的工程缺陷

C. 发包人要求向承包人提前交付材料

D. 发包人提前占用工程导致的承包人费用增加

3. 下列情况中,承包人只能得到费用补偿的是(　　)。

A. 承包人遇到不利物质条件

B. 发包人要求向承包人提前交付材料和工程设备

C. 施工过程发现文物、古迹以及其他遗迹、化石、钱币或物品

D. 发包人要求承包人提前竣工

4. 下列情形中,发包人可以对承包人进行索赔的是(　　)。

A. 承包人的原因导致施工工期延误

B. 对承包人使用的不合格材料、设备进行重复检验费

C. 承包人在缺陷责任期满前未完成应进行的缺陷工程修复工作

D. 承包人遇见了不利的物质条件,耽误工期。加班赶工时,增加的监理费

5.《公路工程标准施工招标文件》中合同条款规定的(　　)等,可以合理补偿承包人索赔工期、费用和利润。

A. 发包人要求向承包人提前交付材料和工程设备

B. 发包人提供的材料和工程设备不符合合同要求

C. 发包人的原因造成工期延误

D. 发包人的原因导致工程缺陷和损失

E. 发包人的原因引起的暂停施工

6. 下列事件可以索赔工期的是(　　)。

A. 发包人要求承包人提前竣工

B. 发包人要求向承包人提前交付工程设备

C. 承包人遇到不利物质条件

D. 承包人遇到异常恶劣的气候条件

7. 下列事件中,承包人可以索赔费用的是(　　)。

A. 发包人原因导致的工程缺陷和损失

B. 发包人要求向承包人提前交付工程设备

C. 施工过程发现文物

D. 政策变化引起的价格调整

8. 下列事件中,承包人只可索赔费用的是(　　)。

A. 发包人原因导致的工程缺陷和损失

B. 发包人要求向承包人提前交付工程设备

C. 施工过程发现文物

D. 政策变化引起的价格调整

9. 某施工合同约定,现场主导施工机械一台,由承包人租得,台班单价为 200 元/台班,租赁费 100 元/天,人工工资 50 元/工日,“窝工”补贴 20 元/工日,以人工费和机械费为基数的综合费率为 30%。在施工过程中发生如下事件:①遇异常恶劣天气导致停工 2 天,人员窝工 30 工日,机械窝工 2 天;②发包人增加合同工作,用工 20 工日,使用机械 1 台班;③承包人遇到不利物质条件导致停工 1 天,人员窝工 20 工日,机械窝工 1 天。据此,下列选项正确的有(　　)。

A. 承包人可得的总索赔费用为 2 600 元

B. 因异常恶劣天气停工可得的费用索赔额为 1 040 元

C. 因不利物质条件致停工,承包人可得的费用索赔额为 500 元

D. 因发包人增加工作,承包人可得的费用索赔额为 1 560 元

10. 承包人向发包人的费用索赔事件中,下列(　　)可能引起承包人施工可变费用增加。

A. 停工损失和生产效率下降　　B. 增加工作

C. 不可抗力　　D. 物价因素

11. 公路工程合同条款规定:由于(　　)原因造成的损失,承包人有权要求发包人延长工期和增加费用,并支付合理利润。

A. 发包人提供的基准资料错误

B. 不可抗力

C. 监理人指标对隐蔽工程揭开重新检查,检查后表明工程质量符合合同要求

D. 施工过程中发现文物

12. 费用索赔的计算方法有(　　)。

A. 总费用法　　B. 修正总费用法

C. 实际费用法　　D. 修正实际费用法

Ⅲ. 判断题

1.《公路工程标准施工招标文件》合同通用条款要求:承包人应在知道或应当知道索赔事件发生后 28 天内,向监理人递交正式索赔通知书,并说明发生索赔事件的事由。承包人未在前述 28 天内发出通知书的,丧失要求追加付款和(或)延长工期的权利。　　(　　)

2. 费用索赔计算中,在总费用计算的原则上去掉一些不确定的可能因素,对总费用进行相应的修改和调整,此法称为额外成本法。　　(　　)

3. 承包人没有合法的理由拖延工期,而又不能按时竣工,就要承担延期违约赔偿责任。合同条件内规定的延期违约赔偿费其实就是对承包人的罚款。　　(　　)

4. 索赔事件发生后,承包商应事后做好相关记录,并按照业主的指示,以决定是否索赔。　　(　　)

(三)工程价款的支付与结算

Ⅰ. 单项选择题

1. 在承包人完成金额累计达到签约合同价的一定比例后,发包人开始扣回开工预付款,这个比例是(　　)。

A. 30%　　B. 25%　　C. 80%　　D. 70%

2. 因物价波动引起的价格调整,可采用价格指数法,在确定可调因子的基本价格指数时,所选择的基准日期是指(　　)。

A. 投标截止日期前 42 天　　B. 投标截止日期前 28 天

C. 开工日期前 28 天　　D. 开工日期前 42 天

3. 某项目合同约定采用调值公式法进行结算,合同价为 50 万元,并约定合同价的 70% 为可调部分。可调部分中,人工占 45%、材料占 45%、其余占 10%。结算时,仅人工费价格指数增长了 10%,而其他未发生变化。则该工程项目应结算的工程价款为(　　)万元。

A. 51.01　　B. 51.58

C. 52.25　　D. 52.75

4. 由于承包人原因未在约定的工期内竣工的,对原约定竣工日期后继续施工的工程,采用价格指数时,为(　　)价格指数。

A. 实际竣工日期

B. 原约定竣工日期

C. 原约定竣工日期与实际竣工日期中较低的

D. 原约定竣工日期与实际竣工日期中较高的

5. 监理人在收到承包人进度付款申请单以及相应的支持性证明文件(　　)天内完成核查,发包人应在监理人收到进度付款申请单后的(　　)天内,将应付款支付给承包人。

A. 7,14　　B. 14,14　　C. 7,28　　D. 14,28

6. 下列哪项不是开工预付款支付条件(　　)。

A. 施工单位已经和发包人签订了合同协议书

B. 施工单位已经提交了履约担保

C. 施工单位已经提交了开工预付款担保

D. 施工单位已经开始施工

7. 材料、设备预付款计算时,对于进口的材料、设备是按其(　　)的百分比计算。

A. 货价　　B. 货价 + 运费　　C. 堆场价　　D. 到岸价

8. 公路工程缺陷责任期的期限从(　　)算起。

A. 交工验收之日　　B. 签发交工证书之日

C. 竣工验收之日　　D. 签发竣工鉴定书之日

9. 约定的缺陷责任期满,承包人向发包人申请返还保证金。发包人在接到承包人返还保证金申请后,应于(　　)日内会同承包人按照合同约定的内容进行核实。如无异议,发包人应当在核实后(　　)日内将保证金返还给承包人。

A. 7,7　　B. 14,28　　C. 7,14　　D. 14,14

10. 发包人应在监理人收到进度付款申请单后的(　　)天内,将进度付款支付给承包人。

A. 7　　B. 14　　C. 21　　D. 28

11. 下列(　　)属于工程量清单外、合同内结算的费用项目。

A. 材料、设备预付款　　B. 暂估价

C. 暂列金额　　D. 月进度付款

12. 监理人在收到承包人提交的交工付款申请单后的(　　)天内完成核查,提出发包人到期应支付给承包人的价款送发包人审核并抄送承包人;发包人应在收到后(　　)天内审核完毕,由监理人向承包人出具经发包人签认的交工付款证书。

A. 7,14　　B. 14,14　　C. 7,28　　D. 14,28

13. 监理人收到承包人提交的最终结清申请单后的(　　)天内,提出发包人应支付给承包人的价款,送发包人审核并抄送承包人;发包人应在收到后(　　)天内审核完毕,由监理人向承包人出具经发包人签认的最终结清证书,发包人应在监理人出具最终结清证书后的(　　)天内,将应支付款支付给承包人。

A. 7,14,14　　B. 7,14,14　　C. 14,14,14　　D. 7,14,28

14. 某公路工程,合同价款 2 000 万元,合同工期 5 个月。每个月完成的工程量分别为 300 万元、500 万元、600 万元、300 万元、300 万元。开工预付款金额为合同价的 10%,自工程款(不含开工预付款)支付至合同价款的 60% 的当月起开始扣回,分两个月平均扣回。则本工程预付款的起扣月份是(　　)。

A. 第一个月　　B. 第二个月　　C. 第三个月　　D. 第四个月

15. 某独立土石方工程,招标文件中预计工程量 10 万 m^3。石方单价 30 元/m^3。合同约定:变更工程量超过预计工程量 10% 时,超出部分价格调整为 25 元/m^3。工程完成后实际工程量 12 万 m^3,则该土方工程的结算工程款为(　　)万元。

A. 355　　B. 350　　C. 325　　D. 300

16. 我国公路工程建筑安装工程价款最常用的结算方式是(　　)。

A. 竣工后一次结算　B. 分段结算　　C. 逐项结算　　D. 按月结算

Ⅱ. 多项选择题

1. 价格调整公式中，P_0 的计算不包括(　　)。
   A. 计日工　　B. 价格调整
   C. 变更及其他金额　　D. 预付款的支付和扣回
2. 承包人的交工支付申请单包括(　　)等内容。
   A. 交工结算合同单价和总价　　B. 发包人已支付承包人的工程价款
   C. 应扣留的质量保证金　　D. 应支付的竣工付款金额
3. 以下关于工程费用支付的说法，错误的是(　　)。
   A. 暂估价是用以支付必然发生的，但在招标时不能确定其价格的工程
   B. 计日工是对零星变更工程支付的一种方式，计日工价款中只包括人工的费用，不包括材料费和施工机械使用费
   C. 在施工中扣留的质量保证金，工程交工验收合格，并在交工证书签发后的 14 天内退还给承包人
   D. 发包人应在收到监理人发出的进度付款证书的 28 天内予以付款
4. 下列属于工程价款结算依据的是(　　)。
   A. 合同条款　　B. 技术规范　　C. 工程量清单　　D. 中标通知
5. 下列选项中，关于工程竣工结算争议处理符合规定的是(　　)。
   A. 发包人拒绝办理工程竣工结算的，已竣工未验收但实际投入使用的工程，其质量争议按工程保修合同执行
   B. 发包人以对工程质量有异议，拒绝办理工程竣工结算的，其竣工结算按工程质量监督机构的处理决定执行
   C. 已竣工未验收且未实际投入使用的工程的质量争议按工程质量监督机构的处理决定执行后办理竣工结算
   D. 停工、停建工程的质量争议，双方就争议的部分委托有资质的检测鉴定机构进行检测，根据检测结果确定解决方案
6. 承包人提交付款申请填写的月结账单(付款申请书)包括(　　)栏目。

①自开工截至本月末止已完成的工程价款；
②自开工截至上月末止已完成的工程价款；
③本月完成的工程价款；
④本月完成的计日工价款；
⑤本月应支付的暂列金额价款；本月应支付的材料设备预付款；
⑥根据合同规定本月应结算的其他款项；价格调整及法规变更引起的费用；
⑦本月应扣留的保留金、材料设备预付款及开工预付款；
⑧根据合同规定，本月应扣除的其他款项。

   A. ①，②　　B. ③，④　　C. ⑤，⑥　　D. ⑦，⑧
7. 下列哪项是材料、设备预付款的支付条件(　　)。
   A. 材料、设备符合规范要求并经监理人认可
   B. 承包人已出具材料、设备费用凭证或支付单据
   C. 材料设备已在现场交货，且存储良好，监理人认为材料、设备的质量及其存储方法符

合要求

D. 材料已经送检,材料设备已经用于永久工程中

Ⅲ. 判断题

采用价格指数调整价格差额公式中,各可调因子的现行价格指数为根据进度付款、竣工付款和最终结清等付款证书相关周期最后一天的前28天的各可调因子的价格指数。 ( )

(四)投资偏差分析的方法及纠正措施,项目资金计划的编制

Ⅰ. 单项选择题

1. 施工阶段费用偏差计算,计算方法正确的是( )。

A. 已完工程实际费用减去已完工程计划费用

B. 拟完工程实际费用减去已完工程计划费用

C. 拟完工程计划费用减去已完工程实际费用

D. 拟完工程计划费用减去已完工程计划费用

2. 某分部分项工程5月份拟完工程量100m,实际工程量160m,计划单价60元/m,实际单价48元/m。其进度相对偏差是( )。

A. -0.6 B. 0.25 C. 0.28 D. 0.60

3. 某工程计划3个月,每月计划完成工程量依次为600m^3、1 000m^3、800m^3,计划单价为20元/m^3;工程按计划开工,但工期延长1个月,每月实际完成工程量依次为300m^3、800m^3、900m^3、400m^3,每月实际单价依次为20元/m^3、20元/m^3、23元/m^3、23元/m^3。则该工程第3月末的费用偏差表述正确的是( )。

A. 费用节省2 700元 B. 费用增加2 700元

C. 费用节省5 300元 D. 费用增加5 300元

4. 某分部分项工程计划单价为6万元/m,当月计划完成工作量10m,当月实际完成工程量16m,实际单价为5元/m。下列关于该月进度偏差分析的结果,正确的是( )。

A. 进度相对偏差为20万元,进度提前

B. 进度绝对偏差为-20万元,进度提前

C. 进度相对偏差为-36万元,进度提前

D. 进度绝对偏差为36万元,进度提前

5. 信息量大,可以反映各种偏差变更和指标,还便于计算机辅助管理,提高投资控制工作效率的偏差分析方法是( )。

A. 横道图法 B. 时标网络法 C. 曲线法 D. 表格法

6. 在投资偏差分析时,其结果更能显示规律性,对投资控制工作在较大范围内具有指导作用的是( )。

A. 局部偏差 B. 相对偏差 C. 绝对偏差 D. 累计偏差

7. 某土方开挖工程6月份拟完工程量15 197m^3,实际工程量14 000m^3,计划单价5.5元/m^3,实际单价5.5元/m^3,则其费用相对偏差和进度绝对偏差分别为( )。

A. 1,-6 583.5 B. 1,1 C. 0,-6 583.5 D. 0,0

8. 下列( )措施是其他各类措施的前提和保障,一般不需要增加费用,运用得当即可收到良好的效果。

A. 组织 B. 经济 C. 技术 D. 合同

9. 偏差分析可以采用不同的方法,常用的有( )。

A. 横道图法、表格法、挣值法

B. 网络图法、横道图法、表格法

C. 比较法、因素分析法、差额计算法

D. 网络图法、表格法、挣值法

10. 在投资计划值的香蕉图中,最右侧的曲线表示的是所有活动按( )。

A. 最迟开工时间开始的曲线

B. 最早开工时间开始的曲线

C. 最迟完成时间结束的曲线

D. 最早完成时间结束的曲线

11. 编制资金使用计划过程中最重要的步骤是( )。

A. 计算单位时间资金使用计划

B. 工程造价目标的分解

C. 确定工程进度计划

D. 计算规定时间的计划累计完成资金额

12. 施工阶段工程造价控制中,按进度计划绘制时间 - 费用累计曲线时,包括:①计算规定时间的计划累计完成资金额;②计算单位时间资金使用计划;③编制 S 形曲线;④绘制时标网络图。其正确步骤为( )。

A. ④②①③　　B. ①②③④　　C. ④①②③　　D. ①④②③

Ⅱ. 多项选择题

1. 下列纠偏措施中,属于经济措施的有( )。

A. 明确各级投资控制人员的任务、权利和责任

B. 检查投资目标分解的合理性

C. 检查资金使用计划的保障性

D. 检查施工进度计划的协调性

2. 利用挣得值法表示的费用偏差公式和进度执行指标公式分别为( )。

A. 已完工作量的预算费用 - 计划工作量的预算费用

B. 已完工作量的预算费用 - 已完工作量的实际费用

C. 已完工作量的预算费用/已完工作量的实际费用

D. 已完工作量的预算费用/计划工作量的预算费用

3. 下列选项中,不属于施工阶段纠偏工作中合同措施的是( )。

A. 改善投资控制流程

B. 加强索赔管理

C. 检查资金使用计划的保障性

D. 落实投资控制的组织机构和人员

4. 某工程施工到 2009 年 7 月,经统计分析得知,已完工程实际投资为 1 800 万元,拟完工程计划投资为 1 500 万元,已完工程计划投资为 1 200 万元,则该工程此时( )。

A. 工期拖延 300 万元　　B. 工期拖延 600 万元

C. 工期提前 300 万元　　D. 费用超支 600 万元

5. 在编制资金使用计划编制时,所有工作都按最迟开始时间开始,则(   )。

A. 不会对项目竣工日期产生影响

B. 对节约建设资金贷款利息是有利的

C. 增加了项目按期竣工的风险

D. 施工中意外情况发生时,无时差可利用

6. 施工阶段编制资金使用计划时,对工程造价控制目标分解可按(   )进行。

A. 工程量大小　　B. 项目的构成

C. 时间进度　　D. 计划综合单价的高低

Ⅲ. 判断题

1. 在进行工程费用偏差分析时,绝对偏差的结果比较直观,相对偏差反映工程费用偏差的严重程度;从对工程造价控制工作的要求来看,绝对偏差比相对偏差更有意义。(   )

2. 在投资纠偏措施中,只有当发生了技术问题时才考虑采用技术措施。(   )

3. 施工阶段工程造价控制的主要费用是建筑安装工程费用,因此在编制项目资金计划时,对项目的总支出不需要考虑预备费。(   )

(五)国际咨询工程师联合会编写的土木工程施工合同条件(简称 FIDIC 合同条件)下工程价款的结算

Ⅰ. 单项选择题

1. FIDIC 施工合同条件下,为使承包人有较充裕的流动资金用于施工,而允许承包人以保留金保函代换保留金的前提是,保留金已累计扣留到保留金限额的(   )%。

A. 30　　B. 40　　C. 50　　D. 60

2. 根据 FIDIC 施工合同条件,业主所扣留承包人保留金的第一次返还时间是(   )。

A. 颁发履约证书后

B. 颁发工程接收证书后

C. 提交履约保函后

D. 缺陷通知期满后

Ⅱ. 多项选择题

1. 根据 FIDIC 合同,工程师在收到承包人提交的最终报表及书面结清单后(   )天内向业主发出一份最终支付证书,业主应在收到证书后(   )天内支付。

A. 28　　B. 42　　C. 56　　D. 84

2. 根据 FIDIC 合同,关于期中结算,下列表述正确的是(   )。

A. 承包人应按工程师批准的格式在每个月末之后向工程师提交一式四份报表

B. 工程师在接到承包人的支付报表 28 天内签发支付证书

C. 业主的付款时间不应超过工程师收到承包人的月进度付款申请单后的 28 天

D. 工程师有权对以前签发过的证书中发现的错、漏进行修正,经双方复核同意后纳入本月签证中

Ⅲ. 判断题

根据 FIDIC 合同,如果业主未及时向承包人支付工程款,承包人有权就未付款额按月计算复利收取延误期的融资费,融资费按高出支付货币所在国中央银行的贴现率 3% 的年利率计

算,并按这种货币进行支付。 (　　)

(六)工程项目管理软件的使用

Ⅰ.单项选择题

1. 项目管理软件是服务于项目管理模式,由于国内的项目管理模式在发展中处于多元混合态,各项目管控的重点、精细程度、管控力度、管控流程千差万别。因此,需要(　　)的项目管理软件,来快速适应项目管理的可变性。

A. 平台化　　B. 集成化　　C. 可视化　　D. 智能化

2. 交通运输部组织编制的《公路工程标准施工招标文件》中,工程量清单第100章已经专门增加了项目管理软件费用一项,体现了对应用项目管理软件的(　　)。

A. 组织保障　　B. 资金保障　　C. 制度保障　　D. 技术保障

3. 3G、4G通讯技术、RFID无线射频技术、BI(商业智能)的发展,将带动项目管理软件的(　　)发展趋势。

A. 平台化　　B. 集成化　　C. 可视化　　D. 智能化

Ⅱ.多项选择题

1. 项目管理软件的广泛应用,需要(　　)保障措施。

A. 组织保障　　B. 资金保障　　C. 制度保障　　D. 技术保障

2. 下列(　　)属于项目管理软件的主要功能。

A. 集成化　　B. 合同管理　　C. 质量控制　　D. 多项目并行管理

Ⅲ.判断题

1. 项目管理软件的发展趋势的特点包括平台化、多元化、集成化、可视化、智能化。 (　　)

2. 随着BIM(建筑信息模型)技术的兴起、视频监控的应用,三维图形与工程部位空间信息、时间信息、进展信息、费用信息等相互结合,利用视频监控及时掌握工程实际进展。此状况表现了项目管理软件的智能化发展趋势。 (　　)

七、竣工决算的编制和竣工后保修费用的处理

(一)公路建设项目工程决算的编制

Ⅰ.单项选择题

1.(　　)能够真实地反映项目费用形成,考核各项费用支出的必要性和合理性,与批准的概(预)算对比反映概(预)算执行情况,从而达到规范管理,堵塞漏洞的目的。

A.建设单位认定的中标单位的投标报价

B.工程决算

C.建设单位与施工单位签订的合同价

D.结算价

2.根据《公路建设项目工程决算编制办法》的规定,依据资金来源和建设项目分类。工程决算适用范围是(　　)。

A.政府项目以及 BOT、BT 等公路工程新建和改建项目

B.政府项目以及 BOT、BT 等公路工程新建项目

C.政府项目以及 BOT、BT 等公路工程改建项目

D.政府和国有经济组织投资的公路工程新建和改建项目

3.公路工程决算文件包括决算编制说明和(　　)。

A.工程决算概况　　B.工程概预算执行情况说明

C.预留费用使用情况说明　　D.工程决算表

4.工程决算文件由(　　)在交工验收后负责组织编制。

A.项目法人　　B.施工单位

C.监理单位　　D.项目法人和施工单位共同

5.公路工程决算数据软盘包括基础数据表和(　　)。

A.工程决算表　　B.工程决算编制说明

C.工程决算文件　　D.变更设计登记表

6.下列不属于工程决算表的是(　　)。

A.建安工程决算汇总表　　B.合同段工程决算表

C.投资控制情况比较表　　D.工程数量情况比较表

7.工程决算总费用不包括(　　)。

A.预备费　　B.建筑安装工程费

C.工程建设其他费用　　D.设备、工具及器具购置费

Ⅱ.多项选择题

1.工程决算的依据包括(　　)。

A.经交通主管部门批准的设计文件,以及批准的概(预)算或调整概(预)算文件

B.招标文件、标底(如果有)及与各有关单位签订的合同文件

C. 竣工图纸

D. 竣工决算

2. 对工程决算编制要求描述正确的是(　　)。

A. 工程决算总费用由建筑安装工程费,设备、工具及器具购置费,工程建设其他费用三部分构成

B. 工程决算通过工程决算表进行计算

C. 工程决算文件由项目法人在交工验收后负责组织编制,竣工验收后编制完成。并将工程决算文件及工程决算数据软盘各 1 份上报交通主管部门,同时抄送工程造价管理部门

D. 工程决算文件应简明扼要、字迹清晰、数据真实、计算正确、符合规定

3. 下列对于工程决算文件编制说明内容,说法正确的是(　　)。

A. 工程决算概况

B. 工程投资支出和财务管理工作的基本情况

C. 造价控制的经验与教训总结

D. 设备、工具、器具购置情况说明

4. 下列属于工程决算表的是(　　)。

A. 工程项目索赔登记表　　B. 项目总决算(分析)表

C. 建设项目概况表　　D. 收尾工程登记表

Ⅲ. 判断题

通过工程决算的编制,能够真实地反映项目费用形成,考核各项费用支出的必要性和合理性;使竣工财务决算的编制有一个良好的基础,同时为进一步修订计价依据和建立造价数据库积累造价资料。(　　)

(二)新增资产价值的确定

Ⅰ. 单项选择题

1. 新增固定资产价值是以独立发挥生产能力的(　　)为对象的。

A. 建设项目　　B. 单位工程　　C. 单项工程　　D. 分部分项工程

2. 关于计算新增固定资产价值的表述,正确的是(　　)。

A. 为了保护环境而正在建设的附属工程随主体工程计入新增固定资产价值

B. 不构成生产系统但能发挥效益的非生产性项目,在交付使用后计入新增固定资产价值

C. 达到固定资产标准不需安装的设备,购买后计入新新增固定资产价值

D. 分批交付生产的工程,应待全部交付完毕后一次性计入新增固定资产价值

3. 属于新增固定资产的是(　　)。

A. 开办费

B. 专利权

C. 短期投资

D. 验收鉴定合格,正式移交生产或使用的单项工程

4. 根据新的财务制度,土地使用权属于(　　)。

A. 固定资产　　B. 无形资产　　C. 其他资产　　D. 流动资产

5. 计算交付使用财产的成本时,对于共同费用的分摊,一般情况下,土地征用费、勘察设计费按(　　)比例分摊。

A. 建设项目总费用　　B. 建筑工程造价

C. 安装工程造价　　D. 需安装设备价值

6. 某公路项目建安投资中,桥梁工程投资 4 000 万元,路线工程投资 8 000 万元,需安装设备价值为 5 000 万元,待摊投资 3 000 万元,建设单位管理费 800 万元,则路线工程应分摊的待摊投资(　　)万元。

A. 1 788　　B. 2 000　　C. 2 376　　D. 2 533

7. 在竣工决算确定新增资产价值时,下列对流动资产解释正确的是(　　)。

A. 使用年限超过一年的、单位价值较高的、非货币性的有形资产,并且在使用过程中保持原有实物形态的资产

B. 可以在一年或者超过一年的营业周期内变现或者耗用的资产

C. 特定主体所控制的,不具有实物形态,对生产经营长期发挥作用且能带来经济利益的资源

D. 不能全部计入当年损益,应当在以后年度分期摊销的各种费用。

8. 某公路项目建安投资中,桥梁工程投资 4 000 万元,路线工程投资 8 000 万元,需安装设备价值为 5 000 万元,征地、迁移补偿等费用投资 3 000 万元,建设项目管理费 800 万元,则路线工程应分摊的建设项目管理费为(　　)万元。

A. 266.67　　B. 533.33　　C. 376.47　　D. 188.24

9. 某公路项目建安投资中,桥梁工程投资 4 000 万元,路线工程投资 8 000 万元,需安装设备价值为 5 000 万元,征地、迁移补偿等费用投资 3 000 万元,建设项目管理费 800 万元,则桥梁工程应分摊的征地、迁移补偿费和建设项目管理费合计为(　　)万元。

A. 1 533.33　　B. 2 266.67　　C. 1 188.24　　D. 1 376.47

10. 某公路项目建安投资中,桥梁工程投资 4 000 万元,路线工程投资 8 000 万元,需安装设备价值为 5 000 万元,征地、迁移补偿等费用投资 3 000 万元,建设项目管理费 800 万元,则该公路项目需安装设备新增固定资产价值为(　　)万元。

A. 5 266.67　　B. 5 235.29　　C. 5 333.33　　D. 5 188.24

Ⅱ. 多项选择题

1. 关于新增固定资产价值的确定,下列表述正确的是(　　)。

A. 新增固定资产价值的计算是以单项工程为对象的

B. 计算新增固定资产价值,应在生产和使用的工程全部交付后进行

C. 建设单位管理费按单项工程的建筑工程、安装工程、需安装设备价值总额按比例分摊

D. 土地征用费、勘察设计费用按单项工程的建筑、安装工程造价总额比例分摊

2. 在编制竣工决算中,需要计算新增固定资产价值,其中建设项目管理费由(　　)总额按比例分摊。

A. 建筑工程费用　　B. 安装工程费用

C. 需安装设备价值　　D. 工器具及生产家具购置费

3. 关于新增固定资产价值计算,正确的说法有(　　)。

A. 对于为了合理需要而建成的附属辅助工程，即使正式验收并交付使用，也不能计入新增固定资产价值中

B. 能独立发挥效益的非生产性工程，在建成并交付使用后，计算新增固定资产价值

C. 对于工器具购置费，即使达到固定资产标准，也不能计入新增固定资产价值

D. 与项目配套，且由本项目投资并掌握其产权的专用工程，交付使用后一并计入新增固定资产价值

4. 关于新增固定资产价值计算，错误的说法有（　　）。

A. 对于为了合理需要而建成的附属辅助工程，即使正式验收并交付使用，也不能计入新增固定资产价值中

B. 能独立发挥效益的非生产性工程，在建成并交付使用后，计算新增固定资产价值

C. 对于工器具购置费，即使达到固定资产标准，也不能计入新增固定资产价值

D. 与项目配套，且由本项目投资并掌握其产权的专用工程，交付使用后一并计入新增固定资产价值

Ⅲ. 判断题

新增无形资产价值的计价中，原则上应按取得时的实际成本费用计价，入账后应在其有效使用期内分期摊销。（　　）

（三）公路建设项目竣工决算的内容和编制

Ⅰ. 单项选择题

1. 公路建设项目竣工决算是以（　　）为主进行编制的。

A. 施工单位　　B. 建设单位　　C. 设计单位　　D. 监理单位

2. 建设项目办理交付使用财产价值的依据是（　　）。

A. 投资估算　　B. 工程概算　　C. 竣工决算　　D. 竣工结算

3. 关于竣工决算正确的说法是（　　）。

A. 竣工决算也被称为工程决算

B. 竣工决算表格与概预算表格相同

C. 竣工决算主要是从财务管理的角度进行计算分析

D. 竣工决算是以施工单位为主，在监理工程师的配合下共同完成的

4. 关于建设项目竣工决算，下列表述正确的是（　　）。

A. 竣工决算是以建设单位为主，在施工单位的配合下共同完成的

B. 施工企业为提高自身经营管理水平，也会编制单位工程竣工成本决算

C. 施工企业编制的竣工成本决算与建设单位编制的竣工决算在概念上是相同的，内容上不同

D. 施工企业编制的竣工成本决算与建设单位编制的竣工决算在概念上不同的，内容上相同

5. 公路工程竣工决算包括了基本项目从筹建到建成投产的全部费用，不包括（　　）。

A. 建设工期　　B. 投资计划的执行情况

C. 投资控制情况　　D. 资产的实物量

6. 公路工程建设项目竣工决算应反映从（　　）全过程的全部实际的支出费用。

A. 从筹建到竣工交付使用　　B. 从筹建到交工验收

C. 从开工到竣工　　　　D. 从开工到交付使用

7. 下列对公路建设项目竣工决算说法不正确的是(　　)。

A. 竣工决算是国家对基本建设投资实行计划管理的重要手段

B. 竣工决算是基本建设成果和财务情况的综合反映

C. 竣工决算侧重于对财务制度执行情况的反应,能够确定资金流动的真实性和合法性,是办理资产交付使用手续的依据

D. 竣工决算能满足不同管理部门对工程造价管理信息的需求

8. 依据《交通基本建设项目竣工决算报告编制办法》的规定,竣工决算报告表式分为(　　)。

A. 竣工决算审批表、公路建设项目工程概况表和建设项目竣工决算总表

B. 资金来源情况表、工程造价和概算执行情况表及基本建设项目交付使用资产总表

C. 竣工决算审批表、工程概况专用表和财务通用表

D. 竣工决算审批表、工程决算表和财务通用表

9. 在建设项目竣工决算报表中,用来反映已完工的建设项目的建设周期、完成的主要工程数量、主要材料消耗、占用拆迁面积、工程投资、新增资产和新增生产能力的是(　　)。

A. 竣工决算审批表　　　　B. 工程概况专用表

C. 财务通用表　　　　D. 交付使用财产总表

10. 在建设项目竣工决算报表中,用来反映竣工工程从开始建设起至竣工时为止资金来源、支出、节余等全部资金的运用情况,作为考核和分析基本建设拨款和投资效果的依据的是(　　)。

A. 竣工决算审批表　　　　B. 工程概况专用表

C. 财务通用表　　　　D. 交付使用财产总表

11. 下列不属于建设项目竣工决算报告情况说明书主要内容的是(　　)。

A. 工程项目概况及组织管理情况

B. 工程投资支出和财务管理工作的基本情况

C. 工程建设过程和工程管理工作中的重大事件、经验教训

D. 主要实物工程量分析

12. 下列选项中,(　　)主要反映竣工工程建设成果和经验,是对竣工决算报表进行分析和补充说明的文件,是全面考核分析工程投资与造价的书面总结。

A. 竣工财务决算说明书　　　　B. 竣工财务决算报表

C. 工程竣工图　　　　D. 工程竣工造价

13. 某建设项目,基建拨款为2 500万元,项目资本为600万元,项目资本公积金100万元,基建投资借款2 000万元,企业债券基金800万元,待冲基建支出500万元,应收生产单位投资借款1 800万元,基本建设支出1 500万元,则基建结余资金为(　　)万元。

A. 5 000　　B. 2 700　　C. 4 700　　D. 3 200

14. 在建设项目竣工决算报表编制中,对于外资使用情况,将外币折合为人民币时,应以(　　)为准。

A. 批准初步设计时的汇率　　　　B. 开工时的汇率

C. 交工时的汇率　　　　D. 竣工时的汇率

15. 下列关于公路交通基本建设项目竣工决算报告封面填写正确的是(   )。
A. "建设项目类别"是指建设项目属于新建、改建、扩建、续建等内容
B. "级别"是指大中型或小型
C. "建设性质"是指中央级或地方级的建设项目
D. "建设项目名称"填写批准前的项目初步设计文件中注明的项目名称

Ⅱ. 多项选择题

1. 公路工程竣工验收的依据包括(   )。
A. 批准的可行性研究报告
B. 批准的初步设计、施工图设计及设计变更文件
C. 施工许可
D. 招标文件及合同文本

2. 下列说法正确的是(   )。
A. 竣工验收是建设项目施工阶段和保修阶段的中间过程
B. 只有经过竣工验收,建设项目才能实现由承包人管理向发包人管理的过渡
C. 竣工验收的主要工作是检查施工合同的执行情况,评价工程质量
D. 未编制工程决算的公路建设项目,不得组织竣工验收

3. 公路工程竣工决算报告的内容包括(   )。
A. 竣工决算报告封面　　B. 竣工决算报告说明书
C. 竣工决算表格　　D. 竣工工程平面示意图

4. 下列属于公路工程竣工决算财务通用表的是(   )。
A. 交付使用资产总表和交付使用资产明细表
B. 待核销基建支出及转出投资明细表
C. 建设项目竣工财务决算总表
D. 项目总决算分析表

5. 下列对于竣工决算编制依据说法正确的是(   )。
A. 编制的施工图预算,承包合同、工程结算等有关资料
B. 招标文件、标底(如果有)及与各有关单位签订的合同文件
C. 工程质量鉴定、检验等有关文件,工程监理有关资料
D. 施工企业交工报告等有关技术经济资料

Ⅲ. 判断题

1. 竣工决算可以正确的核定新增资产的价值,有利于建设项目使用期的财务管理,并能为建设项目进行经济后评价提供依据。(   )

2. 建设项目竣工决算报表的工程概况专用表中的"主要收尾工程"填写工程内容和名称、预计投资额及完成时间等,如果收尾工程内容较多,可增设"收尾工程登记表",这部分工程的实际成本,可根据具体情况进行估算,并作说明,完工以后再调整竣工决算。(   )

(四)保修费用的处理

Ⅰ. 单项选择题

1. 下列对保修费用的处理,说法正确的是(   )。

A. 不可抗力造成的质量缺陷不属于规定的保修范围

B. 由于非施工原因造成的事故,承包应负责修理并承担经济责任

C. 发包人或使用人竣工验收后使用不当造成的损坏,应由发包人或使用人自行修理但只承担部分经济责任

D. 由于勘察、设计方面的原因造成的质量缺陷,由勘察、设计单位负责维修或处理并承担经济责任

2. 在保修期内项目出现质量问题影响使用,使用人应填写“工程质量修理通知书”告知承包人,注明质量问题及部位、维修联系方式,要求承包人指派人前往检查修理。承包人应在(　　)天内派出人员执行保修任务。

A. 3　　B. 7　　C. 10　　D. 14

Ⅱ. 多项选择题

根据《中华人民共和国建筑法》的规定,下列关于保修费用的处理,说法正确的是(　　)。

A. 在保修费用的处理问题上,必须根据修理项目的性质、内容以及检查修理等多种因素的实际情况,区别保修责任

B. 保修的经济责任应当由有关责任方承担,由发包人和承包人共同商定经济处理方法

C. 建筑施工企业违反规定不履行保修义务的,责令改正并处以罚款

D. 在保修期间因路基沉陷、路面松散与坑槽等质量缺陷,有关责任企业应依据实际损失给予实物或价值补偿

Ⅲ. 判断题

工程质量保修是一种售后服务方式,对于完善建设工程保修制度、促进承包人加强质量管理、改进工程质量,保护用户及消费者的合法权益能够起到重要的作用。(　　)

(五)公路建设项目竣工验收的范围、依据、标准和工作程序

Ⅰ. 单项选择题

1. 下列属于公路工程竣工验收委员会成员的是(　　)。

A. 项目法人单位代表　　B. 质量监督机构代表

C. 项目接管养护单位代表　　D. 项目设计单位代表

2. 下列属于公路工程竣工验收主要工作内容的是(　　)。

A. 项目法人提出验收申请

B. 质量监督机构审核交工验收对设计、施工、监理初步评价结果

C. 审定交工验收对设计、施工、监理的初步评价

D. 质量监督机构按要求完成质量鉴定工作,出具工程质量鉴定报告

Ⅱ. 多项选择题

1. 下列属于公路工程竣工验收准备工作程序的是(　　)。

A. 成立竣工验收委员会

B. 质量监督机构按要求完成质量鉴定工作,出具工程质量鉴定报告

C. 质量监督机构审核交工验收对设计、施工、监理初步评价结果

D. 对项目法人建设管理工作进行综合评价

2. 下列关于竣工验收中的综合评定等级表述正确的是(　　)。

A. 各参建单位综合评分大于等于90 分,小于90 分且大于等于75 分为合格,小于75 分

为不合格

B. 发生过重大及以上生产安全事故的建设项目综合评定等级不得评为优良

C. 交工验收和竣工验收工程质量评分大于等于90分均为优良

D. 建设项目综合评分大于等于90分且工程质量等级优良的为优良，小于90分且大于等于75分为合格，小于75分为不合格

3. 下列表述正确的是(　　)。

A. 公路工程验收分为交工验收和竣工验收两个阶段

B. 施工单位完成合同约定的全部工程内容，且经自检和监理检验评定均合格后，提出合同段交工验收申请报监理单位审查

C. 交工验收工程质量评分值大于等于75分的为合格

D. 项目法人、设计、施工、监理、接管养护单位代表参加竣工验收工作，但不作为竣工验收委员会成员

Ⅲ. 判断题

公路工程交工验收质量等级评定分为优良、合格和不合格三个等级。(　　)

(六)公路建设项目后评价的方法及主要评价指标的计算

Ⅰ. 单项选择题

1. 纳入交通运输部进行后评价的公路建设项目应已建成通车运营(　　)年以上并通过竣工验收。

A. 2　　B. 3　　C. 4　　D. 5

2. 下列不属于公路建设项目后评价报告主要内容的是(　　)。

A. 建设项目的过程评价　　B. 建设项目的投资与效益评价

C. 建设项目的影响评价　　D. 建设项目的技术经济效果评价

Ⅱ. 多项选择题

1. 根据我国《公路建设项目后评价报告编制办法》(交规划发[2011]695号)的规定，公路建设项目后评价的方法主要有(　　)。

A. 有无对比法　　B. 前后对比法　　C. 因果分析法　　D. 逻辑框架法

2. 公路建设项目后评价报告由(　　)组成。

A. 编制说明　　B. 主报告　　C. 附件　　D. 评价报表

Ⅲ. 判断题

公路建设项目后评价报告的编制机构可以是参加过这一项目前期工作的工程咨询机构，但参与后评价工作的人员不得是该项目的主要参与者。(　　)

第二部分　答案及解析

一、公路工程造价构成

(一)公路工程造价文件的组成

Ⅰ.单项选择题

1. A

解析:根据《公路工程基本建设项目编制办法》,公路工程造价文件由封面及目录、编制说明及全部计算表格组成。

2. C

解析:根据《公路工程基本建设项目编制办法》,甲组文件包括编制说明,总造价汇总表,总造价人工、主要材料、机械台班数量汇总表,总造价表,人工、主要材料、机械台班数量汇总表,建筑安装工程费计算表,其他工程费及间接费综合费率计算表,设备、工具、器具购置费计算表,工程建设其他费用及回收金额计算表,人工、材料、机械台班单价汇总表。

3. B

解析:同上题。

4. B

解析:根据《公路工程基本建设项目编制办法》,造价文件的项目由部分、项、目、节、细目组成。

5. D

解析:根据《公路工程基本建设项目概算预算编制办法》,乙组文件包括建筑安装工程费计算数据表,分项工程概(预)算表,材料预算单价计算表,自采材料料场价格计算表,机械台班单价计算表,辅助生产工、料、机械台班单位数量。

6. D

解析:根据《公路工程基本建设项目概算预算编制办法》,概、预算编制内容有建设项目设计资料的依据及有关文号,采用的定额、费用标准,与造价有关的委托书、协议书、会议纪要的主要内容,总造价金额,人工、钢材、水泥的总需要量情况,其他与造价有关但不能在表格中反映的事项。

7. C

解析:根据《公路工程基本建设项目概算预算编制办法》,乙组文件只供审批使用。

Ⅱ.多项选择题

1. AC

解析:根据《公路工程基本建设项目概算预算编制办法》,工程费用可以分为建筑安装工程费,设备、工具、器具及家具购置费。

2. ACD

解析:根据《公路工程基本建设项目概算预算编制办法》,乙组文件包括建筑安装工程费计算数据表,分项工程概(预)算表,材料预算单价计算表,自采材料料场价格计算表,机械台班单价计算表,辅助生产工、料、机械台班单位数量。选项 B 属于甲组文件内容。

3. BC

解析:略。

4. BD

解析:根据《公路工程基本建设项目概算预算编制办法》,概、预算应按一个建设项目(如一条路线或一座独立大、中桥)进行编制。当一个编制项目需要分段或分部编制时,应根据需要分别编制,但必须汇总编制“总概(预)算汇总表”。公路工程造价文件的乙组文件是建筑安装费各项基础数据计算表。

Ⅲ. 判断题

1. √

解析:略。

2. √

解析:略。

3. √

解析:略。

(二)建筑安装工程费、设备及工器具购置费和工程建设其他费用的构成与计算

Ⅰ. 单项选择题

1. C

解析:根据《公路工程基本建设项目概算预算编制办法》,人工费是指直接从事建筑安装工程施工的生产工人开支的各项费用。

2. B

解析:根据《公路工程基本建设项目概算预算编制办法》,直接工程费包括人工费、材料费、施工机械使用费。选项B中的材料的检验试验费属于其他工程费用。

3. B

解析:根据《公路工程基本建设项目概算预算编制办法》规定,纳税地点在市区的企业综合税率 $=\left[\frac{1}{1-3\%\times(1+7\%+3\%)}-1\right]\times100\%$。

4. B

解析:根据《公路工程基本建设项目概算预算编制办法》规定,工地转移距离在50km以内的工程不计取工地转移费。

5. A

解析:根据《公路工程基本建设项目概算预算编制办法》规定,直接费中的直接工程费 = 人工费 + 材料费 + 机械使用费 = 59 842 + 120 566 + 83 334 = 263 742(元),其他工程费 = 直接工程费 × 其他工程费综合费率 = 263 742 × 16.6% = 43 781(元),直接费 = 直接工程费 + 其他工程费 = 43 781 + 263 742 = 307 523(元),规费 = 人工费 × 规费费率 = 59 842 × 4.5% = 2 693(元),企业管理费 = 直接费 × 企业管理费费率 = 307 523 × 8% = 24 602(元),间接费 = 企业管理费 + 规费 = 24 602 + 2 693 = 27 295(元),利润 = (直接费 + 间接费 − 规费) × 6% = (307 523 + 27 295 − 2 693) × 6% = 19 928(元),综合税金额 = (直接费 + 间接费 + 利润) × 综合税率 = (307 523 + 23 792 + 19 928) × 3.41% = 11 977(元)。该项目的建筑安装工程费 = 直接费 + 间接费 + 税金 + 利润 = 307 523 + 27 295 + 19 928 + 11 977 = 366 843(元)。

6. C

解析:根据《公路工程基本建设项目概算预算编制办法》规定,施工现场的排污费用属于企业管理费。

7. D

解析:根据《公路工程基本建设项目概算预算编制办法》规定,在建筑安装工程费中,临时设施费属于其他工程费。

8. A

解析:根据《公路工程基本建设项目概算预算编制办法》规定,工程排污费,即施工现场按规定缴纳的排污费用,应计入企业管理费。

9. C

解析:根据《公路工程基本建设项目概算预算编制办法》规定,施工企业对建筑材料进行一般鉴定、检查所发生的费用计入施工辅助费。

10. C

解析:根据《公路工程基本建设项目概算预算编制办法》规定,其他工程费中的临时设施包括:临时生活及居住房屋、文化福利及公用房屋和生产、办公房屋,工地范围内的各种临时的工作便道、人行便道,工地临时用水、用电的水管支线和电线支线,临时构筑物以及其他小型临时设施。进场汽车便道属于大型的临时设施,预制场、拌和场及生活区内部同行的汽车便道属于临时设施。

11. A

解析:根据《公路工程基本建设项目概算预算编制办法》规定,公路工程中的水、电费及因场地狭小等特殊情况而发生的材料二次搬运等其他工程费已包括在概预算定额中,不再另计。故材料二次搬运费应计入直接工程费。

12. A

解析:根据《公路工程基本建设项目概算预算编制办法》规定,纳税地点在市区的企业,综合税率约为3.41%。

13. D

解析:根据《公路工程基本建设项目概算预算编制办法》规定,企业管理费包括基本费用,主副食运费补贴、职工探亲路费、财务费用。住房公积金属于间接费用里的规费。

14. A

解析:根据《公路工程基本建设项目概算预算编制办法》规定,建筑安装工程费中的规费包括养老保险费,失业保险费,医疗保险费,住房公积金,工伤保险费。职工教育经费属于企业管理费中的基本费用。

15. B

解析:根据《公路工程基本建设项目概算预算编制办法》规定,高原地区施工增加费是指在海拔高度在1 500m以上的地区施工,由于受气候、气压的影响,致使人工、机械效率降低而增加的费用。

16. D

解析:根据《公路工程基本建设项目概算预算编制办法》规定,生产工人自备工具的补贴费属于施工辅助费。

17. B

解析:根据《公路工程基本建设项目概算预算编制办法》及交通运输部 2011 年修订公告规定:施工标准化与安全措施费包括工程施工期间为满足安全生产、施工标准化、规范化、精细化所发生的费用。该费用不包括施工期间为保证交通安全而设置的临时安全设施和标志、标牌的费用,需要时,应根据设计要求计算。该费用也不包括预制场、拌和站、临时便道、临时便桥的施工标准化费用,应根据施工组织标准化要求单独计算。

18. B

解析:根据《公路工程基本建设项目概算预算编制办法》,选项 A 计入机械台班单价的不变费用;选项 C 计入其他工程费中的施工辅助费;选项 D 计入其他工程费中的临时设施费。

19. D

解析:根据《公路工程基本建设项目概算预算编制办法》规定,工程竣工交付使用后,在规定保修期以内的修理费用应计入企业管理费。工程保修费属于企业管理费用中的基本费用。

20. C

解析:根据《公路工程基本建设项目概算预算编制办法》规定,施工企业发生的技术开发费计入企业管理费。

21. A

解析:根据《公路工程基本建设项目概算预算编制办法》,各项规费以各类工程的人工费之和为基数,按国家或工程所在地相关部门规定的标准计算。

22. B

解析:根据《公路工程基本建设项目概算预算编制办法》规定,建筑安装工程费中的利润,其计算基数为直接费与间接费之和扣除规费。

23. A

解析:根据《公路工程基本建设项目概算预算编制办法》规定,企业管理费以各类工程的直接费为计算基数;施工辅助费以各类工程的直接工程费为计算基数;规费以各类工程的人工费之和为计算基数。间接费包括企业管理费和规费两项。

24. B

解析:根据《公路工程基本建设项目概算预算编制办法》规定,行车干扰增加费以人工费和机械使用费之和为基数;雨季施工增加费以各类工程的直接工程费之和为基数;高原地区施工增加费以人工费和机械使用费之和为基数;风沙地区施工增加费以人工费和机械使用费之和为基数。

25. C

解析:A 选项,一条路线通过两个以上的气温区时可分段计算或按各区的工程量比例求得全线的平均增加率,计算冬季施工增加费。B 选项,一条路线通过不同的雨量区和雨季期时,应分别计算雨季施工增加费或按工程量比例求得平均的增加率,计算全线雨季施工增加费。D 选项,冬季施工增加费以各类工程的直接工程费之和为基数,按工程所在地的冬季气温区和工程类别选用费率计算。

26. A

解析:综合费率Ⅰ是以直接工程费为计费基础,如冬季施工增加费,雨季施工增加费。综合费率Ⅱ是以人工费、机械费之和为计费基础,如高原地区施工增加费、风沙地区施工增加费。直接工程费 = 59 842 + 120 566 + 83 334 = 263 742(元),直接费 = 直接工程费 + 其他工程费 =

直接工程费+直接工程费×其他工程费综合费率Ⅰ+(人工费+机械费)×其他工程费综合费率Ⅱ=263 742+263 742×3.7%+(59 842+83 334)×12%=290 682(元)。企业管理费=直接费×企业管理费综合费率=290 682×8%=23 255(元),规费=人工费×规费费率=59 842×40%=23 937(元),间接费=企业管理费+规费=23 937+23 255=47 191(元)。利润=(直接费+间接费-规费)×利润率=(290 682+47 191-23 937)×6%=18 836(元)。综合税金额=(直接费+间接费+利润)×综合税率=(290 682+47 191+18 836)×3.41%=12 164(元)。

27. D

解析:根据《公路工程基本建设项目概算预算编制办法》规定,施工辅助费包括生产工具用具使用费、检验试验费和工程定位复测、工程点交、场地清理等费用。

28. C

解析:根据《公路工程基本建设项目概算预算编制办法》规定,工器具购置费系指建设项目交付使用后为满足初期正常营运必须购置的第一套不构成固定资产的设备、仪器、仪表、工卡模具、器具、工作台(框、架、柜)等的费用。工器具购置费的计算方法同设备购置费。

29. A

解析:根据《公路工程基本建设项目概算预算编制办法》规定,运输保险费 $=\dfrac{\text{FOB价}+\text{国际运费}}{1-\text{保险费}}\times$保险费费率=1.7,关税=(FOB价+国际运费+运输保险费)×进口关税税率=(50+50×10%+1.7)×20%=11.34(万元)。

30. B

解析:本题中:抵岸价=到岸价+银行财务费+外贸手续费+关税+增值税;增值税=(到岸价+关税)×增值税税率。

586.7=到岸价+(50×8×0.2%)+(到岸×1.5%)+(到岸价×10%)+[(到岸价+到岸价×10%)×17%]。

反算得到岸价为450万元人民币。

31. C

解析:A选项,进口设备原价是指进口设备的抵岸价;B选项,进口设备到岸价由FOB价、国际运费、运输保险费组成;D选项,增值税计税价格中有人民币货价、国际运费、运输保险费、关税、消费税。

32. C

解析:根据《公路工程基本建设项目概算预算编制办法》的规定,进口设备应纳增值税的组成计税价格=关税完税价格+关税+消费税。

33. B

解析:进口设备抵岸价=到岸价+银行财务费+外贸手续费+关税+增值税=100+0.5+100×1.5%+100×20%+(100+100×20%)×17%=142.4(万元)。

34. A

解析:根据《公路工程基本建设项目概算预算编制办法》规定,办公和生活用家具购置费是指建设项目交付使用后为满足初期正常营运必须购置的第一套不构成固定资产的设备、仪器、仪表等的费用。

35. B

解析:关税 = (FOB + 国际运费 + 运输保险费) × 关税税率 = 21.2(万美元),增值税 = (FOB + 国际运费 + 运输保险费 + 关税) × 增值税税率 = (100 + 5 + 1 + 21.2) × 17% × 8.14 = 176.02(元)人民币。

36. A

解析:设备购置费 = 设备原价 + 运杂费 + 运输保险费 + 采购及保管费 = 7 350 + 7 350 × 1.2% + 7 350 × 1% + 7 350 × 2.4% = 7 688.1(万元)。

37. A

解析:根据《公路工程基本建设项目概算预算编制办法》规定,国产设备运杂费由设备制造厂交货地点起至工地仓库止所发生的运费;进口设备运杂费,是指我国到岸港口或边境车站起至工地仓库止所发生的运费和装卸费。进口设备原价是指进口设备的抵岸价。进口设备到岸价由离岸价和国际运费,运输保险费组成。

38. C

解析:进口设备购置费 = 进口设备原价 + 运杂费 + 运输保险费 + 采购及保管费;进口设备运杂费 = 进口设备原价 × 运杂费费率;进口设备运杂费 = 进口设备离岸价 × 采购及保管费费率。

39. B

解析:进口设备抵岸价 = FOB + 国际运费 + 运输保险费 + 银行财务费 + 外贸手续费 + 关税 + 增值税 + 消费税 + 海关监管手续费 + 车辆购置附加费。

40. A

解析:工程建设其他费用中研究试验费不包括由科技三项费用开支的项目,由施工辅助费开支的施工企业对建筑材料、构建和建筑物进行一般鉴定、检查所发生的费用及技术革新研究试验费,由勘察设计费或建筑安装工程费用中开支的项目。

41. B

解析:建设用地费包括土地征用及补偿费,征用耕地一次性缴纳的耕地占用税,租用建设项目土地使用权在建设期支付的租地费用。

42. A

解析:专项评价费包括:环境影响评价费,水土保持评估费、地震安全性评价费、地质灾害危险性评价费、压覆重要矿床评估费、文物勘察费、通航认证费、行洪论证(评估)费、使用林地可行性研究报告编制费、用地预审报告编制费等费用。

43. A

解析:建设单位(业主)管理费以建筑安装工程费总额为基数,按第一部分建筑安装工程费分段选用费率,以累进办法计算。

44. D

解析:联合试运转费指新建、改扩建工程项目,在竣工验收前,按照设计规定的工程质量标准,进行动(静)荷载试验所需费用,或进行整套设备带负荷联合试运转期间所需的全部费用抵扣试车期间收入的差额。

45. C

解析:建设项目前期工作费包括编制项目建议书、可行性研究报告、投资估算以及相应的勘察、设计、专题研究等所需的费用,初步设计和施工图设计的勘察费、设计费、概预算及调整概算编制费,设计、监理、施工招标文件及招标标底(或造价控制值或清单预算)文件编制费等。

46. C

解析:联合试运转费是指按设计规定的工程质量标准,进行整个车间有负荷和无负荷试运转时发生的全部费用抵扣试车期间收入的差额。

47. D

解析:建设项目前期工作费是指委托勘察设计、咨询单位对建设项目进行可行性研究、工程勘察设计以及设计、监理、施工招标文件及招标文件及招标标底或造价控制值文件编制时,按规定支付的费用。

48. B

解析:临时占用的耕地、鱼塘等,待工程竣工后将其恢复到原有标准所发生的费用是复耕费。

49. D

解析:土地补偿费是指被征用土地地上、地下附着物及青苗补偿费,征用城市郊区的菜地等缴纳的菜地开发建设基金、租用土地费、耕地占用税、用地图编制费及勘界费、征地管理费等。

50. D

解析:选项 A 由施工企业代建设单位(业主)办理"土地、青苗等补偿费"的工作人员所发生的费用,应计入建设单位管理费;选项 B 关于竣(交)工验收试验检测费,高速公路、一级公路按四车道计算,二级及以下等级公路按双车道计算,每增加一条车道,按竣(交)工验收试验检测费标准表中给出的费用标准的费用增加 10%。选项 C 当建设单位(业主)委托有资质的单位代理招标时,其代理费应在建设单位(业主)管理费中支出。

51. C

解析:建设单位管理费以建筑安装工程费总额为基数,按第一部分建筑安装工程费分段选用费率,以累进办法计算。$500 \times 3.48\% + 500 \times 2.73\% + 4\,000 \times 2.18\% + 5\,000 \times 1.84\% + 10\,000 \times 1.52\% = 362.25$(万元)。

52. C

解析:联合试运转费包括联合试运转期间所需的材料、油燃料和动力的消耗,机械和检测设备使用费,工具用具和低值易耗品费,参加联合试运转人员工资及其他费用等。

53. D

解析:根据《公路工程基本建设项目概算预算编制办法》,建设项目前期工作费系指委托勘察设计、咨询单位对建设项目进行可行性研究、工程勘察设计,以及设计、监理、施工招标文件及招标标底或造价控制值文件编制时,按规定应支付的费用。

54. A

解析:根据《公路工程基本建设项目概算预算编制办法》,建设单位管理费系指建设单位为建设项目的立项、筹建、建设、竣(交)工验收、总结等工作所发生的管理费用。

Ⅱ.多项选择题

1. ABD

解析:根据《公路工程基本建设项目概算预算编制办法》规定,高原地区施工增加费、行车干扰增加费、风沙地区施工增加费以人工费和机械使用费之和为基数。

2. ABCD

解析:根据《公路工程基本建设项目概算预算编制办法》规定,建筑安装工程费中的规费包括养老保险费,失业保险费,医疗保险费,住房公积金,工伤保险费。

3. ACD

解析:根据《公路工程基本建设项目概算预算编制办法》规定,劳动保险费、施工企业投标费、施工企业广告费都属于企业管理费。医疗保险费属于规费。

4. BC

解析:根据《公路工程基本建设项目概算预算编制办法》规定,冬季施工增加费的内容包括清除工作地点的冰雪,施工机具所需修建的暖棚。

5. CD

解析:根据《公路工程基本建设项目概算预算编制办法》,利润按直接费与间接费之和扣除规费的7%计算。其中规费与企业管理费共同构成间接费。

6. ABC

解析:根据《公路工程基本建设项目概算预算编制办法》规定,企业管理费中的劳动保险费为离退休职工的易地安家补助费、职工退职金、六个月以上的病假人员工资、职工死亡丧葬补助费、抚恤费、按规定支付给离休干部的各项经费。

7. ABD

解析:企业管理费由基本费用、主副食运费补贴、职工探亲路费、职工取暖补贴和财务费用5项组成。基本费用是指施工企业为组织施工生产和经营管理所需的费用,包括:①管理人员工资;②办公费;③差旅交通费;④固定资产使用费;⑤工具、用具使用费;⑥劳动保险费;⑦工会经费;⑧职工教育经费;⑨保险费;⑩工程保修费;⑪工程排污费;⑫税金;⑬其他。

8. AD

解析:根据《公路工程基本建设项目概算预算编制办法》规定,雨季施工增加费的内容包括材料因受潮,受湿的耗损和增加防雨,防潮设备。

9. AB

解析:材料费是指施工过程中耗用的构成工程实体的原材料、辅助材料、构(配)件、零件、半成品、成品的用量和周转材料的摊销量,按工程所在地的材料预算价格计算的费用。选项C为施工辅助费,选项D为机械台班单价中的不变费用。

10. AC

解析:根据《公路工程基本建设项目概算预算编制办法》的规定,设备购置费系指为满足公路的营运、管理、养护需要而购置的构成固定资产标准的设备和虽低于固定资产标准但属于设计明确列入设备清单的设备的费用。包括渡口设备;隧道照明、消防、通风的动力设备;高等级公路的收费、监控、通信、供电设备;养护用的机械、设备和工具、器具等的购置费用。

11. AD

解析:根据《公路工程基本建设项目概算预算编制办法》的规定,工具、器具及生产家具购置费计算方法同设备购置费。设备购置费由设备原价,运杂费,运输保险费,采购及保管费组成。根据《公路工程基本建设项目概算预算编制办法》工器具购置费指建设项目交付使用后为满足初期正常营运必须购置的第一套不构成固定资产的设备、仪器、仪表等的费用。该费用不包括构成固定资产的设备、工器具和备品、备件,及已列入设备购置费中的专用工具和备品、备件。

国产设备的运费和装卸费是指由设备制造厂交货地点起至工地仓库止所产生的运费和装卸费。

12. BCD

解析:关税属于进口环节增值税计税价格的组成部分;设备运杂费是指为运输而进行的包装支出的运费和装卸费。进口设备运杂费,是指我国到岸港口到边境车站起至工地仓库止所发生的运费和装卸费。

13. BD

解析:进口设备购置费 = 进口设备抵岸价 + 运杂费 + 运输保险费 + 采购及保管费,进口设备购置费 = 进口设备抵岸价 ×(1 + 运杂费费率 + 保险费费率 + 采购及保管费费率)。

14. AC

解析:单台设备的调试费应计入设备安装工程费用中。联合试运转费包括联合试运转期间所需的材料、油燃料和动力的消耗,机械和检测设备使用费,工具用具和低值易耗品费,参加联合试运转人员工资及其其他费用等。该费用不包括应由设备安装工程项下开支的调试费的费用。

15. AD

解析:工程建设其他费用中建设项目管理费包括建设单位管理费,工程监理费,设计文件审查费,竣(交)工验收试验检测费。

16. ABCD

解析:工程建设其他费用包括土地征用及拆迁补偿费、建设项目管理费、研究试验费、建设项目前期工作费、专项评价(估)费、施工机构迁移费、供电贴费、联合试运转费、生产人员培训费、固定资产投资方向调节税、建设期贷款利息。工程监理费属于建设项目管理费,编制可行性研究报告费属于建设项目前期工作费。

17. BC

解析:建设项目前期工作费包括编制项目建议书、可行性研究报告、投资估算以及相应的勘察、设计、专题研究等所需的费用,初步设计和施工图设计的勘察费、设计费、概预算及调整概算编制费,设计、监理、施工招标文件及招标标底(或造价控制值或清单预算)文件编制费等。

18. AB

解析:工程建设其他费用中专项评价(估)费包括环境影响评价费、水土保持评估费、地震安全性评价费、地质灾害危险性评价费、压覆重要矿床评估费、文物勘察费、通航认证费、行洪论证(评估)费、使用林地可行性研究报告编制费、用地预审报告编制费等费用。

19. BC

解析:土地征用及拆迁补偿费包括土地补偿费,征用耕地安置补助费,拆迁补偿费,复耕费,耕地开垦费,森林植被恢复费。

Ⅲ. 判断题

1. ×

解析:根据《公路工程基本建设项目概算预算编制办法》附录三计算的冬季、雨季和夜间施工增加的用工数量列入02表中有关项目内,不再计算费用。

2. ×

解析:检验试验费属于施工辅助费。检验试验费是指施工企业对建筑材料、构件和建筑安装工程进行一般鉴定、检查所发生的费用,但不包括新结构、新材料的试验费和建设单位要求对具有出厂合格证明的材料进行检验的费用。

3. ×

解析:根据交通运输部2011年颁发的《关于公布公路工程基本建设项目概算预算编制办法局部修订的公告》,施工标准化与安全措施费系指工程施工期间为满足安全生产、施工标准化、规范化、精细化所发生的费用。该费用不包括施工期间为保证交通安全而设置的临时安全设施和标志、标牌的费用,需要时,应根据设计要求计算。该费用也不包括预制场、拌和站、临时便道、临时便桥的施工标准化费用,应根据施工组织标准化要求单独计算。

4. √

解析:略。

5. ×

解析:略。

6. √

解析:略。

7. ×

解析:建设单位(业主)管理费和工程监理费均为实施建设项目管理的费用,执行时可根据建设单位(业主)和施工监理单位所实际承担的工作内容和工作量统筹使用。不需要保证监理费用。

8. ×

解析:生产人员培训费指新建、改(扩)建公路工程项目,为保证生产的正常运行,在工程竣工验收前对运营部门生产人员和管理人员进行培训所必需的费用。

(三)预备费、建设期贷款利息的计算

Ⅰ.单项选择题

1. B

解析:根据《公路工程基本建设项目概算预算编制办法》规定,当基本预备费采用施工图预算加系数包干承包时,包干费用为直接费与间接费之和的3%。

2. D

解析:根据《公路工程基本建设项目概算预算编制办法》规定,编制公路工程施工图预算基本预备费的费率应是3%。

3. D

解析:根据《公路工程基本建设项目概算预算编制办法》规定,基本预备费的计算基数是工程费用和工程建设其他费用(扣除固定资产方向调节税和建设期贷款利息两项费用)。

4. D

解析:基本预备费是指在初步设计和概算中难以预料的工程和费用。基本预备费的用途:①在进行技术设计、施工图设计和施工过程中,在批准的初步设计和概算范围内所增加的工程费用;②在设备订货时,由于规格、型号改变的价差,材料货源变更、运输距离或方式的改变以

及因规格不同而代换使用等原因发生的价差;③由于一般自然灾害所造成的的损失和预防自然灾害所采取的措施费用;④在项目主管部门组织竣(交)工验收时,验收委员会(或小组)为鉴定工程质量必须开挖和修复工程的费用;⑤投保的工程根据工程特点和保险合同发生的工程保险费用。

5. D

解析:同上题。D 选项属于价差预备费。

6. B

解析:同上题。ACD 选项属于工程建设其他费用的内容。

7. D

解析:根据《公路工程基本建设项目概算预算编制办法》规定,建设期贷款利息 = Σ(上年末付息贷款本息累计 + 本年度付息贷款额 ÷2) × 年利率。第一年建设期贷款利息 = (0 + 1 000/2) ×8% =40(万元),第二年建设期贷款利息 = (1 000 +40 +1 000/2) ×8% =123.2(万元),第三年建设期贷款利息 = (1 000 +1 000 +40 +123.2 +800/2) ×8% =205.056(万元)。

8. C

解析:根据《公路工程基本建设项目概算预算编制办法》规定,建设期贷款利息 = Σ(上年末付息贷款本息累计 + 本年度付息贷款额 ÷2) × 年利率。第一年建设期贷款利息 = (0 + 2 000/2) ×6% =60(万元),第二年建设期贷款利息 = (2 000 +60 +4000/2) ×6% =243.6(万元)。

9. A

解析:根据《公路工程基本建设项目概算预算编制办法》规定,建设期贷款利息费用内容包括:各种金融机构贷款、企业集资、建设债券和外汇贷款等利息。

10. A

解析:根据《公路工程基本建设项目概算预算编制办法》规定,建设期贷款利息 = Σ(上年末付息贷款本息累计 + 本年度付息贷款额 ÷2) × 年利率。第一年建设期贷款利息 = (0 + 3 000/2) ×7% =105(万元),第二年建设期贷款利息 = (3 000 +105 +2 000/2) ×7% =287.35(万元)。建设期前两年应计利息之和 =105 +287.35 =392.35(万元)。

11. B

解析:根据《公路工程基本建设项目概算预算编制办法》规定,建设期贷款利息 = Σ(上年末付息贷款本息累计 + 本年度付息贷款额 ÷2) × 年利率。第一年建设期贷款利息 = (0 + 1 000/2) ×10% =50,第二年建设期贷款利息 = (1 000 +50 +1 800/2) ×10% =195,第三年建设期贷款利息 = (1 000 +1 800 +50 +195 +1 200/2) ×10% =364.5。项目建设期利息 =50 + 195 +364.5 =609.5(万元)。

Ⅱ. 多项选择题

1. ACD

解析:根据《公路工程基本建设项目概算预算编制办法》规定,基本预备费计算方法:以第一、二、三部分费用之和(扣除固定资产投资方向调节税和建设期贷款利息两项费用)为基数按费率计算,①项目建议书估算按 11% 计列;②工程可行性研究估算按 9% 计列;③设计概算按 5% 计列;④修正概算按 4% 计列;⑤施工图预算按 3% 计列。

2. CD

解析:根据《公路工程基本建设项目概算预算编制办法》规定,基本预备费计算方法:以第一、二、三部分费用之和(扣除固定资产投资方向调节税和建设期贷款利息两项费用)为基数按费率计算。

3. AC

解析:价差预备费是指设计文件编制年至工程竣工年期间,第一部分费用的人工费、材料费、机械费、机械使用费、其他工程费、间接费等,以及第二、第三部分费用由于政策、价格变化可能发生上浮而预留的费用及外资贷款汇率变动部分的费用。

4. ABD

解析:根据《公路工程基本建设项目概算预算编制办法》规定,设计文件编制至工程完工在一年以内的工程,不计列价差预备费。

5. BCD

解析:根据《公路工程基本建设项目概算预算编制办法》规定,建设期贷款利息费用内容包括:各种金融机构贷款、企业集资、建设债券和外汇贷款等利息。

Ⅲ. 判断题

1. √

解析:略。

2. √

解析:略。

(四)世界银行建设项目费用构成和国外建筑安装工程费的构成

Ⅰ. 单项选择题

1. D

解析:未明确项目的准备金用于在估算时不可能明确的潜在项目。

2. A

解析:不可预见准备金用于在估算达到了一定完整性并符合技术标准的基础上,由于物质、社会和经济的变化,导致估算增加的情况。不可预见准备金只是一种储备,可能不动用。

3. A

解析:建设成本上升费用用于补偿直至工程结束时的未知价格增长。

4. A

解析:根据世界银行工程造价构成的规定,项目直接建设成本包括:土地征购费、场外设施费用、场地费用、工艺设备费、设备安装费、管道系统费用、电器设备费用、电器安装费、仪器仪表费用、机械的绝缘和油漆费、工艺建筑费、服务性建筑费用、工厂普通公共设施费、车辆费、其他当地费用。

5. D

解析:根据国外建筑安装工程费用构成,施工用水、用电费应计入开办费。

6. C

解析:根据国外建筑安装工程费用构成,管理费包括工资、工作人员辅助工资、办公费、差率交通费、固定资产使用费、生活设施使用费、工具用具使用费、劳动保护费、检验试验费、业务经费。

7. D

解析:根据国外建筑安装工程费用构成,开办费包括:①施工用水费、施工用电费;②工地清理费及完工后清理费，建筑物烘干费，临时围墙、安全信号、防护用品的费用，以及恶劣气候条件下的工程防护费、污染费、噪声费，其他法定的防护费用；③周转材料费；④临时设施费；⑤驻工地工程师的现场办公室及所需设备的费用，现场材料试验及所需设备的费用。

8. D

解析：根据国外建筑安装工程费用构成，人工费包括工资、加班费、津贴、招雇解雇费。工人现场福利费属于开办费。

Ⅱ. 多项选择题

1. ABCD

解析：根据世界银行工程造价构成的规定，工程项目总建设成本包括项目直接建设成本，项目间接建设成本，应急费，建设成本上升费用。

2. AD

解析：项目间接建设成本包括项目管理费、开工试车费、业主的行政性费用、生产前费用、运输和保险费、地方税。

3. ABCD

解析：根据国外建筑安装工程费用构成，材料费包括材料原价、运杂费、税金、运输损耗及采购保管费、预涨费。

4. ABC

解析：根据国外建筑安装工程费用构成，国外建筑安装工程费用中各分包工程费包括直接工程费，管理费，利润。

Ⅲ. 判断题

1. ×

解析：根据世界银行工程造价构成的规定，未明确的准备金用于在估算时不可能明确的潜在项目，包括那些在做成本估算时因为缺乏完整、准确和详细的资料，而不能完全预见和不能注明的项目，并且这些项目是必须完成的。

2. √

解析：略。

二、公路工程造价计价依据

(一)公路工程造价计价依据的分类,工程建设定额体系的分类

Ⅰ.单项选择题

1. A

解析:定额、指标有两部分:一部分是实物定额、指标;另一部分是费用定额。公路工程实物定额、指标是指《公路工程预算定额》《公路工程概算定额》《公路工程估算指标》。费用定额是指《公路工程机械台班费用定额》以及《公路工程基本建设项目投资估算编制办法》、《公路工程基本建设项目概算预算编制办法》中规定的各项费用定额。

2. D

解析:计价依据是指用以计算工程造价的基础资料的总称,包括定额、指标、费率、基础单价、工程量数据以及政府主管部门颁发的各种有关经济法规、政策、计价办法等。

3. B

解析:定额、指标有两部分:一部分是实物定额、指标;另一部分是费用定额。公路工程实物定额、指标是指《公路工程预算定额》、《公路工程概算定额》、《公路工程估算指标》。费用定额是指《公路工程机械台班费用定额》以及《公路工程基本建设项目投资估算编制办法》、《公路工程基本建设项目概算预算编制办法》中规定的各项费用定额。

4. D

解析:工程建设定额中的任何一种都是一定时期技术水平和管理水平的反映。

5. B

解析:此题考查工程建设定额体系的各种分类方式,选项 A 考试教材中未涉及,是按费用性质分类的;选项 B 是按其反映的生产要素内容分类;选项 C、D 是按编制程序和用途分类。

6. A

解析:工程建设定额的科学性,首先表现在用科学的态度制定定额,尊重客观实际,力求定额水平合理;其次表现在制定定额的技术方法上,利用现代科学管理的成就,形成一套系统的、完整的、在实践中行之有效的方法;第三表现在定额制定和贯彻的一体化上,制定是为了提供贯彻的依据,贯彻是为了实现管理的目标,也是对定额的信息反馈。

7. D

解析:按定额反映的物质消耗内容分类可以把工程建设定额分为劳动消耗定额、机械消耗定额和材料消耗定额。

8. C

解析:按定额编制程序和用途分类可以把公路工程定额分为施工定额、预算定额、概算定额、投资估算指标。

9. A

解析:工程建设定额按主编单位和管理权限分为:全国统一定额、行业统一定额、地区统一定额和企业定额。

10. A

解析:为了适应组织生产和管理的需要,施工定额的项目划分得很细,是工程建设定额中分项最细、定额子目最多的一种定额,也是工程建设定额中的基础性定额,是编制预算定额的基础。

Ⅱ. 多项选择题

1. ABCD

解析:计价依据是指用以计算工程造价的基础资料的总称,包括定额、指标、费率、基础单价、工程量数据以及政府主管部门颁发的各种有关经济法规、政策、计价办法等。

2. BCD

解析:施工定额属于企业定额,预算定额、概算定额、投资估算指标属于计价性定额。

3. CD

解析:劳动定额的主要表现形式是时间定额,按定额反映的物质消耗内容分类可以把工程建设定额分为劳动消耗定额、机械消耗定额和材料消耗定额。

4. AB

解析:劳动定额的主要表现形式是时间定额,但同时也表现为产量定额。企业定额水平,一般应高于国家现行定额,以满足生产技术发展、企业管理和市场竞争的需要。

Ⅲ. 判断题

1. √

解析:略。

2. √

解析:略。

(二)施工定额的构成及其编制方法

Ⅰ. 单项选择题

1. C

解析:有效工作时间 = 基本工作时间 + 辅助工作时间 + 准备与结束工作时间。

2. A

解析:施工本身造成的停工时间是由于施工组织不善、材料供应不及时、工作面准备的不好、工作地点组织不良等情况引起的停工时间。

3. C

解析:准备与结束工作时间,是执行任务前或任务完成后所消耗的工作时间,如熟悉图纸、准备相应的工具、事后清理场地等。

4. A

解析:接续法测时是连续测定一个施工过程各工序或操作的延续时间,它比选择法测试准确、完善。

5. B

解析:定额时间 = 工序作业时间 ÷(1 - 规范时间所占百分比)。规范时间 = 准备与结束工作时间 + 不可避免的中断时间 + 休息时间。工序作业时间 = 基本工作时间 + 辅助工作时间 = 基本工作时间 ÷(1 - 辅助时间所占百分比)。工序作业时间 = 41.7 ÷(1 - 5%)= 43.9(min)。定额时间 = 43.9 ÷(1 - 3% - 2% - 15%)= 54.87min = 0.114(工日)。每 m^3 砌体勾

缝的产量定额 =1 ÷0.114 =8.772(m^3/工日)。

6.C

解析:工序规范时间 = 准备与结束工作时间 + 不可避免中断时间 + 休息时间 =12 +6 +10 =28(min)。

7.C

解析:休息时间属于定额时间的一部分,并不是停工时间,且休息时间长短不固定。

8.D

解析:材料定额消耗量 = 材料净用量 ×(1 + 场内运输及操作损耗率)=422 ×(1 +1% +2%)=435(kg)。

9.C

解析:机械和人工共同工作时的人工定额 = 机械时间定额 × 班组成员数 $=\frac{1}{200}\times5\times100=$ 2.5(工日/100m^3)。

10.A

解析:施工机械一个台班循环的次数 =8 ×60 ÷2 =240(次),产量定额 = 一个台班循环次数 × 一次循环的产量 × 正常利用系数 =240 ×0.5 ×0.85 =102(m^3/台班)。

11.D

解析:该机械一次循环时间 1 +2 +1 +1 =5(min),一小时循环次数为 60/5 =12(次),产量定额 =8 ×12 ×0.25 ×0.85 =20.4(m^3/台班),时间定额 =1/20.4 =0.049(台班/m^3)。

12.A

解析:机器工作时间中的非定额时间包括多余工作时间,停工时间和违背劳动纪律损失时间。

13.A

解析:这种情况属于有效工作时间中的有根据地降低负荷下工作。

14.A

解析:测时法只用来测定施工过程中循环组成部分工作时间消耗,不研究工人休息、准备与结束及其他非循环的工作时间。

15.B

解析:利用工时规范计算时间定额的公式是定额时间 = 作业时间/(1 - 规范时间%)。

16.C

解析:试验室试验法无法估计到施工现场某些因素对材料消耗量的影响。

17.B

解析:试验室试验法主要用来编制材料净用量定额。

18.C

解析:在编制施工定额时,工序是基本的施工过程,是主要的研究对象。

19.D

解析:组织因素包括施工组织与施工方法、劳动组织、工人技术水平、操作方法和劳动态度、工资分配方式、劳动竞赛等。

20.C

解析:准备与结束工作时间的长短和工作量的大小无关,但和工作内容有关。基本工作时间的长短和工作量的大小成正比。

21. B

解析:偶然工作时间和非施工本身导致的停工时间虽属于损失时间,但在拟订定额时又要适当考虑它的影响。

22. B

解析:计时观察前的准备工作顺序是确定需要进行计时观察的施工过程,对施工过程进行预研究,选择观察对象,准备好必要的用具和表格。

23. B

解析:在材料消耗定额测定方法中,现场技术测定法主要是用于编制材料损耗定额。

24. D

解析:作业时间 = 基本工作时间 + 辅助工作时间 = 61 + 9 = 70(min),规范时间 = 准备与结束工作时间 + 不可避免的中断时间 + 休息时间 = 13 + 6 + 9 = 28(min)。

25. B

解析:计时观察法把施工过程划分为若干个组成部分(一般划分到工序)。施工过程划分的目的是便于计时观察。如果计时观察法的目的是为了研究先进工作法,或是分析影响劳动生产率提高或降低的因素,则必须将施工过程划分到操作以至动作。

Ⅱ. 多项选择题

1. CD

解析:施工定额编制应遵循平均先进性,简明适用性,以专家为主,独立自主四项原则。

2. AC

解析:必须消耗的材料包括直接用于建筑和安装工程的材料,不可避免的场内运输消耗材料和不可避免的施工过程中损耗材料;BD 选项则计入材料预算价格中。

3. ABD

解析:施工定额是一种生产性定额。

4. BD

解析:测时法的观察次数与要求的算术平均值精确度和数列的稳定系数有关。

5. ABCD

解析:人工定额时间包括基本工作时间,辅助工作时间,准备与结束时间,不可避免的中断时间,休息时间。机器定额时间包括有效工作时间,不可避免的无负荷工作时间,不可避免的中断时间。A 选项属于机械定额时间中的不可避免的中断时间;B 属于人工定额时间中的休息时间;C 选项为机械定额时间中的不可避免的无负荷工作时间;D 选项属于不可避免的中断时间。

6. BCD

解析:计时观察法的三项主要内容和要求是对施工工程进行观察、测时,计算实物和劳务产量,记录施工过程所处的施工条件和确定影响工时消耗的因素。

7. ACE

解析:当确定写实记录法的延续时间时,需要重点考虑的因素是测定总延续时间的最小值,被测定的工人或小组的最低数,测定完成产品的最低次数。B、D 选项属于测时法观察次数考虑的因素。

8. BD

解析:简明适用性原则,要求施工定额内容要能满足组织施工生产和计算工人劳动报酬等多种需要。同时,又要简单明了,容易掌握,便于查阅、计算及携带。贯彻定额的简明适用性原则,关键是要做到定额项目设置齐全,项目划分粗细适当。

Ⅲ. 判断题

1. ×

解析:平均先进水平是一种可以鼓励先进、勉励中间、鞭策落后的定额水平,是编制施工定额的理想水平。

2. √

解析:略。

3. ×

解析:定额项目划分的粗细同定额步距的大小关系甚大。为了使定额项目划分和步距合理,常用的、主要的、对工料消耗影响大的定额项目,步距要小一些;反之,则步距要大一些。

4. ×

解析:工作日写实法具有技术简便、费力不多、应用面广和资料全面的优点,是一种在我国采用较广的编制定额的方法。

(三)公路工程估算、概算、预算编制办法的基本内容

Ⅰ. 单项选择题

1. C

解析:公路工程基本建设项目估算、概算、预算编制办法的作用是编制公路基本建设项目投资估算、初步设计概算(或技术设计修正概算)和施工图预算的重要依据,施工招投标的编制工程标底的重要依据,还可以作为施工企业经营管理、投标报价的参考。

2. D

解析:公路交工前养护费指标在编制投资估算时,已综合在相应的指标中,不再计取。

3. C

解析:编制公路基本建设项目概算、预算、估算时,采用结合料稳定的路基和软土等特殊路基处理工程应采用其他路面的费率计算。

4. C

解析:根据公路工程估算、概算、预算编制办法的规定,公路工程造价文件的第一部分建筑安装工程费由 9 项组成。

5. D

解析:设备购置费及其他建设费用取定表中的数据,仅在编制项目建议书投资估算时采用。

Ⅱ. 多项选择题

1. ABC

解析:中高级路面是指沥青混凝土路面、水泥混凝土路面、厂拌沥青碎石路面的面层。

2. AC

解析:投资估算指标、概算、预算定额所列材料一般不计回收,只对按全部材料计价的临时

电力线路、临时电信线路和由于工程规模或工期限制达不到规定周转次数的拱盔、支架、施工金属设备的材料计算回收金额。

3. BC

解析:公路工程造价文件的项目由部分、项、目、节和细目5个层次组成。

Ⅲ. 判断题

1. √

解析:略。

2. √

解析:略。

(四)概算定额、预算定额、施工机械台班费用定额的基本内容,估算指标的基本内容

Ⅰ. 单项选择题

1. B

解析:《公路工程概算定额》包括路基工程、路面工程、隧道工程、涵洞工程、桥梁工程、交通工程及沿线设施和临时工程部分。

2. C

解析:公路工程概算定额项目表中,吊装等金属设备的折旧费以设备摊销费表示。

3. B

解析:各类稳定土基层、级配碎石、级配砾石基层的压实厚度在15cm以内,填隙碎石一层的压实厚度在12cm以内,垫层、其他种类的基层和底基层压实厚度在20cm以内,拖拉机、平地机和压路机的台班消耗按定额数量计算。如超过以上压实厚度进行分层拌和、碾压时,拖拉机、平地机、压路机台班消耗按定额数量加倍计算,每1 000m^2增加3.0工日。

4. C

解析:编制公路隧道工程造价,如洞内工程采用洞外工程定额时,其定额人工工日、机械台班消耗及小型机具使用费应乘以1.26的调整系数。

5. B

解析:公路工程预算定额中,除扼要说明施工的主要操作工序外,均包括准备与结束、场内操作范围内的水平与垂直运输、材料工地小搬运、辅助和零星用工、工具及机械小修、场地清理等工程内容。

6. D

解析:台班折旧费 = 机械预算价格 ×(1 - 残值率)/耐用总台班 = 120 ×(1 - 3%)/5 000 = 232.8(元)。

7. B

解析:机械的台班大修理费 = 大修理一次费用 ×(使用周期 - 1)/耐用总台班 = 4 800 ×(4 - 1)/2 200 = 6.545(元)。

8. B

解析:跨径小于0.5m的灌溉涵已综合在指标中,不得将灌溉作为工程量计算。

9. D

解析:路基土石方工程的其他零星工程,如人工挖土质台阶,耕地填前夯(压)实及填前挖松,整修路拱和边坡,零填及挖方路基碾压,以及零星回填土方路基盲沟,挖出淤泥等多项

工程。

Ⅱ. 多项选择题

1. BCD

解析:定额中各类混凝土均按施工现场拌和进行编制,当采用商品混凝土时,可将相关定额中的水泥、中(粗)砂、碎石的消耗量扣除,并按定额中所列的混凝土消耗量增加商品混凝土的消耗。

2. ABCD

解析:概算定额项目表主要包括工程项目名称及定额单位,工程项目包括工程内容,材料名称、单位和数量,机械名称、单位和数量,人工、单位、代号、数量,定额基价,表注。

3. ABD

解析:根据公路工程预算定额的路基工程章节说明,因路基沉陷需增加填筑的土石方数量,清除表土后,回填至原地面高程所需的土石方数量,为保证路基边缘的压实度需加宽填筑时,所需的土石方数量应由施工组织设计提出,并入路基填方数量内计算。

4. ABC

解析:预算定额的内容包括:总说明,章、节说明,工程定额表及附录。概算定额的内容包括:总说明,章、节说明,工程定额表。颁发定额的文件不能作为定额的组成内容。

5. BC

解析:公路工程机械台班费用定额包括折旧费,大修理费,经常修理费,安装拆卸及辅助设施费,人工消耗,动力燃料消耗,车船使用税。B、C 选项属于动力燃料消耗。A、D 选项属于工地转移费。

6. AD

解析:稳定土厂拌设备、沥青乳化设备、黑色粒料拌和机、沥青混合料拌和设备、混凝土搅拌站(楼)、塔式起重机、施工电梯的安装、拆卸以及拌和设备、混凝土搅拌站(楼)、大型发电机的混凝土基础、沉锭池、散热池等辅助设施和机操作所需的轨道、工作台的设置费用,不在机械的安装拆卸及辅助设施费内,在工程项目中另行计算。

7. ABCD

解析:《公路工程估算指标》(JTG/T M21—2011)路面工程的指标分路面垫层、稳定土基层、其他路面基层、沥青路面、水泥混凝土路面、其他路面、沥青路面镶边及路缘石等项目。挖路槽,培路肩,稳定土拌和站安拆,稳定土拌和料的拌和及运输,沥青混合料拌和站安拆,沥青混合料的拌和及运输、铺筑、压实,透层、封层、磨耗层、保护层、水泥混凝土的拌和及运输,水泥混凝土搅拌站安拆,路肩加固等已综合在指标中。

8. ABD

解析:根据《公路工程估算指标》(JTG/T M21—2011)服务房屋指标单位为平方米,工程量按建设项目所需的服务区、停车工区、养护工区、养护管理所等房屋的建筑面积之和计算,但不包括收费天棚的建筑面积。

Ⅲ. 判断题

1. ×

解析:概算定额项目表形式与预算定额相似,概算定额的表现形式与预算定额表现形式不同。概算定额内容包括:总说明,章、节说明,工程定额表;预算定额内容包括:总说明,章、节说明,工程定额表及附录。

2. ×

解析:《公路工程概算定额》(JTG/T B06-01—2007)是全国公路专业统一定额,它是编制初步设计概算的依据,也是编制建设项目投资估算指标的基础;适用于公路基本建设新建、改建工程;也适用于公路养护的大中修工程。

3. ×

解析:现行《公路工程预算定额》总说明第一条指出:它是编制施工图预算的依据,也是编制工程概算定额(指标)的基础;适用于公路基本建设新建、改建工程,不适用于独立核算执行产品出厂价格的构件厂生产的构配件;对于公路养护的大、中修工程,可参考使用。

4. ×

解析:在编制机械台班单价时,公路工程机械台班费用定额中的不变费用除青海、新疆、西藏等边远地区外,应直接采用。

5. √

解析:略。

(五)人工、材料、机械台班的编制

Ⅰ.单项选择题

1. B

解析:根据《公路工程基本建设项目概算预算编制办法》规定,人工费预算单价由基本工资、工资性补贴、生产工人辅助工资和职工福利费组成。生产工人辅助工资系指生产工人年有效施工天数以外非作业天数的工资,包括开会和执行必要的社会义务时间的工资,职工学习、培训期的工资,调动工作、探亲、休假期间的工资,因气候影响停工期间的工资,女工哺乳期间的工资,病假在六个月以内的工资及产、婚、丧假期的工资,而不是六个月以外的工资。

2. B

解析:人工费预算单价由基本工资、工资性补贴、生产工人辅助工资和职工福利费组成。

3. D

解析:人工费由基本工资、工资性补贴、生产工人辅助工资和职工福利费组成。A、C 选项属于基本工资;B 选项属于工资性补贴。

4. B

解析:生产工人劳动保护费是指按国家有关部门规定标准发放的劳动保护用品的购置费及修理费、徒工服装补贴、防暑降温费、在有碍身体健康环境中施工的保健费用等。

5. C

解析:生产工人辅助工资是指生产工人年有效施工天数以外作业天数的工资,包括开会和执行必要的社会义务时间的工资,职工学习、培训期的工资,调动工作、探亲、休假期间的工资,因气候影响停工期间的工资,女工哺乳期间的工资以及病假在六个月以内的工资及产、婚、丧假期的工资。

6. B

解析:工资性补贴是指按规定标准发放的物价补贴,煤、燃气补贴,交通补贴以及地区津贴等。

7. A

解析:基本工资是指发放生产工人的基本工资、流动施工津贴和生产工人劳动保护费以及为职工缴纳的养老、失业、医疗保险费和住房公积金等。A 选项属于生产工人辅助工资。

8. C

解析:材料预算价格 =(材料原价 + 运杂费)×(1 + 场外运输损耗率)×(1 + 采购及保管费率) - 包装品回收价值,甲地水泥材料单价 =(240 + 20)×(1 + 0.5%)×(1 + 3%) =269.139(元/t),乙地水泥材料单价 =(250 + 15)×(1 + 0.4%)×(1 + 3%) = 274.042(元/t),水泥的材料单价 =(甲地水泥材料单价 × 甲地供货量 + 乙地水泥材料单价 × 乙地供货量)/(甲地供货量 + 乙地供货量) =271.10(元/t)。

9. B

解析:材料预算价格 =(材料原价 + 运杂费)×(1 + 场外运输损耗率)×(1 + 采购及保管费率) - 包装品回收价值 =[5 000 +(1.2 ×80 +24)×1.17]×(1 +3%)×(1 +2.5%) - 250 = 5 176.98(元/t)。

10. D

解析:材料采购及保管费是指材料供应部门在组织采购、供应和保管材料过程中,所需的各项费用及工地仓库的材料储存损耗。

11. B

解析:自采材料原价的计算按预算定额中开采单价加辅助生产间接费和矿产资源税(如有)计算。

12. B

解析:外购的构件、成品及半成品的预算价格,其计算方法与材料相同,但构件(如外购的钢桁梁、钢筋混凝土构件及加工钢材等半成品)的采购保管费率为 1%。

13. D

解析:商品混凝土预算价格的计算方法与材料相同,其采购保管费率为 0。

14. B

解析:材料预算单价计算中,对于单程运距 5km 及以内的汽车运输以及人力场外运输,按预算定额计算运费。

15. A

解析:安装拆卸及辅助设施费指机械在施工现场进行安装、拆卸所需的人工费、材料费、机械费、试运转费以及安装所需的辅助设施费。辅助设施费包括安置机械的基础、底座及固定锚桩等费用。打桩、钻孔机械在施工过程中的过墩、移位等所发生的安装及拆卸费包括在工程项目费之内;稳定土厂拌设备、沥青乳化设备、黑色粒料拌和机、沥青混合料拌和设备、混凝土搅拌站、塔式起重机、施工电梯的安装、拆卸以及拌和设备、混凝土搅拌站、大型发电机的混凝土基础、沉淀池、散热池等辅助设施和机械操作所需的轨道、工作台的设置费用,不在此项费用内,在工程项目中另行计算。

16. D

解析:根据《公路工程基本建设项目概算预算编制办法》规定,可变费用包括机上人员人工费、动力燃料费、车船使用税。D 选项属于不变费用。

17. A

解析:机械的预算单价指机械正常工作一个台班所需消耗的人工、材料、燃料动力和应分摊的费用。包括不变费用、燃料动力费、人工费、养路费及车船使用税。不变费用包括：折旧费、大修理费、经常修理费、安拆及场外运输费。人工费 = 工日数 × 人工单价 = 2 × 69 = 138(元)，燃料费 = 材料消耗量 × 材料单价 = 98.06 × 7.5 = 735.45(元)，台班车船使用税 = 车船使用税 × 计算吨位 ÷ 年工作台班 = 60 × 15.8 ÷ 200 = 4.74(元)。机械的预算单价 = 不变费用 + 人工费 + 燃料费 + 车船使用税 = 440.68 + 138 + 735.45 + 4.74 = 1 318.37(元)。

Ⅱ.多项选择题

1. BC

解析：人工费预算单价由基本工资、工资性补贴、生产工人辅助工资和职工福利费组成。

2. ABC

解析：工资性补贴是指按规定标准发放的物价补贴，煤、燃气补贴，交通补贴以及地区津贴等。

3. ABD

解析：基本工资是指发放生产工人的基本工资、流动施工津贴和生产工人劳动保护费以及为职工缴纳的养老、失业、医疗保险费和住房公积金等。

4. BD

解析：材料预算价格由材料原价、运杂费、场外运输损耗、采购及仓库保管费组成。

5. ACD

解析：运杂费是指材料自供应地点至工地仓库的运杂费用，包括装卸费，运费。如果发生，还应计囤存费及其他杂费（如过磅、标签、支撑加固、路桥通行等费用）。

6. BCD

解析：材料预算价格 =（材料原价 + 运杂费）×（1 + 场外运输损耗率）×（1 + 采购及保管费率）－ 包装品回收价值。C、D 选项与 B 选项算式相同。

7. BC

解析：自采材料预算单价中的原价计算是在概预算表格的自采材料料场价格计算表中进行的；自采材料预算单价的计算是在概预算表格的材料预算单价计算表中进行的。

8. BD

解析：施工机械台班预算价格包括不变费用和可变费用。不变费用包括折旧费、大修理费、经常修理费、安装拆卸及辅助设施费等；可变费用包括机上人员人工费、动力燃料费、车船使用税。

9. AC

解析：施工机械台班预算价格包括不变费用和可变费用。不变费用包括折旧费、大修理费、经常修理费、安装拆卸及辅助设施费等；可变费用包括机上人员人工费、动力燃料费、车船使用税。

10. ACD

解析：施工机械台班预算价格包括不变费用和可变费用。不变费用包括折旧费、大修理费、经常修理费、安装拆卸及辅助设施费等；可变费用包括机上人员人工费、动力燃料费、车船使用税。

11. CD

解析：施工机械台班预算价格包括不变费用和可变费用。不变费用包括折旧费、大修理费、经常修理费、安装拆卸及辅助设施费等;可变费用包括机上人员人工费、动力燃料费、车船使用税。

Ⅲ. 判断题

1. ×

解析:生产工人职工福利费系指按国家规定标准计提的职工福利费。

2. √

解析:略。

3. ×

解析:台班人工费工日单价同生产工人人工费单价。

(六)预算定额的编制,了解概算定额和估算指标的编制

Ⅰ. 单项选择题

1. B

解析:机械台班产量定额 = 每小时循环次数 × 一次循环产量 × 机械正常利用系数 × 一个台班工作时间(8 小时) $= 60 \times 60 \div 40 \times 0.3 \times 0.8 \times 8 = 172.8$($m^3$/台班),预算机械时间定额 = 施工机械时间定额 ×(1 + 幅度差)$= 1 \div 172.8 \times (1 + 25\%) = 7.23 \times 10^{-3}$(台班/$m^3$),机械挖土方 2 000$m^3$ 的预算定额机械耗用台班量 = 2 000 × 预算机械时间定额 $= 2\,000 \times 7.23 \times 10^{-3} = 14.46$(台班)。

2. A

解析:预算定额是确定建筑安装工程造价的基础,预算定额中人工工日消耗量的确定需要考虑人工幅度差。概算定额是以扩大的分部分项工程为编制对象的,投资估算指标是概算定额的扩大与合并。

3. B

解析:预算定额的编制原则:①按社会平均水平确定预算定额水平的原则;②简明适用的原则;③坚持统一性和差别性相结合的原则;④专家编审的原则;⑤与公路建设相适应的原则;⑥贯彻国家政策法规的原则。

4. A

解析:预算定额的人工幅度差主要是指预算定额人工工日消耗量与施工劳动定额人工工日消耗量之差。

5. D

解析:概算定额是初步设计阶段编制建设项目概算和技术设计阶段编制修正概算的依据。由预算定额综合为概算定额需要考虑幅度差。

6. B

解析:概算定额的编制原则:①贯彻社会平均水平的原则;②简明适用原则;③专家编审原则;④与设计深度相适应的原则;⑤满足概算能控制工程造价的原则;⑥贯彻国家政策、法规的原则。

7. D

解析:以独立的单项工程或完整的工程项目为对象编制的定额是估算指标。

Ⅱ. 多项选择题

1. BCD

解析:简明适用,一是指编制预算定额时,对于那些主要的、常用的、价值量大的项目,分项工程划分宜细;对于那些次要的、不常用的、价值量相对较小的项目,则可以粗一些。二是指预算定额要项目齐全,要注意补充那些因采用新技术、新结构、新材料而出现的新的定额项目。三是要求合理确定预算定额的计算单位,简化工程量的计算,尽可能地避免同一种材料用不同的计量单位和一量多用。

2. BCD

解析:机械台班幅度差包括以下各种因素:正常施工组织情况下不可避免的机械空转、技术中断及合理停置时间;必要的备用台数造成的闲置台班;由于气候关系或排除故障影响台时利用;工地范围内机械转移的台时及自行式机械转移时所需的运载牵引工具;配套机械相互影响所损失的时间及停车场至工作地点超定额运距所需的时间;施工初期限于条件所造成的效率差及结尾时工程量不饱满所损失的时间;因供电供水故障及水电线路的移动检修而发生的运转中断;不同厂牌机械的效率差、机械不配套造成的效率差;工程质量检查的影响。

3. ABC

解析:预算定额的编制依据:①国家的有关规定;②技术标准和规范;③设计施工图纸;④公路工程施工定额;⑤其他相关资料。

4. ABD

解析:估算指标的编制依据有交通运输部颁发的《水运、公路建设项目可行性研究报告编制办法》,工程图纸或资料,施工方案。

Ⅲ. 判断题

1. ×

解析:预算定额是施工单位进行经济活动分析的依据,其规定的物化劳动和劳动消耗指标,是施工单位在生产经营中允许消耗的最高标准。

2. √

解析:略。

(七)国内公路工程标准施工招标文件的基本内容,国外公路工程标准施工招标文件的基本内容,工程量清单及计价规范

Ⅰ. 单项选择题

1. C

解析:《公路工程标准施工招标文件》(2009 年)由四卷八章组成,其中图纸属于第三卷,第七章。

2. B

解析:第一卷合同,第二卷技术规格书,第三卷投标书格式及其附件、辅助资料表和工程量清单,第四卷图纸,第五卷参考资料。

3. D

解析:计量规范部分分为九个专业:①房屋建筑与装饰工程;②仿古建筑工程;③通用安装工程;④市政工程;⑤园林绿化工程;⑥矿山工程;⑦构筑物工程;⑧城市轨道交通工程;⑨爆破工程。每个专业的计量规范又由总则、术语、一般规定、分部分项工程和措施项目和附录组成。

Ⅱ. 多项选择题

1. ABCD

解析:国际工程项目的招标文件一般分为5卷:

第一卷合同,包括招标邀请书、投标人须知,合同条件(通用条件和专用条件)以及合同表格格式。

第二卷技术规格书,施工对象、材料、工艺特点和质量要求,施工程序和施工方法、施工组织计划。

第三卷投标书格式及其附件、辅助资料表和工程量清单,其中工程量清单包括:工程量清单的编制原则、暂定金额、临时工程量等,工程量清单的编制原则:工程量清单是招标文件的主要组成部分,其分部分项工程的划分和次序与技术规格书是完全对应的、一致的。绝大部分土建项目的招标文件中都有工程量清单表。国际上大部分工程项目的划分和计算方法是采用《建筑工程工程量计算原则(国际通用)》或以英国《建筑工程工程量计算方法》。

第四卷图纸,图纸是和第二卷技术规格书以及第三卷工程量清单相关联的。

第五卷参考资料,和施工有关的水文、气象、气候、地质、地理、取土位置等。

2. BC

解析:《建设工程工程量清单计价规范》(GB 50500—2013)编制遵循的工程量计价原则是:①依法原则;②权责对等原则;③公平交易原则;④可操作性原则;⑤从约原则。

Ⅲ. 判断题

√

解析:略。

(八)工程造价信息管理的基本内容

Ⅰ. 单项选择题

1. B

解析:建立工程造价资料数据库,首要的问题是工程分类与编码。

2. A

解析:数量指标指数是综合反映现象总的规模和水平变动情况的指数,如商品销售量指数、工业产品产量指数、职工人数指数等。

3. B

解析:根据统计学的一般原理,确定同度量因素的一般原则是:质量指标指数应当以报告期的数量指标作为同度量因素,即使用派氏公式,计算公式为 $K_P=\dfrac{\sum q_1p_1}{\sum q_1p_0}$,即:

$$设备、工具器具价格指数=\frac{\sum(报告期设备、工具、器具单价\times报告期购置数量)}{\sum(基期设备、工具、器具单价\times报告期购置数量)}$$

$$=\frac{110\times5+78\times8+48\times12+10\times65}{100\times5+75\times8+50\times12+8\times65}=108.11\%$$

4. C

解析:建设项目工程造价指数 =

$$\frac{报告期建设项目工程造价}{\dfrac{报告期建筑安装工程费}{建筑安装工程造价指数}+\dfrac{报告设备、工具、器具费}{设备、工具、器具价格指数}+\dfrac{报告期工程建设其他费用}{工程建设其他费用指数}}$$

$$=\frac{4\,000}{\dfrac{2\,400}{108\%}+\dfrac{1\,360}{102\%}+\dfrac{240}{105\%}}=105.8\%$$

5. B

解析:环比指数是以前一时期为基期计算的指数,表明社会经济现象对上一期或前一期的综合变动的指数。

6. A

解析:工程造价信息按管理组织的角度来分,可以分为系统化工程造价信息和非系统化工程造价信息。

7. A

解析:工程造价资料的运用:①作为编制固定资产投资计划的参考,用作建设成本分析;②进行投资效益分析;③用作编制投资估算的重要依据;④用作编制初步设计概算和审查施工图预算的重要依据;⑤用作确定招标控制价和投标报价的参考资料;⑥用作技术经济分析的基础资料;⑦用作编制各类定额的基础资料;⑧用以测定调价系数、编制造价系数。

8. C

解析:质量指标指数是综合反应现象相对水平或平均水平变动情况的指数,如产品成本指数、价格指数、平均工资水平指数等。

Ⅱ. 多项选择题

1. CD

解析:机械价格信息包括设备市场价格信息和设备租赁市场价格信息两部分,后者对于工程计价更重要;已完工程信息是指已完或在建工程的各种造价信息,可以为拟建工程或在建工程造价提供依据。

2. AC

解析:工程造价信息按稳定程度分类可以分为固定工程造价信息和流动工程造价信息。

3. ACD

解析:工程造价信息的内容包括价格信息,指数,已完工程信息。

4. AC

解析:总指数是综合反映不能同度量现象的动态变化的指数,如工业总产量指数、社会商品零售价格总指数。个体指数包括人工费指数、材料费指数、施工机械使用费指数、措施费指数、间接费指数、工程建设其他费用指数。

Ⅲ. 判断题

解析:略。

三、公路建设项目决策阶段工程造价的计价与控制

(一)投资估算的编制

Ⅰ.单项选择题

1. A

解析:此题考察国内外投资估算的阶段划分及其精度要求,考生可按下表总结的内容记忆。

国内外投资估算的阶段划分与精度要求				
阶段 项目	国外	投资估算 精度要求	我国	投资估算 精度要求
第一阶段	投资设想	±30%	项目规划阶段	±30%
第二阶段	机会研究	±30%	项目建议书阶段	±30%
第三阶段	初步可行性研究	±20%	初步可行性研究	±20%
第四阶段	详细可行性研究	±10%	详细可行性研究	±10%
第五阶段	工程设计阶段	±5%	—	—

2. A

解析:同上题。

3. A

解析:静态投资部分的估算方法包括:①单位生产能力估算法。依据调查的统计资料,利用相近规模的单位生产能力投资乘以建设规模,即得拟建项目静态投资;②生产能力指数法。又称指数估算法,它是根据已建成的类似项目生产能力和投资额来粗略估算拟建项目静态投资额的方法,是对单位生产能力估算法的改进;③系数估算法。也称为因子估算法,它是以拟建项目的主体工程费或主要设备购置费为基数,以其他工程费占主体工程费的百分比为系数估算项目静态投资的方法;④比例估算法。根据统计资料,先求出已有同类企业主要设备投资占项目静态投资的比例,然后再估算出拟建项目的主要设备投资,即可按比例求出拟建项目的静态投资;⑤指标估算法。这种方法是把建设项目划分为建筑工程、设备安装工程、设备购置费及工程建设其他费用等费用项目或单位工程,再根据各种具体的投资估算指标,进行各项费用项目或单位工程投资的估算,在此基础上,可汇总成每一单项工程的投资。另外,再估算工程建设其他费用及基本预备费,即求得建设项目静态投资。

4. D

解析:$\frac{C_2 - C_1}{C_1} = \left(\frac{Q_2}{Q_1}\right)^n \times f - 1 = \left(\frac{3Q_1 + Q_1}{Q_1}\right)^{0.6} - 1 = 4^{0.6} - 1 = 1.3$

5. C

解析:汇率变化对涉外建设项目动态投资的影响及计算方法:①外币对人民币升值:项目

从国外市场购买设备材料所支付的外币金额不变,但换算成人民币的金额增加;从国外借款,本息所支付的外币金额不变,但换算成人民币的金额增加。②外币对人民币贬值:项目从国外市场购买设备材料所支付的外币金额不变,但换算成人民币的金额减少;从国外借款,本息所支付的外币金额不变,但换算成人民币的金额减少。

6. A

解析:编制投资估算必须严格执行国家有关的公路基本建设工程的方针、政策和公路工程造价管理制度,符合公路工程技术标准、设计施工技术规范。编制依据主要有以下几个方面:

①经相关部门批准的项目建议书及投资估算文件(工程可行性研究报告阶段);

②通过踏勘调查和必要的测量、地质钻探确定的路线方案而提出的拟建项目各单项工程的建设内容及主要工程数量;

③建设项目总体实施规划与要求或施工组织规划设计;

④交通运输部颁布的《公路工程估算指标》《公路工程基本建设项目投资估算编制办法》《公路工程概算定额》《公路工程预算定额》《公路工程机械台班费用定额》等计价依据;

⑤当地交通主管部门及公路(交通)工程造价(定额)管理机构发布的人工费单价、材料供应价格信息及有关规定;

⑥当地人民政府颁布的征地、拆迁赔偿标准和有关规定;

⑦国家颁布的《工程勘察设计收费标准》及有关各项计算的规定;

⑧编制项目建议书或可行性研究报告的委托书、合同或协议书的有关规定和要求;

⑨建设项目的主管部门或建设单位,对拟建项目投资估算有关的通知和要求。

7. A

解析:此题考查公路基本建设程序与公路工程造价测算之间的对应关系。

8. B

解析:建设投资动态部分主要包括价格变动可能增加的投资额(价差预备费)、建设期利息两部分内容,如果是涉外项目,还应该计算汇率的影响。动态部分的估算应以基准年静态投资的资金使用计划为基础来计算,而不是以编制年的静态投资为基础计算。静态投资额 = 1 000 + 500 + 300 + 100 + 20 = 1 920(万元)。

9. A

解析:此题考查生产能力指数法的公式。

$$C_2 = C_1 \times \left(\frac{Q_2}{Q_1}\right)^n \times f = 4\,000 \times \left(\frac{50}{10}\right)^{0.8} \times (1 + 4\%)^4 = 16\,958(\text{万元})$$

10. C

解析:应收账款 = 年销售收入 ÷ 应收账款周转次数;预付账款 = 外购商品或服务年费用金额 ÷ 预付账款周转次数;产成品 = (年经营成本 − 年营业费用) ÷ 产成品周转次数;流动资产 = 应收账款 + 预付账款 + 存货 + 现金。

11. C

解析:流动资金估算一般采用分项详细估算法。个别情况或者小型项目可采用扩大指标法。

12. B

解析:建设投资动态部分主要包括价格变动可能增加的投资额、建设期利息两部分内容。

如果是涉外项目,还应该计算汇率的影响。动态投资额 = 30 + 60 = 90(万元)。

Ⅱ. 多项选择题

1. CD

解析:固定资产投资可分为静态投资部分和动态投资部分。价差预备费、建设期贷款利息和固定资产投资方向调节税构成动态投资部分;其余部分为静态投资部分。

2. ABCD

解析:建设投资动态部分主要包括价格变动可能增加的投资额、建设期利息两部分内容。如果是涉外项目,还应该计算汇率的影响。动态投资的估算应以基准年静态投资的资金使用计划为基础来计算,而不是以编制年的静态投资为基础计算。估计汇率变化对建设项目投资的影响,是通过预测汇率在项目建设期内的变动程度,以估算年份的投资额为基数,计算求得。

3. AB

解析:分项详细估算法是对流动资产和流动负债的主要构成要素(即存货、现金、应收账款、预付账款以及应付账款和预收账款等几项内容)分项进行估算。其中流动资产 = 应收账款 + 预付账款 + 存货 + 现金。

4. CD

解析:分项详细估算法是对流动资产和流动负债的主要构成要素(即存货、现金、应收账款、预付账款以及应付账款和预收账款等几项内容)分项进行估算。其中流动负债 = 应付账款 + 预收账款。

Ⅲ. 判断题

1. √

解析:略。

2. √

解析:单位生产能力估算法把项目的建设投资与其生产能力的关系视为简单的线性关系,估算结果精确度较差;系数估算法简单易行,但精度较低,一般用于项目建议书阶段。

3. √

解析:略。

(二)决策阶段影响工程造价的主要因素

Ⅰ. 单项选择题

1. C

解析:大多数工业交通项目应采用中等适用的标准,对少数引进国外先进技术和设备的项目或少数有特殊要求的项目,标准可适当高些。

2. D

解析:设计车速是决定公路几何形状的基本依据。曲线半径、超高和视距等技术指标都直接与设计车速有关。设计车速是技术标准中最重要的指标,对工程费用和运输效率的影响最大。

3. A

解析:路线方案是公路设计中最根本的问题。方案是否合理,直接影响工程造价的高低、建设工期的长短、建设质量的好坏,还影响到项目建成后的运输效率的高低。

4. C

解析:此题需要考生仔细读题:选项 C 是设备选用比选的内容,不是路线方案技术经济比选的内容。在路线方案比选中,对一些工程量较大的路段,应单独拿出来作方案比选,主要包括以下几点:①高路堤与高架桥方案的比选;②深挖与隧道方案的比选;③分离式路基与整体式路基的比选;④大桥、特大桥桥型方案比选。

5. C

解析:在设备选用中,应注意处理好以下问题:①要尽量选用国产设备;②要注意进口设备之间以及国内外设备之间的衔接配套问题;③要注意进口设备与原有国产设备之间的配套问题;④要注意进口设备与原材料、备用备件及维修能力之间的配套问题,尽量避免引进的设备所用主要原料需要进口。

6. D

解析:项目决策阶段影响工程造价的主要影响因素包括:①公路建设规模和技术标准;②建设地点及工程方案;③设备方案;④环境保护措施;⑤施工组织规划设计。

7. B

解析:建设项目决策与工程造价的关系主要体现在以下四个方面:①项目决策的正确性是工程造价合理性的前提;②项目决策的内容是决定项目造价的基础;③工程造价是影响项目决策的因素之一;④项目决策的深度影响工程造价的控制效果。

8. C

解析:项目决策阶段影响工程造价的主要影响因素包括:①公路建设规模和技术标准;②建设地点及工程方案;③设备方案;④环境保护措施;⑤施工组织规划设计。设计阶段影响工程造价的主要因素包括:①总体设计;②路线设计;③路基路面和排水设计;④桥梁、涵洞和隧道设计;⑤路线交叉设计;⑥交通工程及沿线设施设计;⑦施工组织设计。

Ⅱ. 多项选择题

1. AD

解析:公路环境治理投资包括治理环境污染的投资和保护环境的投资,即 AD 选项;BC 选项是其具体内容。

2. ABCD

解析:对环境治理的各局部方案和总体方案进行技术经济比较,并作出综合评价。比较、评价的主要内容有:①技术水平对比,分析对比不同环境保护治理方案所采用的技术和设备的先进性、适用性、可靠性和可得性。②治理效果对比,分析对比不同环境保护治理方案在治理前及治理后环境指标的变化情况以及能满足环境保护法律法规的要求。③管理及监测方式对比,分析对比各治理方案所采用的管理和监测方式的优、缺点。④环境效益对比,将环境治理保护所需投资和环保措施运行费用与所获得的收益相比较。效益费用比值较大的方案为优。

3. ABCDE

解析:按照编制公路工程可行性研究报告的规定与要求,施工组织规划设计需要论述和研究的主要内容包括以下几个方面:①勘测设计计划,如应实行几阶段设计,各设计阶段完成勘察设计任务的具体时间,应由哪一级的勘察设计单位承担。②分期建设的思想。为提高建设项目的投资效益和社会效益,说明分期建设和分段通车的可能性和必要性。③施工进度计划,如合理的建设工期,计划开竣工的时间,分年度完成的投资计划和贷款使用计划等。④现场施工平面规划设计,如适当的标段划分,合理可行的施工方法,取土场、弃土场、大型混凝土构件预制场、路面混合料拌和场、材料堆放场、施工等单位驻地的选定,使之具有一个良好的施工环境。⑤实施方法,如采用哪种招标方式,组织管理模式,实行工程监理的意见等。

4. ABD

解析:不同的建设规模和技术标准,对应不同的工程造价。公路建设项目在确定建设规模和技术标准时,应综合考虑成本效益,根据公路的功能、交通量服务水平以及安全环保、可持续发展等社会效益进行全过程、全方位的综合论证,使公路的综合效益最佳。

5. ACD

解析:随着高等级公路的修建,设备购置费用在公路建设项目总造价中不断提高。设备方案是影响公路造价的主要因素之一。

Ⅲ. 判断题

√

解析:略。

(三)各类财务基础数据的测算

Ⅰ. 单项选择题

1. A

解析:总成本费用 = 经营成本 + 折旧费 + 摊销费 + 利息支出 =(外购原材料、燃料和动力费 + 工资及福利费 + 修理费 + 其他费用) + 折旧费 + 摊销费 + 利息支出;而固定成本是指不随产品产量变化的各项成本费用,不变成本是指随产品产量变化的各项成本费用。故:总成本费用中外购原材料、燃料和动力费 + 计件工资及福利费属于可变成本;计时工资及福利费 + 修理费 + 其他费用 + 折旧费 + 摊销费 + 利息支出属于固定成本。

2. C

解析:经营成本 = 总成本费用 − 折旧费 − 摊销费 − 利息支出 = 8 000 − 800 − 200 − (2 000 × 8% + 3 000 × 7%) = 6 630(万元)。

3. C

解析:建设期末借款本金之和为 1 000 + 200 = 1 200(万元),则每年等额还本金为 1 200/5 = 240(万元);

每年支付的利息需逐年计算:

第一年应付利息 = 第一年初借款余额 × 8% = 1 200 × 8% = 96(万元);

第二年应付利息 = 第二年初借款余额 × 8% = (1 200 − 240) × 8% = 76.8(万元);

第三年应付利息 = 第三年初借款余额 × 8% = (1 200 − 240 × 2) × 8% = 57.6(万元);

第四年应付利息 = 第四年初借款余额 × 8% = (1 200 − 240 × 3) × 8% = 38.4(万元);

第五年应付利息 = 第五年初借款余额 × 8% = (1 200 − 240 × 4) × 8% = 19.2(万元)。

也可采用列表的方式计算:

项目	1	2	3	4	5
期初借款余额(万元)	1 200	960	720	480	240
当期应还本付息(万元)	336	316.8	297.6	278.4	259.2
其中:还本(万元)	240	240	240	240	240
付息(万元)	96	76.8	57.6	38.4	19.2
期末借款余额(万元)	960	720	480	240	0

4. B

解析:等额还本付息方式:$A=2\,000(A/F,10\%,5)=2\,000\times\dfrac{10\%(1+10\%)^5}{(1+10\%)^5-1}=527.6$(万元)。

5. C

解析:经营成本 = 总成本费用 - 折旧费 - 摊销费 - 利息支出;或经营成本 = 外购原材料、燃料和动力费 + 工资及福利费 + 修理费 + 其他费用。

6. D

解析:净利润可以用于提取盈余公积金和公益金以及向投资者分配,剩余的部分称为未分配利润。用于归还贷款的利润,一般应是经过利润分配程序后的未分配利润。如果是股份制企业需要向股东支付股利,则应从未分配利润中扣除分配给投资者的利润,然后归还贷款。项目投资初期,如果还款资金缺口较大时,也可暂时不提取公积金。

7. C

解析:

每年还本付息额 $=1\,500(A/F,8\%,4)=1\,500\times\dfrac{8\%(1+8\%)^4}{(1+8\%)^4-1}=452.88$(万元);

第一年应付利息 = 第一年初借款余额 ×8% =1 500 ×8% =120(万元);

则第一年偿还本金 =452.88 -120 =332.88(万元);

第二年应付利息 = 第二年初借款余额 ×8% =(1 500 -332.88) ×8% =93.37(万元);

则第二年偿还本金 =452.88 -93.37 =359.51(万元);

第三年应付利息 = 第三年初借款余额 ×8% =(1 500 -332.88 -359.51) ×8% =64.61(万元);

则第二年偿还本金 =452.88 -64.61 =388.27(万元);

第四年应付利息 = 第四年初借款余额 ×8% =(1 500 -332.88 -359.51 -388.27) ×8% =33.55(万元);

则第四年偿还本金 =452.88 -33.55 =419.33(万元)。

也可采用列表的方式计算:

项目	1	2	3	4
期初借款余额(万元)	1 500	1 167.12	807.61	419.34
当期应还本付息(万元)	452.88	452.88	452.88	452.88
其中:还本(万元)	332.88	359.51	388.27	419.33
付息(万元)	120	93.37	64.61	33.55
期末借款余额(万元)	1 167.12	807.61	419.34	0

8. C

解析:流动资金估算一般采用分项详细估算法。计算公式为:流动资金 = 流动资产 - 流动负债;流动资产 = 应收账款 + 预付账款 + 存货 + 现金;流动负债 = 应付账款 + 预收账款。所以该项目流动资金估算额 =(450 +280 +300 +100) -(150 +350) =630(万元)。

9. B

解析:经营成本 = 总成本费用 - 折旧费 - 摊销费 - 利息支出 =2 700 -300 -120 -70 =2 210(万元)。

10. B

解析:营业税、消费税、资源税和城市维护建设税、教育费附加均可包含在营业税金及附加中。

11. C

解析:应纳税所得额 = 1 000 - 840 - 1 000 × 3.3% = 127(万元),应缴纳的所得税 = 127 × 33% = 41.91(万元)。

12. C

解析:流动资产 = 应收账款 + 预付账款 + 存货 + 现金;流动负债 = 应付账款 + 预收账款。所以该项目的流动资产 = 450 + 280 + 300 + 100 = 1 130(万元)。

13. C

解析:流动负债 = 应付账款 + 预收账款。所以该项目的流动负债 = 150 + 350 = 500(万元)。

Ⅱ. 多项选择题

1. ACE

解析:根据国家现行财税制度的规定,贷款还本的资金来源主要包括:可用于归还借款的利润、固定资产折旧、无形资产和其他资产摊销以及其他还款资金来源。其他还款资金是指按有关规定可以用减免的营业税作为偿还贷款的资金来源。

2. CDE

解析:总成本费用采用生产成本加期间费用法时,生产成本 = 直接材料费 + 直接燃料和动力费 + 直接工资 + 其他直接支出 + 制造费用;期间费用 = 管理费用 + 营业费用 + 财务费用。

3. CDE

解析:总成本费用 = 经营成本 + 折旧费 + 摊销费 + 利息支出 = (外购原材料、燃料和动力费 + 工资及福利费 + 修理费 + 其他费用) + 折旧费 + 摊销费 + 利息支出;而固定成本是指不随产品产量变化的各项成本费用,可变成本是指随产品产量变化的各项成本费用。故:总成本费用中外购原材料、燃料和动力费 + 计件工资及福利费属于可变成本;计时工资及福利费 + 修理费 + 其他费用 + 折旧费 + 摊销费 + 利息支出属于固定成本。

Ⅲ. 判断题

1. √

解析:略。

2. √

解析:略。

3. √

解析:略。

(四)建设项目经济评价的内容

Ⅰ. 单项选择题

1. D

解析:在经济费用效益分析中采用以影子价格体系为基础的预测价格,计算期内各年均采用基年(开工前一年)价格,不考虑通货膨胀因素的影响。

2. B

解析:经济费用效益分析中,由于工程建设的投资支出不是一次性支付,而是分年度逐次支付的，所以要把各年度实际发生的工程建设成本按社会折现率折合为现在值。

3. C

解析：此题的干扰项是选项 D，FYRR 中的 F 指的是 First 而不是 Financial。公路项目经济费用效益分析的指标有经济内部收益率（ENPV），经济净现值（EIRR），经济效益费用比（EBCR），投资回收期（F），最佳建设时机（FYRR）。财务效益费用比（FBCR）属于财务分析评价指标。

4. D

解析：敏感性分析结果能抵御费用和效益双向 20% 的不利变化，表明项目经济抗风险能力很强；敏感性分析结果能抵御费用和效益双向 10% 的不利变化；敏感性分析结果能抵御费用和效益单向 10% 的不利变化，表明项目经济抗风险能力一般；不能抵御费用和效益单向 10% 的不利变化，表明项目经济抗风险能力较弱。

5. D

解析：公路建设项目经济评价所采用的数据，大部分来自预测和估算，为分析不确定性因素对公路项目评价指标的影响，需进行敏感性分析，以估计项目可能承担的经济风险。

6. C

解析：土地机会成本按拟建项目占用土地用国民经济为此放弃的“最佳替代用途”的净效益来计算。净效益 = 收益 - 支出。

7. B

解析：影子工资是指项目使用劳动力，国家和社会为此付出的代价。影子工资主要包括劳动力的机会成本和新增资源消耗。劳动力的机会成本是指劳动力不被拟建公路项目使用时，他在原来岗位为社会创造的净效益。用于公路建设项目的技术和非技术劳动力影子工资换算系数是不同的。

8. D

解析：公路项目经济费用效益分析中的特殊投入物包括土地、外汇、劳动力。

9. B

解析：选项 A：项目经济费用效益分析中需要对主要投入物确定其影子价格。选项 C：由国家行政主管部门统一测定并发布的社会折现率和影子汇率换算系数，在各类建设项目的经济费用效益分析中必须采用；影子工资换算系数和土地影子价格在各类建设项目的经济费用效益分析中可以参考采用。选项 D：对于改扩建公路建设项目的经济费用效益分析，应采用增量经济内部收率、增量经济净现值来分析。

10. C

解析：此题考查公路建设项目经济效益的三种计算方法：①相关路线法是在确定与拟建项目相关的原有公路路线基础上，通过有无比较，计算项目产生的经济效益。②路段费用法，是通过公路使用者在“无项目”情况下和“有项目”情况下使用影响区域路网费用的比较，计算项目产生的经济效益，其具体计算是针对路网逐个路段计算并汇总。③OD 矩阵法，是以“无项目”情况下和“有项目”情况下路网的汽车运营费用、运行时间矩阵和交通量矩阵为基础，计算项目产生的经济效益；其中汽车运营成本费用和运行时间采用全部交通量分配到路网上之后的数据；OD 矩阵法可以计算汽车运营成本节约效益和旅客节约时间效益，但是减少交通事故效益还需要相关路线法或路段费用法来计算。

11. B

解析:同上题。

12. C

解析:当经济内部收益率大于或等于社会折现率时,说明项目所占用的投资对国民经济净贡献能力可达到要求,即从国民经济角度看项目应予接受;反之,应予拒绝。

13. C

解析:此题考查 EBCR 的评价判据:当 EBCR 等于 1 时,说明项目的经济效益现值与经济费用相等;当 EBCR >1 时,说明项目的经济效益现值大于经济费用现值,具有社会盈余,项目可行;当 EBCR <1 时,说明项目具有的社会盈余不足以抵偿项目的投入,项目不可接受。EBCR 在任何情况下都不会小于 0。

14. B

解析:若 FYRR 大于社会折现率,表明项目建设时机已成熟。

15. D

解析:按经济费用与效益划分原则,项目实际征地费用可以划分为三部分:①属于机会成本性质的费用,如土地补偿费、青苗补偿费等。②新增资源消耗费用,如拆迁补偿费、农民安置补助费等。③转移支付费用,如菜地开发基金,耕地占用税等。

Ⅱ. 多项选择题

1. ABC

解析:经济费用效益分析与财务分析的区别:

	财务分析	经济费用效益分析
评价角度	站在企业角度	在国家角度
费用计算	财务费用	经济费用
效益计算	财务收入	经济效益
评价指标	财务净现值(FNPV)、财务内部收益率(FIRR)、财务效益费用比(FBCR)	经济净现值(ENPV)、经济内部收益率(EIRR)、经济效益费用比(EBCR)
价格计算	市场价格	影子价格
贴现率	因行业而异的财务基准收益率	国家统一测定的社会贴现率
汇率	官方汇率	影子汇率

2. BE

解析:项目经济费用效益分析中需要对主要投入物确定其影子价格。由国家行政主管部门统一测定并发布的社会折现率和影子汇率换算系数在各类建设项目经济费用效益分析中必须采用。影子工资换算系数和土地应在价格在各类建设项目的经济费用效益分析中可以参考采用。对于改扩建公路建设项目的经济费用效益分析,应采用增量经济内部收率,增量经济净现值来分析。

3. ACD

解析:经济评价参数包括计算、衡量项目的经济费用效益的各类计算参数和判定项目经济合理性的判据参数。社会折现率是建设项目在经济费用效益分析中的判据参数,社会折现率就是资金的影子价格。在经济评价中用到的计算参数主要有:影子汇率换算系数、影子工资换算系数和土地的影子价格。

Ⅲ.判断题

1. ×

解析:公路建设项目只对收费公路进行财务分析。

2. ×

解析:对运营期的投入物和产出物价格,由于运营期比较长,在前期研究阶段对将来的物价上涨水平较难预测,预测结果的可靠性也难以保证,因此一般只预测到经营期初的价格,且运营期各年采用同一不变价格。

3. ×

解析:结合当前的实际情况,国家发展改革委和建设部在《建设项目经济评价方法与参数》(第三版)中,测定当前的社会折现率为8%;对于受益期长的建设项目,如果远期效益较大,效益实现的风险较小,社会折现率可适当降低,但不应低于6%。

(五)建设项目财务分析报表的编制

Ⅰ.单项选择题

1. B

解析:资产负债表中资产组成项有流动资产总额、在建工程、固定资产净值、无形及其他资产净值。货币资金属于资产负债表的流动资产项目。

2. C

解析:所得税后净现金流量 = 该年所得税前净现金流量 - 调整所得税,即扣除项为调整所得税;而调整所得税 = 息税前利润 × 所得税率;息税前利润 = 利润总额 + 利息支出 = 净利润 + 所得税 + 利息支出。

3. C

解析:项目投资现金流量表和项目资本金现金流量表的主要区别在于项目投资现金流量表用于项目融资前分析,项目资本金现金流量表用于项目融资后分析。

4. B

解析:此题考查编制投资各方现金流量表的立角点。现金流出是出资方因项目的实施将实际投入的各种支出,包括投资各方实缴资本、租赁给项目使用的资产价值以及其他支出。

5. C

解析:资产负债表中的资产、负债及所有者权益三项之间的关系是资产 = 所有者权益 + 负债。

6. B

解析:所有者权益包括资本金、资本公积金、累计盈余公积金和累计未分配利润。

7. D

解析:财务生存能力分析,是在财务分析辅助表和利润与利润分配表的基础上编制财务计划现金流量表。

8. A

解析:项目财务分析报表与企业日常财务分析的目的不同。项目财务分析的目的是确定项目所需资金的来源,评价项目建成运营后的盈利能力,测算借款的偿还能力,为投资决策提供依据。而企业日常财务分析则主要限于分析年度、季度或月经营活动的盈利状况,挖掘潜力,找出提高经济效益的方向与措施,为提高企业经营水平而服务。

9. D

解析:此题考查项目投资现金流量表与项目资本金现金流量表的区别。选项 A 列入项目投资财务现金流量表,项目资本金现金流量表中没有列出;选项 B 在项目资本金现金流量表和项目投资财务现金流量表中都列出;选项 C 只在投资各方现金流量表中出现;选项 D 列入项目资本金现金流量表中,而不出现在项目投资财务现金流量表中。

10. C

解析:总成本费 = 经营成本 + 折旧费、摊销费 + 利息 = 300 × 16 = 4 800(万元),项目投资现金流量表的现金流出 = 建设投资 + 流动资金 + 经营成本 + 营业税金及附加 + 维持营运投资。因此折旧费、摊销费为多计现金流出量的部分,则会多计现金流出量 = 4 800 × 20% = 960(万元)。

Ⅱ. 多项选择题

1. CD

解析:回收固定资产余值、回收流动资金、经营成本在项目资本金现金流量表和项目投资财务现金流量表中都有出现;借款本金偿还和借款利息支出还列入项目资本金现金流量表中,而没有出现在项目投资财务现金流量表中。

2. ABD

解析:按照评价角度的不同,财务现金流量表通常分为项目投资现金流量表、项目资本金现金流量表、投资各方现金流量表。

3. AC

解析:项目投资现金流量表是将项目总投资作为计算基础;投资各方现金流量表是从各投资者的角度出发,以各投资者的出资额作为计算基础,而不是总投资额;项目资本金现金流量表以项目资本金作为计算的基础;财务计划现金流量表,反映项目计算期各年的投资、融资以及经营活动的现金流入和流出,用以计算累计盈余资金,分析项目的财务生存能力。

4. BD

解析:项目资本金现金流量表、财务计划现金流量表体现具体还本付息额。

5. ABD

解析:在财务评价中,通过项目投资现金流量表计算的项目投资评价指标主要有财务内部收益率、财务净现值、投资回收期。

Ⅲ. 判断题

1. ×

解析:由于项目财务分析是长期分析,一般要考虑资金的时间价值,进行动态分析;企业日常财务分析一般不考虑资金的时间价值,进行静态分析。

2. ×

解析:项目财务分析的目的是确定项目所需资金的来源,评价项目建成运营后的盈利能力,测算借款的偿还能力,为投资决策提供依据。企业日常财务分析则主要限于分析年度、季度或月度经营活动的盈利状况,挖掘潜力,找出提高经济效益的方向与措施,为提高企业经营水平服务。

(六)建设项目财务评价方法

Ⅰ.单项选择题

1. A

解析:融资前分析是在不考虑融资方案影响条件下,从项目投资总获利能力的角度,考察项目方案的合理性。因此融资前分析只进行盈利能力分析,通过项目折现现金流量,计算项目内部收益率和净现值指标以及投资回收期指标。

2. D

解析:项目评价中,保证项目财务可持续性的必要条件是各年累计盈余资金不出现负值。拥有足够的经营净现金流量是财务可持续的基本条件。

3. C

解析:息税前利润 = 净利润 + 所得税 + 利息 = 利润总额 + 利息 = 1 000 + 200 = 1 200 万元;当期应付利息 200 万元;故利息备付率 = 息税前利润/计入总成本费用的应付利息 = 1 200/200 = 6.00。

4. B

解析:息税前利润 = 净利润 + 所得税 + 利息 = 利润总额 + 利息 = 2 000 + 300 = 2 300(万元);当期应付利息 300 万元;息税前利润加折旧和摊销 = 息税前利润 + 折旧和摊销费 = 2 300 + 600 = 2 900(万元);企业所得税 = 2 000 × 25% = 500(万元);应还本息金额 = 还本金额 + 计入总成本费用的全部利息 = 1 200 + 300 = 1 500(万元)。故偿债息备付率 = (息税前利润加折旧和摊销 - 企业所得税)/应还本付息金额 = (2 900 - 500)/1 500 = 1.6。

5. B

解析:项目偿债能力指标包括利息备付率、偿债备付率、资产负债率、流动比率、速动比率等。

6. D

解析:项目投资财务内部收益率、项目资本金财务内部收益率和投资各方财务内部收益率可有不同判别基准。项目投资内部收益率是项目融资前决策的首选指标,且只需计算所得税前指标;资本金内部收益率是项目融资决策分析的主要指标,当项目投资内部收益率大于银行利率时,资本金内部收益率大于项目投资内部收益率;当各股东(投资方)同股非同权或存在股权之外的收益分配时,需要计算投资各方内部收益率。

7. B

解析:在进行财务生存能力分析时,若某年累计盈余资金出现负值,则应考虑短期借款,同时分析该短期借款的年份长短和数量大小,进一步判断项目的财务生存能力。

8. B

解析:财务净现值也不能真正反映项目投资中单位投资的使用效率。

9. D

解析:如果项目没有足够资金支付利息,偿债风险很大,常常表现为利息备付率低于 1。利息备付率越高,表明利息偿付的保障程度越高。

10. A

解析:当年资金来源不足以偿付当期债务,常常表现为偿债备付率小于 1。

11. B

解析:在进行建设项目财务评价时,行业基准收益率是财务内部收益率的基准判据。选项 A 和 C 是两个静态评价指标的判据参数;选项 D 是进行经济费用效益分析时使用的判据参数。

Ⅱ.多项选择题

1. BC

解析:总投资收益率,指达产期正常年份的年息税前利润或运营期年均息税前利润占项目总投资的百分比,而不是有收益年份。财务评价动态指标包括:财务净现值、动态投资回收期、财务内部收益率。

2. ABC

解析:项目盈利能力的指标包括项目投资财务内部收益率和财务净现值、项目资本金财务内部收益率、投资回收期、总投资收益率、项目资本金净利润率等。

3. AC

解析:项目偿债能力指标包括利息备付率、偿债备付率、资产负债率、流动比率、速动比率等。

4. BD

解析:对建设项目的经济评价,根据评价的角度、范围、作用的不同,分为财务评价、经济费用效益分析。

5. CD

解析:财务评价动态指标包括:财务净现值、动态投资回收期、财务内部收益率。

Ⅲ.判断题

×

解析:国家行政主管部门统一测定、发布的行业财务基准收益率具有双重作用,对于政府投资项目来说,它是规定性的;对于社会其他各类投资项目来说都是参考性的。

四、公路建设项目设计阶段工程造价的计价与控制

(一)与公路工程造价编制相关的外业资料的内容与收集渠道、方法

Ⅰ.单项选择题

1. A

解析:市场行情资料的收集,是为了了解其发展趋势并进行综合预测,确定年工程造价增长率后以便计算价差预备费;生活资料相关资料的收集,是为了调查主副食、日用生活品的可供情况及各供应点的运距,以便计算综合里程;筹资方式资料的收集,若为贷款项目,应明确所需贷款总额、资金来源、年利率。建设年限,以及年度贷款的分配比例等,以便计算建设期的贷款利息;实施方法资料的收集,不仅是确定工地转移费用的依据,也是确定其他各项有关计价依据的重要条件。

2. D

解析:运输道路情况资料的调查和收集是为了确定工程施工时,沿线可利用的场地、运输道路和桥梁,在使用前和使用过程中,必要的改建加固和维修,以及需要支付的补偿费等情况,除应搜集各项具体数据外,一般应与物主取得协议。

3. B

解析:建筑材料资料的调查要根据预算定额所规定的材料规格,结合工程项目实际情况,确定调查的内容,如供应地点、出厂价或市场价、运距、运输方式、运价、装卸费、路况及其他费用等。

4. C

解析:针对自采材料的外业调查,其任务包括设计人员确定的料场的开采条件、料场位置以及上路距离等。

5. C

解析:在征地、拆迁的现场调查中,对于树木的调查,必须分清树种、直径,经济林还应调查其产量、单价等。

6. B

解析:在征地、拆迁的现场调查中,要求在路线范围内,所有建筑物,树木等均要进行调查,建筑物不但包括地面以上的还包括埋在地面以下的建筑物,如水管、电缆等也要调查清楚,以便采取必要的工程措施。

7. A

解析:社会条件是指建设工程所在地的政治、历史、区情、风俗以及社会、经济的发展情况,对此应进行必要的调查了解,它对建设工程的顺利实施有着极其重要的影响。

8. A

解析:进行征地、拆迁调查时需要搜集以下资料:一是需迁移的建筑物要详细注明路线桩号,左右距离;二是电杆迁移必须注明形式、负荷量、几线等,是木质或钢筋混凝土的;三是电杆

要注明与路中心线的交角,确定拆迁数量要充分考虑由于迁移使两端受影响的数量,一并计入迁移数量中;四是所有拆迁的建筑物必须注明结构形式、材料情况、新旧程度;五是对于树木的调查,必须分清树种、直径,经济林还应调查其产量、单价等。

9. A

解析:熟悉设计图纸资料与现场调查是公路工程造价编制的两项重要工作。在一般情况下,除在勘察期间,造价工程师应随同勘察队进行工程造价必须掌握的各种基础资料调查外,还应在熟悉设计内容的基础上,检验现场实施的可能性和经济上的合理性,对有关编制工程造价所需的各种基础资料应密切结合设计内容开展调查工作。

10. C

解析:临时轨道按需要分轻、重轨。重轨又分为路基上、桥上两种,轻轨铺设在预制场,用于运输混凝土及预制构件横移。路基上重轨指从预制场至桥头在路基上铺设的长度,在桥上为在桥面上运梁铺设的长度。

11. A

解析:现场调查中,应向工程建设主管部门或建设单位了解兴建工程筹集建设资金的方式,若系贷款项目,则应明确所需贷款总额、资金来源、年利率、建设年限以及年度贷款的分配比例等,以便计算建设期的贷款利息。

12. D

解析:进行调查时要根据预算定额所规定的材料规格,结合工程项目实际情况,确定调查的内容,如供应地点、出厂价或市场价、运距、运输方式、运价、装卸费、路况及其他费用等。

13. C

解析:主副食运输要分别调查主食、副食、煤、生活用水等供应地点、运距,如果有几个供应点,应调查各点供应数量的比重,以便计算综合里程。

14. A

解析:确定公路征用土地的面积都是按照横断面双边需占地的宽度加上规定的预留宽度来计算的。

Ⅱ. 多项选择题

1. ABC

解析:造价工程师必须进行现场调查,搜集有关资料,包括社会条件、自然条件、技术经济条件三个方面。

2. ABCD

解析:自然条件包括沿线地形、地质、水文、气候等,是直接影响建设工程实施可能性的重要因素。

3. CD

解析:临时工程要根据工程项目所确定的施工方案和路线所经现场的实际情况,确定预制场、沥青混合料、水泥混凝土集中拌和的拌和场,现场管理机构、施工点等的位置和范围,以此确定临时占地数量和各种临时工程数量。

4. BCD

解析:拆迁建筑物补偿调查内容包括县(市)别、建筑物种类,规格标准,单位,补偿单价等。

5. ABC

解析:在现场调查和搜集资料过程中,凡涉及下列事项时,应取得书面协议文件:①与地方政府就砂石料场的开采使用、运输以及取土场、弃土堆的意向协议。②拆迁建筑物、构筑物与物主协商的处理方案。③与原有的电力、电信设施、水利工程、铁路及铁路设施互相干扰的处理方案。④施工中利用电网供电的协议。⑤当地环境保护对公路建设工程的特殊要求。另外,运输道路情况资料的调查和收集是为了确定工程施工时,沿线可利用的场地、运输道路和桥梁,在使用前和使用过程中,必要的改建加固和维修,以及需要支付的补偿费等情况,除应搜集各项具体数据外,一般应与物主取得协议。

6. BC

解析:临时汽车便桥是为修建汽车便道而必须相应修建的便桥以及桥梁施工时,材料、机械设备过河需修建的汽车便桥,便桥的高度与长度按施工现场实际情况和工期安排确定。

7. ABCD

解析:临时汽车便道是指运输材料、构件、半成品到工地和砂、石材料从料场至公路以及预制场、拌和场内部汽车公路均为需修建的汽车便道,以及大型的施工机械进场的道路。

8. ABC

解析:迁移电力电信线路补偿调查内容包括县(市)别、迁移线路种类、型号与规格、单位、补偿单价(元)等。

9. BC

解析:砍伐经济林木补偿调查内容包括县(市)别、经济林木种类规格、单位、补偿单价(元)等。

10. ABCD

解析:征用土地补偿调查内容包括县(市)别、土地种类、土地等级、农作物种类及其近三年平均亩产(kg/亩)、实物单价(元/kg)以及补充资料(人均占有耕地亩数)等。

11. ACD

解析:进行征地、拆迁调查时,所有拆迁的建筑物必须注明结构形式、材料情况、新旧程度。

Ⅲ. 判断题

1. √

解析:略。

2. ×

解析:现场调查时,临时电力线路为从变压器到接线处的电力干线长度,从变压器到用电点的接线为电力支线,桥梁施工现场、拌和场等场内的电力支线其费用已综合在规定的临时设施费用中,不再另列。

3. √

解析:略。

(二)初步设计概算、施工图预算的编制

Ⅰ. 单项选择题

1. B

解析:初步设计阶段的目的是基本确定设计方案。因此必须根据批复的可行性研究报告、

测设合同的要求,拟订修建原则,选定设计方案、拟订施工方案,计算工程数量及主要材料数量、编制设计概算,提供文字说明及图表资料。

2. B

解析:重视做好工程造价编制前的各项资料的收集和准备,是按质、按期完成工程造价编制工作的重要前提和必要条件。

3. A

解析:确定工程造价编制原则,不仅关系到工程造价编制的质量,而且还会影响到它的编制速度,如实施方案中的标段划分不当而要重新进行调整时,则工程造价的编制就要重新进行,除了造成人力、物力的浪费外,对建设工程还会产生不利的影响。所以,确定工程造价编制原则,是完成工程造价编制工作的重要手段。

4. B

解析:分项工程概算表内的“定额表号”是按概算定额的章节来编写的,从左至右,采用七位数字编号法:第一位数字表示“章”,第二位数字表示“节”,第三、第四位数字表示“项目”,最后三位数字表示“子目”。分项工程预算表中的定额表号,采用八位编码,从左至右,第一位数字表示“章”,第二、第三位数字表示“节”,第四、第五位数字表示“项目”,最后三位数字表示“子目”。

5. A

解析:由于公路建设工程有其特殊的技术经济特征和设计文件编制的特殊办法,从而决定了核对工程量是工程造价编制的一个关键环节。

6. C

解析:设计概算是建设项目从筹建到竣工交付使用所需的全部费用的文件,概算经批准后是基本建设项目投资最高限额,是编制建设项目投资计划、确定和控制建设项目投资的依据;设计概算是衡量设计方案经济合理性和选择最佳设计方案的依据。

7. A

解析:根据摘取的各种主体的、辅助的工程量,结合施工组织设计的要求,正确套用预算定额,编制分项工程预算表和建筑安装工程费计算表,是编制施工图预算的一个关键环节。

8. D

解析:分项工程概算表内的“定额表号”是按概算定额的章节来编写的,从左至右,采用七位数字编号法:第一位数字表示“章”,第二位数字表示“节”,第三、第四位数字表示“项目”,最后三位数字表示“子目”。分项工程预算表中的定额表号,采用八位编码,从左至右,第一位数字表示“章”,第二、第三位数字表示“节”,第四、第五位数字表示“项目”,最后三位数字表示“子目”。

9. C

解析:编制施工图预算中第二部分设备、工具、器具购置费时,原则上应以批准的概算文件为准,但因编制期的不同,其设备等供应价格难免会发生变化,故除设备等的价格可按当时的实际情况进行调整外,其规格品种和数量是不能随意更改的。

10. A

解析:主体工程工程数量通常是设计人员在完成设计图纸的同时就已进行计算完成,在编制概、预算时,基本上不需要根据设计图纸再重新计算工程量,但是设计图纸所提供的工程数量与定额表中给出的工程量不完全一致,需要编制人员按照定额的要求从设计图表中摘取计价工程量。所以,确定主体工程量,实际上是根据定额规定的工程量计算规则,将设计图表中提供的工程量进行分类、统计,汇总后,得出符合定额表要求的计价工程量。辅助工程的工程数量,主要依靠概、预算编制人员的工作经验、施工组织设计及工程实际情况来确定。

11. D

解析:为了施工图预算便于同标底对比,施工图预算也可将"挖路槽"(主要山重区工程)的工程量,列入路基挖方数量内,但挖路槽的预算价(因采用定额与挖方不同)计算后综合在路基挖方单价内,同时在预算编制说明内应加以叙述。至于路面混合料的运输费用和拌和设备的安拆费用,则应综合在相应的路面结构内,都不单独反映这些费用项目。

12. C

解析:根据《公路工程预算定额》第二章第一节的说明:各类稳定土基层定额中的材料消耗系按一定配合比编制的,当设计配合比与定额标明的配合比不同时,有关材料可按下式进行换算:

$$C_i = [C_d + B_d \times (H - H_0)] \times \frac{L_i}{L_d} = [63.95 + 4.26 \times (18 - 15)] \times \frac{11}{15} = 56.269(\mathrm{m}^3)。$$

13. D

解析:在编制概、预算时,需要考虑辅助工程的工程量主要包括:①构造物的挖基、排水。②清除表土或零填地段的基底压实、耕地填前碾压的回填数量。③因路基沉陷增加的数量。④为保证路基边缘压实而加宽填筑的数量。⑤临时工程(汽车便道、便桥、轨道铺设、临时电力、电信设施等)。⑥桥梁工程中的围堰、护筒、工作平台、吊装设备、混凝土构件运输、预制场及设施(底座、张拉台座等)、拌和站、蒸气养生设施等。

14. A

解析:为保证路基边缘的压实度需加宽填筑所需的填方,根据高速公路实践经验,机械碾压路面两侧每侧需加宽 30 ~ 50cm。此项填方数量只计价不计量,竣工后须刷坡清除或远运,全部费用摊入填方单价内。

15. A

解析:根据《公路工程预算定额》第四章第七节说明的第 14 点工程量计算规则的(1)、(3)可知:预制构件的工程量为构件的实际体积(不包括空心部分的体积);安装的工程量为安装构件的体积。

16. B

解析:在编制工程造价之前,造价工程师必须进行现场调查,搜集有关资料。实践证明,现场调查时,往往能发现降低工程费用的更佳施工方法和结合实际的技术组织措施。这是编好工程造价的一个重要工作环节和必要手段。

17. B

解析:工程建设其他费用包括土地征用及拆迁补偿费、建设项目管理费、研究试验费、前期工作费、专项评价(估)费,施工机构迁移费、供电贴费、联合试运转费、生产人员培训费、固定资产投资方向调剂税、建设期贷款利息等项费用。应根据整理的外业调查资料和国家规定的有关标准为依据进行计算。应逐项罗列公式进行计算,其计算表的内容比较简单,可以说是一种万能的计算表式,如属于第一部分建筑安装工程费中的绿化工程补助费,以及预备费等,都要利用该表来完成其计算过程。

18. D

解析:根据《公路工程预算定额》总说明第十三条:本定额中各项目的施工机械种类、规格是按一般合理的施工组织确定的,如施工中实际采用机械的种类、规格与定额规定的不同时,一律不得换算。

19. C

解析:挖孔灌注桩主要适用于无地下水或地下水量很少的密实土层或岩土层,桩径一般在1.0~2.5m,最大可达3.5m,桩长宜小于30m,桩长10m以内时桩径不小于0.8m,桩长20m以内时桩径不小于1.2m,桩长大于20m时桩径至少要在1.5m以上,孔深大于15m时应考虑通风及安全设施。

20. A

解析:水中钻孔灌注桩施工时,在条件允许的情况下首先考虑围堰筑岛方案是比较经济的。当水深小于等于1.5m、流速小于等于0.5m/s的浅滩且河床渗水性较小时,可采用土围堰;水深小于等于3.0m、流速小于等于1.5m/s,且河床渗水性较小或淤泥较浅时,可采用土袋(草袋、麻袋等)围堰;若水深在3~7.0m、流速小于等于2.0m/s也可采用竹笼、木笼铁丝围堰,否则应考虑采用桩基工作平台。

21. A

解析:根据《公路工程预算定额》第四章第一节说明的第二条:开挖基坑土、石方运输按弃土于坑外10m范围内考虑,如坑上水平运距超过10m时,另按路基土、石方增运定额计算。

22. C

解析:根据现行《公路工程预算定额》第四章第九节说明一:桥梁拱盔、木支架及简单支架均按有效宽度8.5m计,钢支架按有效宽度12.0m计,如实际宽度与定额不同时可按比例换算。

23. C

解析:钢套箱与钢板桩及钢管桩相比,适用范围要大得多,既适用于岸边墩台也适用于河中墩台,既适用于浅水基础也适用于深水基础、高桩承台等。

24. B

解析:承台厚度超过3m以上时,混凝土的计算除增加外掺剂费用外,还应计算散热管费用。

25. A

解析:根据《公路工程预算定额》第四章第十一节4-11-12冷却管知:现行定额中冷却管的计量单位是1t。

26. B

解析:对于高度小于40m的空心墩及一般轻型墩台、圆柱式、方柱式墩台、框架式、埋置式桥台及Y型墩薄壁墩,直接根据不同的结构形式套用概预算定额计算即可,除高度大于20m的桥墩需计算提升模架外,无需计算其他辅助工程数量。

27. C

解析:公路桥梁施工中采用最多的预制安装方法有自行式吊车安装、跨墩龙门架安装、架桥机安装等几种。架桥机安装法是预制梁的典型架设安装方法,按形式的不同,架桥机可分为单导梁、双导梁、斜拉式和悬吊式等，其特点是不受桥跨、墩高、桥宽、桥下地形、预制场地等因素的制约，尤其在山岭地区优越性较大。

28. A

解析：公路桥梁施工中采用最多的预制安装方法有自行式吊车安装、跨墩龙门架安装、架桥机安装等几种。对于跨径在30m以内的板梁，现场运输条件较好的工程可采用自行式吊车安装预制安装方法，尤其在城市桥梁中应用较广。

29. B

解析：公路桥梁施工中采用最多的预制安装方法有自行式吊车安装、跨墩龙门架安装、架桥机安装等几种。当桥梁预制场可设置在桥头引道或桥下且桥位为地形平坦的旱地，桥墩高度不大、桥梁宽度适宜时可选择跨墩龙门架安装法，此方法在一般高架桥或较长的引桥中应用广泛，其优点是可将场地龙门架和架桥机合并为一套设备、安装施工高效快捷。

30. A

解析：普通混凝土板及后张法预应力混凝土空心板：预制混凝土不再计算底座（含于定额中），但要考虑场地平整，按起重机或扒杆安装计算时，不考虑运输轨道，可套用平板拖车运输或垫滚子绞运；按单导梁安装时应计算临时轨道、单导梁、场地龙门架等。

31. B

解析：普通混凝土板及后张法预应力混凝土空心板：预制混凝土不再计算底座（含于定额中），但要考虑场地平整，按起重机或扒杆安装计算时，不考虑运输轨道，可套用平板拖车运输或垫滚子绞运；按单导梁安装时应计算临时轨道、单导梁、场地龙门架等。

32. D

解析：预制安装钢筋混凝土T形梁一般选择跨墩龙门安装、架桥机安装，应计算场地平整、场地硬化、预制底座、运输轨道、吊装设备（跨墩龙门或导梁配场地龙门）。预应力混凝土T形梁与钢筋混凝土T形梁相比，除增加钢绞线项目外其他无区别。

33. B

解析：目前公路桥梁施工中采用最多的现浇法有支架现浇法和悬臂现浇法两大类。支架现浇包括固定支架现浇、逐孔现浇及移动模架逐孔现浇（一般所指的造桥机现浇）等，根据支架构造的不同可分为满布式、柱式、梁式和梁柱式几种类型，所用材料有门式支架、扣件式支架、腕扣式支架、贝雷桁架，万能杆件及各种型钢组合件等。

34. C

解析：根据《公路工程预算定额》第四章说明中混凝土工程的第四条：定额中混凝土工程均已包括操作范围内的混凝土运输。现浇混凝土工程的混凝土平均运距超过50m时，可根据施工组织设计的混凝土平均运距，按第十一节杂项工程中混凝土运输定额增列混凝土运输。

35. A

解析：根据《公路工程预算定额》第四章第九节说明的第十二条：钢管支架定额指采用直径大于30cm的钢管作为立柱，在立柱上采用金属构件搭设水平支撑平台的支架，其中下部指立柱顶面以下部分，上部指立柱顶面以上部分。下部工程量按立柱质量计算，上部工程按支架水平投影面积计算。

36. D

解析：悬浇挂篮设备的计算可按预算定额说明提供的设备参考质量计算，其中块件质量指的是最大节段的混凝土质量(可按2.5t/m^3混凝土计算)。

37. B

解析:零号块托架设备的计算可根据零号块的长度(箱梁顶板的横向宽度)按定额说明提供的设备参考质量(7t/m)计算。

Ⅱ. 多项选择题

1. BCD

解析:公路工程概算和预算的编制程序和方法基本相同,有关工程量计算方法和规则也基本相同,施工图预算的编制办法与概算不同之处主要表现在构成施工图预算第一部分建筑安装工程费的编制依据之一的工程定额,前者是预算定额,后者是概算定额;是根据摘取的工程量套用预算定额,通过累计计算,层层汇总来完成的。至于第二、第三部分费用的编制办法,则基本上是一样的。

2. ABDE

解析:根据《公路工程基本建设项目概预算编制办法》第二章第一节,编制初步设计概算的依据包括:①国家发布的有关法律、法规、规章、规程等;②现行的《公路工程概算定额》《公路工程预算定额》《公路工程机械台班费用定额》及《公路工程基本建设项目概算预算编制办法》;③工程所在地省级交通主管部门发布的补充计价依据;④批准的可行性研究报告(修正概算时为初步设计文件)等有关资料;⑤初步设计(或技术设计)图纸等设计文件;⑥工程所在地的人工、材料、机械及设备预算价格等;⑦工程所在地的自然、技术、经济条件等资料;⑧工程施工方案;⑨有关合同、协议等;⑩其他有关资料。施工图预算的编制依据包括:①国家发布的有关法律、法规、规章、规程等;②现行的《公路工程预算定额》《公路工程机械台班费用定额》及《公路工程基本建设项目概算预算编制办法》;③工程所在地省级交通主管部门发布的补充计价依据;④批准的初步设计文件(或技术设计文件,若有)等有关资料;⑤施工图纸等设计文件;⑥工程所在地的人工、材料、设备预算价格等;⑦工程所在地的自然、技术、经济条件等资料;⑧工程施工组织设计或施工方案;⑨有关合同、协议;⑩其他有关资料。

3. ACD

解析:材料的规格品种多,而影响的因素又是多方面的,在计算时要注意以下有关要求,做到合理可靠。①按经济合理,方便运输的原则,确定材料的供应地点和运输方式,并计算出平均运距及比重;②确定材料的供应价格时,凡需要外购的各种建筑材料,一般可以各省(区、市)公路(交通)工程造价(定额)管理机构发布的材料价格信息为依据,并通过市场调查、询价确定。这样,才有利于加强工程造价的管理;③凡施工单位自行开采加工的砂石材料,应按"自采材料料场价格计算表"的要求进行计算确定;④最后通过"材料预算单价计算表"计算出各种材料的预算价格,并据以编制"人工、材料、机械单价汇总表"。

4. ABCD

解析:编制基础工程的预算费用时,应按砌石、混凝土等不同结构来划分项目,挖基、排水、防水,以及基坑废方的远运处理等辅助工程所需的费用都可综合在内,不单独列项反映。

5. ACD

解析:编制下部结构的预算费用时,应按墩、台和不同圬工结构分别计算,至于墩台帽、盖梁、耳背墙等,都不单列项目计算,应将其费用综合在桥台的圬工项目内。

6. ACD

解析:对于高度大于40m的空心墩应考虑提升模架、塔吊、施工电梯等辅助设施的数量。

7. ABD

解析:普通混凝土板及后张法预应力混凝土空心板采用单导梁安装时,应计算临时轨道、单导梁、场地龙门架等。

8. AC

解析:除造桥机现浇外,其他支架形式均应考虑支架地基基础的稳定性及可靠性,必要时需对地基进行加固处理,一般满布式支架的地基基础加固有灰土垫层、砂砾垫层、碎石垫层等,对于柱式、梁式等支架,一般可考虑采用混凝土垫层、混凝土条形基础等方式进行基础加固。

9. CD

解析:在编制概、预算时,需要考虑辅助工程的工程量主要包括:①构造物的挖基、排水;②清除表土或零填地段的基底压实、耕地填前碾压的回填数量;③因路基沉陷增加的数量;④为保证路基边缘压实而加宽填筑的数量;⑤临时工程(汽车便道、便桥、轨道铺设、临时电力、电信设施等);⑥桥梁工程中的围堰、护筒、工作平台、吊装设备、混凝土构件运输、预制场及设施(底座、张拉台座等)、拌和站、蒸气养生设施等。

10. ABD

解析:编制施工图预算中第二部分设备、工具、器具购置费时,原则上应以批准的概算文件为准,但因编制期的不同,其设备等供应价格难免会发生变化,故除设备等的价格可按当时的实际情况进行调整外,其规格品种和数量是不能随意修改的。

11. ABC

解析:编制构造物工程的施工图预算时,当砂浆与混凝土的强度等级设计与预算定额的规定不相同或安装设备的实际使用期超过四个月时,则可调整其强度等级的材料消耗量和设备的摊销费用定额。

Ⅲ. 判断题

1. ×

解析:在公路工程设计和建设中,施工方法的选择是非常重要的,必须依据工程条件和经济合理的原则进行多方面的比较,选择既经济又适用的施工方法。

2. ×

解析:公路工程施工图预算编制中各种费用、表格之间的关系是彼此相关,非常严密的,同时也是不能变动的;在编制的程序上应当遵循它们之间的关系依次进行,但个别计算环节和步骤可以同时或交叉进行。

3. ×

解析:编制概预算时,确定主体工程量是根据定额规定的工程量计算规则,将设计图表中提供的工程量进行分类、统计、汇总后,得出符合定额表要求的计价工程量;而辅助工程的工程数量,则主要依靠概、预算编制人员的工作经验、施工组织设计及工程实际情况来确定。

(三)初步设计概算、施工图预算的审查

Ⅰ. 单项选择题

1. B

解析:设计概算或修正概算是基本建设项目投资的最高限额,总概算突破批准为投资估算的10%时,应修订可行性研究报告并报请原审批部门重新审批;初步设计概算一经批准,即作

为建设项目总投资控制的最高限额,不得突破。

2. C

解析:审查的目的,是确定建设项目的投资总额,为项目的经济评价、投资控制、招标投标、保证实施等提供可靠的依据。

3. A

解析:审查编制依据:首先审查编制依据的合法性,采用的有关编制依据是否经过国家和授权机关的批准,未经批准的不能采用,如经批准的上一阶段设计文件;各种定额和取费标准是否符合国家有关部门的现行规定,有无调查和新的规定,如有,应按新的调整办法和规定执行;其次审查编制依据的适用范围,如采用的定额取费标准是否与本工程一致,是否在其适用范围之内。

4. C

解析:分组计算审查法是把概、预算中有关项目划分为若干组,利用同组中的一个数据审查分项工程量的一种方法。标准预算审查法是对于利用标准图纸或通用图纸施工的工程先集中力量编制标准预算,以此作为审查的比较依据,按照标准图纸或通用图纸施工的工程,一般上部结构和作法基本相同,只是由于现场施工条件或地质情况不同,而在基础部分作局部改变,在审查中,可直接把审查对象与标准对照,对于局部变动部分单独审查。对比审查法是利用已建成的或已审查修正的同类工程概预算,对比审查拟建工程概预算的一种方法,审查时需将费用进行分解,求出各分部工程的工程量和主要材料用量及技术经济指标,然后进行对比分析,以发现错误,寻找原因,修正差错。重点审查法是对概、预算中的重点部分、重点项目进行审查的方法,作为重点审查的内容有:影响面大,涉及范围广的部分和项目;工程量大或造价高的项目;材料预算单价;补充和换算定额项目;各种费率的取定。

5. C

解析:全面审查法又叫逐项审查法,是指对设计图纸所表示的全部内容,按照编制要求进行细致全面地审查的方法,基本上相当于重复编制一次概、预算,审查的顺序按照编制程序逐一进行。这种方法的优点是全面、细致,审查质量高,效果好,但工作量大、时间长。

6. B

解析:标准预算审查法是对于利用标准图纸或通用图纸施工的工程先集中力量编制标准预算,以此作为审查的比较依据,按照标准图纸或通用图纸施工的工程,一般上部结构和作法基本相同,只是由于现场施工条件或地质情况不同,而在基础部分作局部改变,在审查中,可直接把审查对象与标准对照,对于局部变动部分单独审查。这种方法的优点是时间短、效率高,其缺点是适用范围小,尤其对公路工程项目更是如此。

7. D

解析:重点审查法是对概、预算中的重点部分、重点项目进行审查的方法,作为重点审查的内容和项目有:影响面大,涉及范围广的部分和项目;工程量大或造价高的项目;材料预算单价;补充和换算定额项目;各种费率的取定。

8. A

解析:审查定额的套用和换算是否正确,审查时,必须熟悉定额的说明,分部分项工程的工作内容及适用范围,并根据工程特点,设计图纸的要求,进行比较分析两者是否一致,是否有重套和漏套现象。对于定额的换算,首先应审查是否允许换算,然后再审查换算是否按规定进行,换算是否正确。

9. C

解析:如概算工程造价总额突破可行性研究报告批准的投资额10%以上时,必须报原批准可行性研究报告单位批准后,初步设计(包括概算)才能生效。否则就要重编初步设计文件或变更原批复的可行性研究报告。

Ⅱ.多项选择题

1. ABCD

解析:审查的主要内容包括:审查编制依据、审查编制内容、审查工程量、审查定额的使用、审查其他各项费用、审查技术经济指标。

2. ACD

解析:审查编制依据:首先审查编制依据的合法性,采用的有关编制依据是否经过国家和授权机关的批准,未经批准的不能采用,如经批准的上一阶段设计文件;各种定额和取费标准是否符合国家有关部门的现行规定,有无调查和新的规定,如有,应按新的调整办法和规定执行;其次审查编制依据的适用范围,如采用的定额取费标准是否与本工程一致,是否在其适用范围之内。

3. ABC

解析:重点审查法是对概、预算中的重点部分、重点项目进行审查的方法,作为重点审查的内容有:影响面大,涉及范围广的部分和项目;工程量大或造价高的项目;材料预算单价;补充和换算定额项目;各种费率的取定。

4. AB

解析:审查概预算的列项是否完整,有无遗漏;是否体现了设计要求,施工方法选择合理与否;费用计算是否包括了从项目筹建到竣工交付使用的全部建设费用;是否结合实际、符合规定、经济合理、不重不漏、计算正确、内容完整。

Ⅲ.判断题

1. √

解析:略。

2. ×

解析:标准预算审查法是对于利用标准图纸或通用图纸施工的工程先集中力量编制标准预算,以此作为审查的比较依据。对比审查法是利用已建成的或已审查修正的同类工程概预算,对比审查拟建工程概预算的一种方法。

(四)设计阶段影响工程造价的主要因素

Ⅰ.单项选择题

1. C

解析:总体设计是勘察设计中的重要组成部分,总体设计选择的技术标准、技术指标、路线总体设计方案及构造物的设置都将直接影响工程建设规模、工程数量,它的经济合理性对整个设计方案的合理性有极大的影响。

2. B

解析:路线设计方案中的行车安全、通行能力、服务水平主要对公路运营阶段的经济效益产生影响。

3. C

解析:施工组织设计对工程造价的影响是多方面的,但主要是对直接费用的影响。

4. D

解析:总体设计是勘察设计中的重要组成部分,总体设计选择的技术标准、技术指标、路线总体设计方案及构造物的设置都将直接影响工程建设规模、工程数量,它的经济合理性对整个设计方案的合理性有极大的影响。

5. D

解析:施工组织设计对工程造价的影响是多方面的,影响较大的主要因素包括施工现场平面布置、施工工期、施工方案的选择、运输组织计划。

6. B

解析:施工方案所确定的合理工期,是安排劳力、机具、设备及材料购入计划的依据,也是工程各项目进行全面施工安排的依据,更是项目中的重点工程安排合理与否的主要依据。

7. D

解析:交通工程及沿线设施设计中,设备的选型是影响工程造价的主要因素,设备选择应考虑适用、可靠、维修方便,并尽可能采用国产设备。

8. C

解析:此题要注意区分设计阶段和决策阶段影响工程造价的因素。设计阶段影响工程造价的主要因素包括:①总体设计;②路线设计;③路基路面和排水设计;④桥梁、涵洞和隧道设计;⑤路线交叉设计;⑥交通工程及沿线设施设计;⑦施工组织设计。项目决策阶段影响工程造价的主要因素包括:①公路建设规模和技术标准;②建设地点及工程方案;③设备方案;④环境保护措施;⑤施工组织规划设计。

Ⅱ. 多项选择题

1. ABD

解析:路线设计方案对工程造价的影响因素有:①路线方案沿线的建设条件;②各方案的选择和布置情况;③各方案平、纵指标及连续、均衡情况;④行车安全、通行能力、服务水平;⑤公路用地、征用基本农田及拆迁工程量的多少;⑥与铁路、原有公路、农田水利、电力、通信、重要管线(道)等的干扰(包括施工)及迁移工作量;⑦各方案路线对沿线环境影响及采取的措施。

2. BCD

解析:植物防护在处理堑坡浅层失稳方面,因其造价低廉、美化环境、防止水土流失、降低噪声和粉尘污染的生态效应,在国内、外已开始获得广泛应用。

3. AB

解析:在路线交叉设计中,互通式立体交叉是影响造价的主要因素。交通工程及沿线设施设计中,设备的选型是影响工程造价的主要因素,设备选择应考虑适用、可靠、维修方便,并尽可能采用国产设备。

4. ABCD

解析:施工组织设计对工程造价的影响主要体现在施工现场平面布置、施工工期、施工方案的选择、运输组织计划等几个方面。

5. ABC

解析：施工方案所确定的合理工期，是安排劳力、机具、设备及材料购入计划的依据，也是工程各项目进行全面施工安排的依据，更是项目中的重点工程安排合理与否的主要依据。

6. AD

解析：施工标准化活动的主要内容包括工地标准化、施工标准化和管理标准化。其中，工地标准化主要包括驻地和施工现场的标准化。其他方面，如国家征地拆迁政策、贷款金融政策等的调整也对公路工程造价有较大影响，大约占总造价的10%～20%。

7. ABD

解析：在路线交叉设计中，互通式立体交叉是影响造价的主要因素。

8. BCD

解析：运输组织计划一般应达到下列要求：①运距最短，运输量最小。②减少运转次数，力求直达工地。③装卸迅速和运转方便。④尽量利用原有交通条件，减少临时运输设施的投资。⑤充分发挥运输工具的载运条件。

Ⅲ. 判断题

解析：略。

（五）设计方案的技术经济比选

Ⅰ. 单项选择题

1. B

解析：设计水平的高低，直接影响投资效益。同时，工程设计本身就是一种创造性活动，而价值工程作为有组织的创造性活动，强调创新。因此，价值工程是设计阶段优选方案的一种有效方法。

2. C

解析：从工程技术经济观点来看，不同的工程技术方案只有满足相同功能的需要，才能够进行比较，否则它们无法相互代替，就失去了相互比较的意义。功能等同是方案比较的共同基础。

3. D

解析：建设项目设计方案技术经济比选就是对设计方案进行技术与经济的分析、计算、比较和评价，从而选出功能上适用、结构上坚固耐用、技术上先进、造型上美观、环境上自然协调以及经济合理的最优设计方案，为决策提供科学依据。

4. A

解析：公路设计方案的经济评价指标有：①工程数量指标，包括土石方工程数量、桥梁工程数量、隧道工程数量、挡土墙工程数量、征购土地工程数量、拆迁建筑物及管线设施的数量、主要材料数量，主要机械、台班数量及工作日。②工程造价指标，包括每公里造价和工程总造价。

5. B

解析：同上题。

6. B

解析：路线方案技术比选的主要内容有线形设计、路线走向、技术指标、平面线形、与环境的协调、地质条件等。

7. C

解析:路基、路面方案技术比选的主要内容有:①路基横断面布设及加宽超高方式;②路基填土高度、挖方深度、路堤(或路堑)最大、最小高度及其控制因素等;③高填深挖路基、陡坡路堤、路桥(涵)过渡路基等设计方案及比选论证(必要时对高填深挖路基按工点说明)。④特殊地质路基设计及方案比选论证;⑤路基防护工程方案比选论证;⑥取土、弃土方案及节约用地的措施;⑦路面结构方案、类型的比选论证;⑧路面结构设计(主线、互通立交匝道、被交道路、收费站广场、桥面铺装、隧道路面等),材料要求等;⑨料场的设置;⑩路基、路面排水设计方案比选论证。

8. A

解析:路线交叉方案技术比选的主要内容有:①技术标准采用情况;②路线交叉(包括互通式立体交叉、服务设施匝道及连接道路、分离式立体交叉、通道、天桥、平面交叉及管线交叉)的分布及设置情况;③互通式立体交叉的位置、集散交通量、衔接道路、地质、地形、地物情况,互通方案的比选与论证,技术指标的选用,匝道车道数的确定,变速车道采用的形式及其长度的取值,平交处通行能力的分析,收费口收费车道数的设置,排水方案及跨线构造物的方案等;④服务设施的位置、地质、地形、地物等情况,变速车道采用的形式及其长度的取值,连接道路,排水方案及交叉构造物(通道、天桥)的方案等;⑤分离式立体交叉的位置、设计标准、排水设施、跨线构造物的类型(上跨、下穿)及方案比选等情况;⑥通道和天桥的设置;⑦平面交叉的设置。

9. D

解析:桥梁、涵洞方案技术比选的主要内容有:①技术标准采用情况;②桥形方案;③沿线桥梁、涵洞的设置位置;④桥梁抗震设计及耐久性设计及措施;⑤特大桥或重要桥梁的景观设计方案;⑥桥梁施工方案。

10. A

解析:环境保护与景观设计方案技术比选的主要内容有:①环境保护措施方案;②各项环境保护设施的布设位置、类型、功能及其方案的比选情况;③主要场地的景观方案及比选;④拟采用的植物配置及特性。

11. B

解析:设计方案优选应遵循以下原则:①设计方案必须要处理好技术先进性与经济合理性之间的关系,一般情况下,要在满足使用者要求的前提下,尽可能降低工程造价,或在资金限制范围内,尽可能提高项目功能水平;②设计方案必须兼顾建设与使用,考虑项目全寿命费用,力求项目寿命周期费用最低;③设计必须兼顾近期与远期的要求,设计时要兼顾近期和远期的要求,选择项目合理的功能水平,同时也要根据远景发展需要,适当留有发展余地。

12. C

解析:路线方案技术比选的主要内容有:线形设计;路线走向;技术指标;平面线形;与环境的协调;地质条件。

Ⅱ. 多项选择题

1. BCD

解析:从工程技术经济观点来看,不同的工程技术方案只有满足相同功能的需要,才能够进行比较,否则它们无法相互代替,就失去了相互比较的意义。功能等同是方案比较的共同基础。

2. ABC

解析：设计方案经济比选方法常用的有最小费用法、全寿命周期成本法、价值工程法等。

3. BD

解析：路线方案技术比选的主要内容有线形设计、路线走向、技术指标、平面线形、与环境的协调、地质条件等。

4. AD

解析：由于资金时间价值原理的作用，不同时间同样数量货币是不等值的，在工程技术方案比较中，要满足时间因素的可比性，这包括两个方面的内容：①服务年限可比。对使用寿命不同的方案进行经济效果比较，如采用现值指标进行比较时，必须用相同的计算期作为比较的基础，即项目的服务年限要相同。②工程技术方案在不同时间产生的费用和效益，不能将它们简单相加，必须考虑资金的时间价值，利用统一的复利计算至同一基准时间再进行比较。

Ⅲ. 判断题

×

解析：建设项目设计方案技术经济比选就是对设计方案进行技术与经济的分析、计算、比较和评价，从而选出功能上适用、结构上坚固耐用、技术上先进、造型上美观、环境上自然协调以及经济合理的最优设计方案，为决策提供科学依据。

(六)养护的取费特点

Ⅰ. 单项选择题

B

解析：对于选项B，公路养护工程预算文件由封面、目录、预算编制说明及全部预算计算表格组成。

Ⅱ. 多项选择题

ABC

解析：对于选项D，养护工程量难于准确确定。

Ⅲ. 判断题

×

解析：在费用组成上，养护工程与新建工程基本相同。

五、公路建设项目招投标与合同管理

(一)公路工程标准施工招标文件的主要条款及合同价款的确定

Ⅰ.单项选择题

1. B

解析:根据《公路工程标准施工招标文件》第三章第二节 1.4 合同文件的优先顺序:组成合同的各项文件应互相解释,互为说明。除项目专用合同条款另有约定外,解释合同文件的优先顺序如下:①合同协议书及各种合同附件(含评价期间和合同谈判过程中的澄清文件和补充资料);②中标通知书;③投标函及投标函附录;④项目专用合同条款;⑤公路工程专用合同条款;⑥通用合同条款;⑦技术规范;⑧图纸;⑨已标价工程量清单;⑩承包人有关人员、设备投入的承诺及投标文件中的施工组织设计;⑪其他合同文件。

2. B

解析:同上题。

3. D

解析:根据《公路工程标准施工招标文件》第三章第一节 3.2,发包人应在发出开工通知前将总监理工程师的任命通知承包人。总监理工程师更换时,并在调离 14 天前通知承包人。总监理工程师短期离开施工场地的,应委派代表代行其职责,并通知承包人。

4. D

解析:根据《公路工程标准施工招标文件》第三章第一节 3.4.3,在紧急情况下,总监理工程师或被授权的监理人员可以当场签发临时书面指示,承包人应遵照执行。承包人应在收到上述临时书面指示后 24 小时内,向监理人发出书面确认函。监理人在收到书面确认函后 24 小时内未予答复的,该书面确认函应被视为监理人的正式指示。

5. D

解析:根据《公路工程标准施工招标文件》第三章第一节第 12 条,由于发包人原因引起的暂停施工造成工期延误的,承包人有权要求发包人延长工期和(或)增加费用,并支付合理利润。由于发包人的原因发生暂停施工的紧急情况,且监理人未及时下达暂停施工指示的,承包人可先暂停施工,并及时向监理人提出暂停施工的书面请求。监理人应在接到书面请求后的 24h 内予以答复,逾期未答复的,视为同意承包人的暂停施工请求。因发包人原因无法按时复工的,承包人有权要求发包人延长工期和(或)增加费用,并支付合理利润。由于承包人责任引起的暂停施工,如承包人在收到监理人暂停施工指示后 56 天内不认真采取有效的复工措施,造成工期延误,可视为承包人违约,由承包人承担违约责任。

6. B

解析:根据《公路工程标准施工招标文件》第三章第一节 18.3.3,发包人经过验收后同意接收工程的,应在监理人收到竣工验收申请报告后的 56 天内,由监理人向承包人出具经发包人签认的工程接收证书。

7. D

解析:根据《公路工程标准施工招标文件》第三章第一节 11.1,监理人应在开工日期 7 天前向承包人发出开工通知。监理人在发出开工通知前应获得发包人同意。工期自监理人发出的开工通知中载明的开工日期起计算。承包人应在开工日期后尽快施工。

8. B

解析:根据《公路工程标准施工招标文件》第三章第一节 19.2,发包人在使用过程中,发现已接收的工程存在新的缺陷或已修复的缺陷部位或部件又遭损坏的,承包人应负责修复,直至检验合格为止。监理人和承包人应共同查清缺陷和(或)损坏的原因。经查明属承包人原因造成的,应由承包人承担修复和查验的费用。经查明属发包人原因造成的,发包人应承担修复和查验的费用,并支付承包人合理利润。承包人不能在合理时间内修复缺陷的,发包人可自行修复或委托其他人修复,所需费用由缺陷责任方承担。

9. C

解析:根据《公路工程标准施工招标文件》第三章第一节 13.5,监理人重新检验,经检验证明符合合同要求的,由发包人承担由此增加的费用和(或)工期延误,并支付承包人合理的利润;经检验证明工程质量不符合合同要求的,由此增加的费用和(或)工期延误由承包人承担。

10. C

解析:根据《公路工程标准施工招标文件》第三章第一节第 20 条,发包人应在整个施工期间为其现场机构雇佣的全部人员投保人身意外伤害险,缴纳保险费,并要求其监理人也进行此项保险。承包人应在整个施工期间为其现场机构雇用的全部人员投保人身意外伤害险,缴纳保险费,并要求其分包人也进行此项保险。

11. B

解析:根据《公路工程标准施工招标文件》第三章第二节 10.2,承包人提交合同进度计划修订申请报告,并附有关措施和相关资料的期限:实际进度发生滞后的当月 25 日前。监理人批复修订合同进度计划的期限:收到修订合同进度计划后 14 天内。

12. B

解析:公路工程专用合同条款是在考虑了公路工程的特点,对通用合同条款所做的约定、补充和细化,适用于公路工程施工项目。

13. C

解析:公路工程专用合同条款是在考虑了公路工程的特点,对通用合同条款所做的约定、补充和细化,适用于公路工程施工项目。

14. A

解析:根据《公路工程标准施工招标文件》第三章第一节 5.2,发包人提供的材料和工程设备的规格、数量、质量不符合合同要求,或由于发包人原因发生交货日期延误及交货地点变更等情况的,发包人应承担由此增加的费用和(或)工期延误,并向承包人支付合理利润。发包人提供的材料或工程设备不符合合同要求的,承包人有权拒绝,并可要求发包人更换,由此增加的费用和(或)工期延误由发包人承担。

15. A

解析:根据《公路工程标准施工招标文件》第三章第一节 21.3.1,不可抗力导致的人员伤亡、财产损失、费用增加或工期延误等后果,由合同双方按以下原则承担:①永久工程,包括已运至施工现场的材料和工程设备的损害,以及因工程损害造成的第三者人员伤亡和财产损失由发包人承担;②承包人设备的损失由承包人承担;③发包人和承包人各自承担其人员伤亡和其他财产损失及其相关费用;④承包人的停工损失由承包人承担,但停工期间应监理人要求照管工程和清理、修复工程的金额由发包人承担;⑤不能按期竣工的,应合理延长工期,承包人不需支付逾期竣工违约金。发包人要求赶工的,承包人应采取赶工措施,赶工费用由发包人承担。

16. D

解析:根据《公路工程标准施工招标文件》第三章第一节 4.3,承包人不得将其承包的全部工程转包给第三人,或将其承包的全部工程肢解后以分包的名义转包给第三人。承包人不得将工程主体、关键性工作分包给第三人,除专用合同条款另有约定外,未经发包人同意,承包人不得将工程的其他部分或工作分包给第三人。分包人的资格能力应与其分包工程的标准和规模相适应。

17. A

解析:根据《公路工程标准施工招标文件》第三章第一节 22.2.4,因发包人违约解除合同的,发包人应在解除合同后 28 天内向承包人支付下列金额,承包人应在此期限内及时向发包人提交要求支付下列金额的有关资料和凭证:①合同解除日以前所完成工作的价款;②承包人为该工程施工订购并已付款的材料、工程设备和其他物品的金额。发包人付款后,该材料、工程设备和其他物品归发包人所有;③承包人为完成工程所发生的,而发包人未支付的金额;④承包人撤离施工场地以及遣散承包人人员的金额;⑤由于解除合同应赔偿的承包人损失;⑥按合同约定在合同解除日前应支付给承包人的其他金额。发包人应支付上述金额并退还质量保证金和履约担保,但有权要求承包人支付应偿还给发包人的各项金额。

18. A

解析:根据《公路工程标准施工招标文件》第三章第一节 24.3,合同双方的争议,应首先由申请人向争议评审组提交一份详细的评审申请报告,并附必要的文件、图纸和证明材料,申请人还应将上述报告的副本同时提交给被申请人和监理人。被申请人在收到申请人评审申请报告副本后的 28 天内,向争议评审组提交一份答辩报告,并附证明材料。被申请人将答辩报告的副本同时提交给申请人和监理人。争议评审组在收到合同双方报告后的 14 天内,邀请双方代表和有关人员举行调查会,向双方调查争议细节;必要时争议评审组可要求双方进一步提供补充材料。在调查会结束后的 1 天内,争议评审组应在不受任何干扰的情况下进行独立、公正的评审,做出书面评审意见,并说明理由。在争议评审期间,争议双方暂按总监理工程师的确定执行。

19. C

解析:根据《公路工程标准施工招标文件》第三章第一节 13.5.2,监理人未按约定的时间进行检查的,除监理人另有指标外,承包人可自行完成覆盖工作,并做相应记录报送监理人,监理人应签字确认。监理人事后对检查记录有疑问的,可要求重新检查。监理人重新检验,经检验证明符合合同要求的,由发包人承担由此增加的费用和(或)工期延误,并支付承包人合理的利润;经检验证明工程质量不符合合同要求的,由此增加的费用和(或)工期延误由承包人承担。

20. C

解析:根据《公路工程标准施工招标文件》第三章第一节 11.1,监理人应在开工日前 7 天向承包人发出开工通知。监理人在发出开工通知前应获得发包人同意。

21. C

解析:根据《公路工程标准施工招标文件》第三章第一节 12.1,因下列暂停施工增加的费用和(或)工期延误由承包人承担:①承包人违约引起的暂停施工;②由于承包人原因为工程合理施工和安全保障所必需的暂停施工;③承包人擅自暂停施工;④承包人其他原因引起的暂停施工;⑤专用合同条款约定由承包人承担的其他暂停施工。公路工程专用合同条款对此细化为:现场气候条件导致的必要停工(合同规定的异常恶劣的气候条件除外)。

22. C

解析:根据《公路工程标准施工招标文件》第三章第二节 4.3.3,在工程施工过程中,承包人进行专业分包必须遵守以下规定:①允许专业分包的工程范围仅限于分部工程或分项工程、适合专业化队伍施工的工程,专业分包的工程量累计不得超过总工程量的 30%;②专业分包人的资格能力(含安全生产能力)应与其分包工程的标准和规模相适应,具备相应的专业承包资质;③专业分包工程不得再次分包;④承包人和专业分包人应当依法签订专业分包合同,并按照合同履行约定的义务;⑤承包人对施工现场安全负总责,并对专业分包人的安全生产进行培训和管理;⑥所有专业分包计划和专业分包合同须报监理人审批,并报发包人核备。

23. C

解析:根据《公路工程施工招标投标管理办法》第三条规定:下列公路工程施工项目必须进行招标,但涉及国家安全、国家秘密、抢险救灾或者利用扶贫资金实行以工代赈等不适宜进行招标的项目除外。①总投资额在 3 000 万元人民币以上的公路工程施工项目。②施工单项合同估算价在 200 万元人民币以上的公路工程施工项目。③法律、行政法规规定应当招标的其他公路工程施工项目。

24B

解析:注意这里是业主方所承担的风险,从小到大的顺序为:①总价合同;②单价合同;③成本加酬金合同。

25. B

解析:一般在下列情况下宜采用总价合同:①发包人的管理人员较少或缺乏项目管理的经验;②监理制度不太完善或缺少高水平的监理队伍;③施工图纸明确、技术不太复杂、规模较小的工程;④工期较紧急的工程。而在下列情况下可采用单价合同:①发包人的管理人员多,且有较丰富的项目管理经验;②施工图设计尚未完成,要边组织招标,边组织施工图设计;③工程变更较多的工程;④监理队伍的素质较高,监理人员行为公正,监理制度完善。成本加酬金合同一般发包人都不会选择使用,仅适用于边设计边施工的紧急工程,以及在施工阶段发生工程变更,而合同中没有使用价格可以参考时的情况。

26. B

解析:根据《公路工程标准施工招标文件》第三章第一节 17.3.2,除专用合同条款另有约定外,进度付款申请单应包括下列内容:①截至本次付款周期末已实施工程的价款;②根据第 15 条应增加和扣减的变更金额;③根据第 23 条应增加和扣减的索赔金额;④根据第 17.2 款约定应支付的预付款和扣减的返还预付款;⑤根据第 17.4.1 项约定应扣减的质量保证金;⑥根据合同应增加和扣减的其他金额。

27. B

解析:采用成本加浮动酬金的承包方式时,通常规定,当实际成本超支而减少酬金时,以原定的固定酬金数额为减少的最高限度。也就是在最坏的情况下,承包人将得不到任何酬金,但不必承担赔偿超支的责任。这种承包方式既对承发包双方都没有太多风险,又能促使承包人关心降低成本和缩短工期;但在实践中估算预期成本比较困难,所以要求当事双方具有丰富的经验。

28. C

解析:投标截止日期前的第28天后,如果工程所在地的政策的变更导致承包人施工费用增加,则发包人应向承包人补偿该增加值。

29. B

解析:总价合同对承包人而言其风险责任较大,承包人为承担物价上涨、恶劣气候等不可预见因素的应变风险,会在报价中加大不可预见费用,不利于降低总报价;单价合同对发包人的管理工作量较大,且对监理工程师的素质有很高的要求(否则,合同的公平性难以得到保证),此外,发包人采用这种合同时易遭受承包人不平衡报价带来的造价增加风险;成本加酬金合同有多种形式,其中成本加浮动酬金承包方式既对承发包双方都没有太多风险,又能促使承包人关心降低成本和缩短工期,而目标成本加奖罚承包方式可以促使承包人关心降低成本和缩短工期,而且目标成本是随设计的进展而加以调整才确定下来的,故建设单位和承包人双方都不会承担多大风险,这是其可取之处。

30. C

解析:一般在下列情况下宜采用总价合同:①发包人的管理人员较少或缺乏项目管理经验;②监理制度不太完善或缺少高水平的监理队伍;③施工图纸明确、技术不太复杂、规模较小的工程;④工期较紧急的工程。

Ⅱ. 多项选择题

1. BCD

解析:同单项选择题题中相关解析。

2. ABCD

解析:根据《公路工程标准施工招标文件》第三章第一节第10条:经监理人批准的施工进度计划称合同进度计划,是控制合同工程进度的依据;不论何种原因造成工程的实际进度与批准的合同进度计划不符时,承包人可以在专用合同条款约定的期限内向监理人提交修订合同进度计划的申请报告,并附有关措施和相关资料,报监理人审批;监理人应在开工日前7天向承包人发出开工通知,监理人在发出开工通知前应获得发包人同意;由于增加合同工作内容并不一定必然造成工期延误,这种前提下承包人不一定能获得延长工期的许可。

3. BCD

解析:根据《公路工程标准施工招标文件》第三章第一节21.3.1:不可抗力导致的人员伤亡、财产损失、费用增加或工期延误等后果,由合同双方按以下原则承担:①永久工程,包括已运至施工现场的材料和工程设备的损害,以及因工程损害造成的第三者人员伤亡和财产损失由发包人承担;②承包人设备的损失由承包人承担;③发包人和承包人各自承担其人员伤亡和其他财产损失及其相关费用;④承包人的停工损失由承包人承担,但停工期间应监理人要求照管工程和清理、修复工程的金额由发包人承担;⑤不能按期竣工的,应合理延长工期,承包人不需支付逾期竣工违约金。发包人要求赶工的,承包人应采取赶工措施,赶工费用由发包人承担。

4. ACD

解析:同单项选择题题中相关解析。

5. ABD

解析:根据《公路工程标准施工招标文件》第三章第二节9.2.5:安全生产费用应用于施工安全防护用具及设施的采购和更新、安全施工措施的落实和安全生产条件的改善,不得挪作他用。如承包人在此基础上增加安全生产费用以满足项目施工需要,则承包人应在本项目工程量清单其他相关子目的单价或总额价中予以考虑,发包人不再另行支付。因采取合同未约定的特殊防护措施增加的费用,由监理人商定或确定。

6. AD

解析:根据《公路工程标准施工招标文件》第三章第一节9.2及其补充条款:承包人应根据本工程的实际安全施工要求,编制施工安全技术措施,并在签订合同协议书后28天内,报监理人和发包人批准;对影响安全的重要工序和危险性较大的工程,承包人应编制专项施工方案,并附安全验算结果,经承包人项目总工签字并报监理人和发包人批准后实施,由专职安全生产管理人员进行现场监督。

7. ACD

解析:根据《公路工程标准施工招标文件》第三章第一节第19条及其补充条款:工程保修期终止后28天内,监理人签发保修期终止证书。

8. ABC

解析:根据《公路工程标准施工招标文件》第三章第一节第2条:发包人在合同履行过程中应当承担的义务一般包括:①发包人在履行合同过程中应遵守法律,并保证承包人免于承担因发包人违反法律而引起的任何责任;②发包人应委托监理人按合同约定的时间向承包人发出开工通知;③发包人应按专用合同条款的约定向承包人提供施工场地,以及施工场地内地下管线和地下设施等有关资料,并保证资料的真实、准确、完整;④发包人应协助承包人办理法律规定的有关施工证件和批件;⑤发包人应根据合同进度计划,组织设计单位向承包人进行设计交底;⑥发包人应按合同约定向承包人及时支付合同价款;⑦发包人应按合同约定及时组织竣工验收;⑧发包人应履行合同约定的其他义务。

9. AD

解析:施工企业不得允许其他单位使用本企业的营业执照,以本企业的名义承揽工程。专业分包工程不得再次分包。

Ⅲ. 判断题

×

解析:根据《公路工程标准施工招标文件》第三章第二节9.2.5:除项目用合同条款另有规定外,安全生产费用应为投标价(不含安全生产费及建筑工程一切险及第三者责任险的保险费)的1%(若发包人公布了投标控制价上限时,按投标控制价上限的1%计)。

(二)工程量清单、招标控制价(或清单预算)及投标报价的编制

Ⅰ. 单项选择题

1. C

解析:根据《公路工程标准施工招标文件》第五章3.3:计日工材料单价应包括基本单价及

承包人的管理费、税费、利润等所有附加费。材料基本单价按供货价加运杂费(到达承包人现场仓库)、保险费、仓库管理费以及运输损耗等计算。从现场运至使用地点的人工费和施工机械使用费不包括在上述基本单价内。

2. B

解析:根据《公路工程标准施工招标文件》第三章第一节1.1.5.5:暂估价指发包人在工程量清单中给定的用于支付必然发生但暂时不能确定价格的材料、设备以及专业工程的金额。在工程实施阶段,根据不同类型的材料与专业工程再重新定价。暂估价表包括材料暂估价、工程设备暂估价和专业工程暂估价。暂估价中的材料单价按照工程造价管理机构发布的工程造价信息或参考市场价格确定。暂估价中的专业工程暂估价应分不同专业,按有关计价规定估算。

3. C

解析:工程细目的大小要科学。工程细目可大可小,工程细目小有利于处理工程变更的计价,但计量工作量和计量难度会因此增加;工程细目大可减少计量工程量,但太大难以发挥单价合同的优势,不便于变更工程的处理(计价);另外,工程细目大也会使得支付周期延长,承包人的资金周转发生困难,最终影响合同的正常履行和合同的严肃性。

4. C

解析:工程细目又叫分项清单表或工程量清单,通常根据招标工程的不同性质分章按顺序排列。工程细目分章排列有利于将不同性质、不同位置、不同的施工阶段或其他特性不同的工程区别开来,同时,也有利于将那些需要采用不同施工方法或不同施工阶段或成本不一样的工程区别开来。

5. C

解析:根据《公路工程标准施工招标文件》第五章3.2:计日工劳务单价应包括基本单价及承包人的管理费、税费、利润等所有附加费。劳务基本单价包括:承包人劳务的全部直接费用,如工资、加班费、津贴、福利费及劳动保护费等。附加费包括:承包人的利润、管理、质检、保险、税费;易耗品的使用、水电及照明费,工作台、脚手架、临时设施费,手动机具与工具的使用及维修,以及上述各项伴随而来的费用。

6. B

解析:根据《公路工程标准施工招标文件》第五章3.4:计日工施工机械的租价应包括施工机械的折旧、利息、维修、保养、零配件、油燃料、保险和其他消耗品的费用以及全部有关使用这些机械的管理费、税费、利润和司机与助手的劳务费等费用。在计日工作业中,承包人计算所用的施工机械费用时,应按实际工作小时支付。除非经监理人的同意,计算的工作小时才能将施工机械从现场某处运到监理人指令的计日工作业的另一现场往返运送时间包括在内。

7. D

解析:根据《公路工程标准施工招标文件》第三章第一节1.1.5.5:暂估价指发包人在工程量清单中给定的用于支付必然发生但暂时不能确定价格的材料、设备以及专业工程的金额。在工程实施阶段,根据不同类型的材料与专业工程再重新定价。暂估价表包括材料暂估价、工程设备暂估价和专业工程暂估价。暂估价中的材料单价按照工程造价管理机构发布的工程造价信息或参考市场价格确定。暂估价中的专业工程暂估价应分不同专业,按有关计价规定估算。

8. C

解析:工程量的错误会造成投资控制和预算控制的困难,由于合同的预算通常是根据投标报价加上适当的预留费后确定的,工程量的错误还会造成项目管理中预算控制的困难和增加追加预算的难度。因此,工程量的准确性应予保证,其误差最大不应超过5%。

9. C

解析:工程量清单是合同文件的重要组成部分,是一份与技术规范相对应的文件,它是单价合同的产物。其作用在于:①提供合同中关于工程量的足够信息,为所有投标人提供投标报价的共同基础,以使投标单位能统一、有效而准确地编写投标文件。②是评标的基础。工程量清单由招标人提供,无论是标底的编制还是企业投标报价,都必须在清单的基础上进行,同样也为评标奠定了基础。③在投标单位报价及签订合同后,标有单价的工程量清单是办理中期支付和结算以及处理工程变更计价的依据。

10. D

解析:工程量清单由说明、工程量清单表、计日工明细表、暂估价表、工程量清单汇总表和工程量清单单价分析表几部分组成。

11. B

解析:工程量清单由招标人提供,无论是标底的编制还是企业投标报价,都必须在清单的基础上进行,同样也为评标奠定了基础。

12. C

解析:招标控制价超过批准的概算时,招标人应将其报原概算审批部门审核,由于我国对国有资金投资项目的投资控制实行的是投资概算审批制度,国有资金投资的工程原则上不能超过批准的投资概算。投标人的投标报价高于招标控制价的,其投标应予以拒绝。工程造价咨询人不得同时接受招标人和投标人对同一工程的招标控制价和投标报价的编制。

13. A

解析:标底是心理价位,接近标底的投标报价得分最高,但在报价均高于标底时,最低的投标价仍能中标。

14. C

解析:招标控制价是招标人根据国家或省级、行业建设主管部门颁发的有关计价依据和方法,按设计施工图纸计算的,对招标工程限定的最高工程造价,也可称其为拦标价、预算控制价或最高报价等。招标控制价不同于标底,招标控制价反映的是招标人对工程的最高限价,标底是招标人对工程的心理价位。它们之间的区别主要有以下几点:①招标控制价(拦标价)是最高限价,投标价如超过则为废标。标底是心理价位,接近标底的投标报价得分最高,但在报价均高于标底时,最低的投标价仍能中标。②招标控制价是公开的,标底是保密的。③低于招标控制价的合理最低价即可中标。

15. A

解析:暂估价中的材料单价按照工程造价管理机构发布的工程造价信息或参考市场价格确定。暂估价中的专业工程暂估价应分不同专业,按有关计价规定计算。低于招标控制价的合理最低价即可中标。

16. C

解析:对于建筑工程,投标人经复核认为招标人公布的招标控制价未按照《建设工程工程量清单计价规范》的规定进行编制的,应在开标前5日向招投标监督机构或(和)工程造价管理机构投诉。

17. A

解析:暂估价中的材料单价按照工程造价管理机构发布的工程造价信息或参考市场价格确定。暂估价中的专业工程暂估价应分不同专业,按有关计价规定计算。招标控制价应由具有编制能力的招标人或受其委托,具有相应资质的工程造价咨询人编制。

18. D

解析:选项D应为:招标控制价是招标人根据政府部门颁布的工程计价定额和取费标准编制的,它体现的是社会工程造价平均水平,可以检验出投标报价的合理性。

19. B

解析:工序单价法中机械数量的确定以每道工序主导机械的产量定额和该工序的有效施工天数反算得到。

20. D

解析:标价的动态分析是假定某些因素发生变化,测算标价的变化幅度,特别是这些变化对计划利润的影响。

21. D

解析:所谓的内部标价,是指投标单位根据设计图纸和技术规范,参照有关定额计算的完成本工程所需的全部费用,但不是按照工程量清单格式计算的费用。它是递交标书前投标单位内部控制的标价。建筑安装工程费是施工单位在施工中花费的全部费用,从报价的角度看可以划分为直接工程费、待摊费、分包费和暂列金额。

22. A

解析:定额单价分析法是我国投标人员常用的方法,它与编制概、预算的方法大致相同,即按照招标文件的工程量清单所列工程细目,选用与工作内容相适应的工、料、机消耗定额(选用的定额可能是经过组合并进行调整的),并分析实际的工、料、机单价,从而计算出各工程细目的直接工程费用。

23. C

解析:定额单价分析法计算直接工程费的步骤如下:①分析确定工程量清单所列支付细目所包含的工作内容和相关要求;②分析工、料、机单价;③套用定额;④计算直接工程费;⑤确定分摊费用;⑥计算工程量清单细目单价。

24. A

解析:初步计算标价经过宏观审核与进一步分析检查,可能对某些分项的单价做必要的调整,然后形成基础标价,再经盈亏分析,提出可能的低标价和高标价,供投标报价决策时选择。盈亏分析包括盈余分析和亏损分析两个方面。盈余分析是从标价组成的各个方面挖掘潜力、节约开支,计算出基础标价可能降低的数额,即所谓“挖潜盈余”,进而算出低标价。亏损分析是分析在算标时由于对未来施工过程中可能出现的不利因素考虑不周和估计不足,可能产生的费用增加和损失。

25. B

解析:盈余分析得到的低标价 = 基础标价 -(挖潜盈余 × 修正系数);亏损分析得到的高标价 = 基础标价 +(估计亏损 × 修正系数)。

26. C

解析:对于选项C,复核工程量的目的不是修改工程量清单(即使有误,投标人也不能修改工程量清单中的工程量,因为修改了清单就等于擅自修改了合同)。对工程量清单存在的错误,可以向招标人提出,由招标人统一修改,并把修改情况通知所有投标人。

Ⅱ.多项选择题

1. ACD

解析:除非合同另有规定,工程量清单中有标价的单价和总额价均已包括了为实施和完成合同工程所需的劳务、材料、机械、质检(自检)、安装、缺陷修复、管理、保险、税费、利润等费用,以及合同明示或暗示的所有责任、义务和一般风险。

2. ABD

解析:根据《公路工程标准施工招标文件》第五章1.1:工程量计算规则是根据招标文件中包括的、有合同约束力的图纸以及有关工程量清单的国家标准、行业标准、合同条款中约定的工程量计算规则编制。约定计量规则中没有的子目,其工程量按照有合同约束力的图纸所标示尺寸的理论净量计算。计量采用中华人民共和国法定计量单位。

3. ABD

解析:工程量清单是合同文件的重要组成部分,是一份与技术规范相对应的文件,它是单价合同的产物。其作用在于:①提供合同中关于工程量的足够信息,为所有投标人提供投标报价的共同基础,以使投标单位能统一、有效而准确地编写投标文件。②是评标的基础。工程量清单由招标人提供,无论是标底的编制还是企业投标报价,都必须在清单的基础上进行,同样也为评标奠定了基础。③在投标单位报价及签订合同后,标有单价的工程量清单是办理中期支付和结算以及处理工程变更计价的依据。

4. ABC

解析:根据《公路工程标准施工招标文件》第五章:工程量清单中投标人没有填入单价或价格的子目,其费用视为已分摊在工程量清单中其他相关子目的单价或价格之中。承包人必须按监理人指令完成工程量清单中未填入单价或价格的子目,但不能得到结算与支付。

5. AC

解析:根据《公路工程标准施工招标文件》第五章2.3:工程量清单中投标人没有填入单价或价格的子目,其费用视为已分摊在工程量清单中其他相关子目的单价或价格之中。承包人必须按监理人指令完成工程量清单中未填入单价或价格的子目,但不能得到结算与支付。

6. ACD

解析:同相关题目解析。

7. ABC

解析:招标控制价应由具有编制能力的招标人或受其委托,具有相应资质的工程造价咨询人编制。招标人在招标文件中公布招标控制价时,应公布招标控制价各组成部分的详细内容,不得只公布招标控制价总价。对于建筑工程,投标人经复核认为招标人公布的招标控制价未按照《建设工程工程量清单计价规范》的规定进行编制的,应在开标前5日向招投标监督机构或(和)工程造价管理机构投诉。

8. ABC

解析:对于建筑工程,投标人经复核认为招标人公布的招标控制价未按照《建设工程工程量清单计价规范》的规定进行编制的,应在开标前5日向招投标监督机构或(和)工程造价管理机构投诉。

9. AD

解析:招标控制价应由具有编制能力的招标人或受其委托,具有相应资质的工程造价咨询人编制。招标控制价不同于标底,招标控制价反映的是招标人对工程的最高限价,标底是招标人对工程的心理价位。它们之间的区别主要有以下几点:①招标控制价(拦标价)是最高限价,投标价如超过则为废标。标底是心理价位,接近标底的投标报价得分最高,但在报价均高于标底时,最低的投标价仍能中标。②招标控制价是公开的,标底是保密的。③低于招标控制价的合理最低价即可中标。

10. ABD

解析:直接工程费的计算一般有三种方法:定额单价分析法、工序单价分析法和总价控制法。

11. ABC

解析:标价的动态分析是假定某些因素发生变化,测算标价的变化幅度,特别是这些变化对计划利润的影响。①工期延误的影响,可以通过多次测算,得知工期拖延多久,利润将全部丧失;②物价和工资上涨的影响,通过调整标价计算中材料设备和工资上涨系数,测算其对工程计划利润的影响,同时切实调查工程物资和工资的升降趋势和幅度,以便作出恰当判断题,通过这一分析,可以得知投标计划利润对物价和工资上涨因素的承受能力;③其他可变因素影响,影响标价的可变因素很多,而有些是投标人无法控制的,如贷款利率的变化、政策法规的变化等。通过分析这些可变因素的变化,可以了解投标项目计划利润的受影响程度。

12. AB

解析:定额单价分析法的优点是计算方法比较规范,便于使用计算机,但缺点是,各工程细目的人工和机械台班消耗是分别计算的,对各工程细目之间的相互关系,人员和机械的合理调配问题没有考虑。也就是说,按定额单价法计算的直接工程费与整个工程的施工安排以及工期的要求没有必然的联系。

Ⅲ. 判断题

1. √

解析:略。

2. √

解析:略。

3. ×

解析:在招标控制价的编制过程中,应认真分析和理解招标文件中对投标人关于风险、调价、责任等的约定,分析和理解工程量清单编制依据以及清单项目划分和特征描述所体现的组价原则等。在计算过程中应严格按照特征描述所体现的组价原则计价,招标文件要求投标人考虑的各种因素包括风险费用,在招标控制价中也应体现,避免招标控制价与招标文件及工程量清单相脱节。

4. √

解析：略。

5. √

解析：略。

6. √

解析：略。

（三）公路建设项目施工招标的程序和招标文件的构成

Ⅰ. 单项选择题

1. A

解析：如果从项目管理的角度出发，招标人在划分标段时应当综合考虑以下因素：①招标项目的专业要求，如果招标项目的几部分内容专业要求接近，则该项目可以考虑作为一个整体进行招标；②招标项目的管理要求，如果各个独立的承包人之间的协调管理十分困难，则应当考虑将整个项目发包给一个承包人，由该承包人进行分包后统一进行协调管理；③工程各项工作的衔接，在划分标段时还应当考虑到项目在建设工程中的时间和空间的衔接。

2. D

解析：公路工程施工招标程序中资格预审阶段的内容包括：①发布资格预审公告或招标公告；②发售资格预审文件；③资格预审查。

3. D

解析：为便于投标人提出问题并得到解答，踏勘现场一般安排在投标预备会前的1～2天。《公路工程标准施工招标文件》规定，招标人按招标文件中规定的时间、地点组织投标人踏勘项目现场；投标人踏勘现场发生的费用自理；除招标人的原因外，投标人自行负责在踏勘现场中所发生的人员伤亡和财产损失；招标人在踏勘现场中介绍的工程场地和相关的周边环境情况，供投标人在编制投标文件时参考，招标人不对投标人据此做出的判断和决策负责；招标人提供的本合同工程的水文、地质、气象和料场分布、取土场、弃土场位置等参考资料，并不构成合同文件的组成部分，投标人应对自己对上述资料的解释、推论和应用负责，招标人不对投标人据此做出的判断和决策承担任何责任。

4. B

解析：资格预审是指在投标前对潜在投标人进行的资质条件、业绩、信誉、技术、资金等多方面情况进行的资格审查。而资格后审是指在开标后对投标人进行的资格审查。除招标文件另有规定外，进行资格预审的，一般不再进行资格后审。资格预审与后审的内容与标准是相同的。

5. D

解析：有下列情形之一的，招标人将重新招标：①投标截止时间止，投标人少于3个；②经评标委员会评审后否决所有投标的。

6. C

解析：召开投标预备会应注意以下事项：①招标人按招标文件中规定的时间和地点召开投标预备会，澄清投标人提出的问题；②投标人应在规定的时间前，以书面形式将提出的问题送达招标人，以便招标人在会议期间澄清；③投标预备会后，招标人在规定的时间内，将对投标人所提问题的澄清，以书面方式通知所有购买招标文件的投标人。该澄清内容为招标文件的组成部分。

7. B

解析:根据《公路工程标准施工招标文件》第二章2.2:招标文件的澄清将在投标人须知前附表规定的投标截止时间15天前以书面形式发给所有购买招标文件的投标人,但不能指明澄清问题的来源。如果澄清发出的时间距投标截止时间不足15天,相应延长投标截止时间。

8. C

解析:根据《公路工程标准施工招标文件》第二章3.3.1:投标有效期的计算起点为投标人提交投标文件截止之日起。

9. D

解析:根据《公路工程标准施工招标文件》第二章3.4.4:有下列情形之一的,投标保证金将不予退还:①投标人在规定的投标有效期内撤销或修改其投标文件;②中标人在收到中标通知书后,无正当理由拒签合同协议书或未按招标文件规定提交履约担保;③投标人不接受依据评标办法的规定对其投标文件中细微偏差进行澄清和补正;④投标人提交了虚假资料。

10. C

解析:公路工程施工招标标段,应当按照有利于对项目实施管理和规模化施工的原则,合理划分,高速公路标段路基工程一般不少于10km,路面工程一般不少于15km。如果招标项目的几部分内容专业要求接近,则该项目可以考虑作为一个整体进行招标。

11. D

解析:开标由招标人主持,并邀请所有投标人的法定代表人或其委托代理人准时参加。招标人可以在投标人须知前附表中对此做进一步说明,同时明确投标人的法定代表人或其委托代理人不参加开标的法律后果,通常不应以投标人不参加开标为由将其投标作废标处理。

12. B

解析:投标人须知包括投标人须知前附表、附录和正文三部分。投标人须知前附表是用于进一步明确正文中的未尽事宜,由招标人根据招标项目具体特点和实际需要编制和填写,但必须与招标文件中其他章节的衔接,并不得与正文内容相抵触。附录是投标人资格审查条件表,规定了本项目投标人资质、财务、业绩、信誉、项目经理与项目总工、其他管理人员和技术人员、主要机械设备和试验检测设备的最低条件。正文的主要内容有:①总则。说明项目概况、资金来源和落实情况、招标范围、计划工期和质量要求、投标人资格要求、费用承担、保密、语言文字、计量单位、踏勘现场、投标预备会、分包、偏离。②招标文件。说明招标文件的组成、澄清和修改。③投标文件。说明投标文件的组成、报价、投标有效期、保证金、资格审查资料、备选方案投标和投标文件的编制。④投标。说明投标文件的密封和标识、投标文件的递交,以及投标文件的修改与撤回。⑤开标。说明开标时间和地点、开标程序。⑥评标。说明评标委员会、评标原则、评标。⑦合同授予。说明定标方式、中标通知、履约担保、签订合同。⑧重新招标和不再招标。说明重新招标和不再招标的情形。⑨纪律和监督。说明对招标人、投标人、评标委员会成员、与评标活动有关的工作人员的纪律要求;投诉。⑩需要补充的其他内容。说明需要补充的其他内容。

13. B

解析:《公路工程标准施工招标文件》的合同条款由通用合同条款、公路工程专用合同条款和项目专用合同条款三部分构成,且附有合同协议书、履约担保和预付款担保等九个格式文件。2007版《标准施工招标文件》的合同条款由通用合同条款、专用合同条款二部分构成,且附有合同协议书、履约担保和预付款担保三个格式文件。

14. C

解析:《公路工程标准施工招标文件》给出了三种评标办法:合理低价法、综合评估法和经评审的最低投标价法。合理低价法是综合评估法的评分因素中评标价得分为 100 分、其他评分因素分值为 0 分的特例。招标人采用合理低价法时,也可采用双信封形式。除技术特别复杂的特大桥和长大隧道工程外,公路工程施工招标评标一般应当使用合理低价法。综合评估法是对投标人的评标价、施工组织设计、项目管理机构、财务能力、设备配置、业绩、履约信誉等综合评估打分的方法。其中评标价所占权重不应低于 50%。采用综合评估法时,也可采用双信封形式。综合评估法适用于技术特别复杂的特大桥梁和长大隧道工程。经评审的最低投标价法是评审委员会对满足招标文件实质要求的投标文件,根据规定的量化因素及量化标准进行价格折算,按照经评审的投标价由低到高的顺序推荐中标候选人的方法。使用世界银行、亚洲开发银行等国际金融组织贷款的项目和工程规模较小、技术含量较低的工程采用经评审的最低投标价法进行评标。

15. D

解析:根据《公路工程标准施工招标文件》第七章技术规范 411.12 计量与支付规定,选项 D 错误。

Ⅱ. 多项选择题

1. CD

解析:依据《招标投标法》的规定,必须依法进行招标的项目,招标人应当自确定中标人之日起 15 日内,向有关行政监督部门提交招标投标情况的书面报告;招标人和中标人应当自中标通知书发出之日起 30 天内,根据招标文件和中标人的投标文件订立书面合同。

2. BC

解析:资格审查办法主要有合格制审查办法和有限数量制审查办法。

3. ABCD

解析:招标投标的基本原则和要求是由招标投标的基本性质和法律特征决定的。具体如下:①合法原则;②平等原则;③公开、公正原则;④优胜劣汰原则;⑤遵循价值规律和服从供求规律相统一的原则;⑥诚实信用原则。

4. BC

解析:根据《公路工程施工招标投标管理办法》的规定,结合公路建设项目招标承包实践的要求,公路工程项目在进行施工招标前,应具备以下条件:①初步设计和概算文件已经审批;②工程已正式列入国家或地方公路建设计划;③项目法人已经确定,并符合项目法人资格标准要求;④建设资金已经落实;⑤征地拆迁工作已基本完成或落实,能保证分年度连续施工;⑥施工图设计已完成或能满足招标(编制招标文件)的需要,并能满足工程开工后连续施工的要求;⑦施工招标文件已经编制并通过审查,监理单位已经选定。

5. ACD

解析:资格预审是指在投标前对潜在投标人进行的资质条件、业绩、信誉、技术、资金等多方面情况进行资格审查。除招标文件中另有规定外,进行资格预审的,一般不再进行资格后审。资格预审和后审的内容与标准是相同的。

6. ABC

解析:根据《公路工程标准施工招标文件》第二章2.1招标文件的组成:①招标公告(或投标邀请书;②投标人须知;③评标方法;④合同条款及格式;⑤工程量清单;⑥图纸;⑦技术规范;⑧投标文件格式;⑨投标人须知前附表规定的其他材料。

7. ABC

解析:对于选项D,零填挖路段的换填土,按压实方的体积,以立方米计量。

Ⅲ. 判断

1. √

解析:略。

2. ×

解析:投标预备会后,招标人在规定的时间内,将对投标人所提问题的澄清,以书面方式通知所有购买招标文件的投标人。该澄清内容为招标文件的组成部分。

3. ×

解析:三个合同条款解释的优先顺序是项目专用合同条款优先与公路工程专用合同条款,公路工程专用合同条款优先于通用合同条款。

4. ×

解析:通用合同条款是以发包人委托监理人管理工程合同的模式设定合同当事人的权利、义务和责任,区别于由发包人和承包人双方直接进行约定和操作的合同管理模式。通用合同条款同时适用于单价合同和总价合同。

5. √

解析:略。

(四)公路建设项目施工投标程序及投标策略

Ⅰ. 单项选择题

1. C

解析:根据《公路工程标准施工招标文件》第二章4.2:投标人应在本章第2.2.2项规定的投标截止时间前递交投标文件。

2. C

解析:针对工程量清单中工程量的遗漏或错误,是否向招标人提出修改意见取决于投标策略。投标人可以运用一些报价的技巧提高报价的质量,争取在中标后能获得更大的收益。

3. A

解析:投标单位在现场考察之前,应先拟定好现场踏勘计划,提出考察提纲和疑点,设计好现场调查表格,做到有准备、有计划地进行现场考察。现场踏勘的主要内容如下:①政治方面(指国外承包工程);②地理、地貌、气象方面;③法律、法规方面;④工程施工条件,包括场内外交通运输条件,现场周围道路桥梁通行能力,便道、便桥修建位置、长度、数量;⑤经济方面,包括当地主副食供应情况;⑥健康、安全、环保方面;⑦其他方面。

4. B

解析:公路建设项目施工投标程序包括:①参加资格预审;②研究招标文件;③现场踏勘;④复核工程数量;⑤编制施工组织计划;⑥编制标书。

5. B

解析:合同条件对投标报价影响较大的因素包括付款条件。是否具有预付款,如何扣回,材料设备到达现场并检验合格后是否可以获得部分材料设备预付款,是否按订货、到工地等分阶段付款。期中付款方法,包括付款比例、保留金比例、保留金最高限额、退回保留金的时间和方法,拖延付款的利息支付等,每次期中付款有无最小金额限制、发包人付款的时间限制等。这些是影响承包人计算流动资金及其利息费用的重要因素。

6. D

解析:合同条件对投标报价影响较大的因素包括保修期的有关规定。这对何时可收回工程"尾款"、承包人的资金利息和保函费用计算有影响。

7. D

解析:合同条件对投标报价影响较大的因素包括工期。包括对开工日期的规定、施工期限以及是否有分段、分批竣工的要求。工期对制订施工计划、施工方案、施工机械设备和人员配备均是重要依据。通常情况下,工期合理能降低成本和投标价。

8. D

解析:有些工程项目的分项工程,招标人可能要求按某一方案报价,而后再提供几种可供选择方案的比较报价。投标时,应对不同规格情况下的价格都进行调查,对于将来有可能被选择使用的规格应适当提高其报价;对于技术难度大或其他原因导致的难以实现的规格,可将价格抬得更高一些。但是,所谓"可供选择项目"并非由投标人任意选择,而是只有招标人才有权进行选择。因此,虽然适当提高了可供选择项目的报价,并不意味着肯定可以取得较好的利润,只是提供了一种可能性,一旦招标人今后选用,投标人即可得到额外加价的利益。

9. C

解析:所谓不平衡单价,即在保持总价格水平的前提下,将某些项目的单价定得比正常水平高些,而另外一些项目的单价则可以比正常水平低些,但这种提高和降低又应保持在一定限度内,避免工程单价的明显不合理而导致废标。

10. A

解析:施工企业的经营业务近期不饱满,或预测市场工程项目因资金不足开工较少,为防止职工"窝工",投标策略往往是多抓几个项目,标价以微利为主。

11. C

解析:不平衡报价方法在运用时,要注意单价的不平衡幅度一定要控制在合理范围内,一般控制在5% ~10%,以免引起反对,甚至导致废标。

12. D

解析:工程量清单中无工程量而只填单价的项目(如土方工程中的挖淤泥、岩石等备用单价)其单价宜高。因为这样做不会影响总标价,而一旦发生时可以多获利。

13. B

解析:施工企业的经营业务近期比较饱和,该企业施工设备和施工水平又较高,而投标的项目施工难度较大、工期短、竞争对手少,非我莫属。在这种情况下所投标的标价,可以比一般市场价格高一些并获得较大利润。

14. C

解析:有些施工企业为了打入其他新的地区、开辟新的业务,并想在这个地区占据一定的位置,往往在第一次参加投标时,用最大限度低的报价、保本价、无利润价,甚至亏5%标价报价进行投标,中标后在施工中充分发挥本企业专长,在质量上、工期上创优质工程,创立新的信誉,并且取得立足之地,同时取得发包人的信任,以提前奖的形式给予补贴,使总价不亏本。

15. D

解析:在激烈的建筑市场竞争中,有的投标企业报出超常规的低标,令发包人和竞争对手吃惊,超常规的报价方法,常用于施工企业面临生存危机或者竞争对手较强,为了保住施工地盘或急于解决本企业"窝工"。一旦中标,通过加强管理,精兵简政,优化组合,采取合理的施工方法,采取新工艺、降低消耗和成本来完成此项目,力争减少亏损或不亏损。

Ⅱ. 多项选择题

1. ABD

解析:复核工程量的准确程度,将影响承包人的经营行为:一是根据复核后的工程量与招标文件提供的工程量之间的差距,考虑相应的投标策略,决定报价尺度;二是根据工程量的大小采取合适的施工方法,选择适用、经济的施工机具设备,确定投入使用的劳动力数量等,从而影响到投标人的询价过程。

2. BCD

解析:合同条件对投标报价影响较大的主要内容有:①承包人权利、义务的基本规定;②工期;③拖期损失赔偿金的有关规定;④保修期的有关规定;⑤保函的要求;⑥保险;⑦付款条件;⑧税收;⑨货币;⑩劳务国籍的限制;⑪战争和自然灾害等人力不可抗拒因素造成损害的补偿办法和规定,中途停工的处理办法和补救措施等;⑫有无提前竣工的奖励;⑬争议、仲裁或诉诸法律等的规定;⑭有关工程变更、索赔及价格调整的规定。

3. AB

解析:复核工程量的准确程度,将影响承包人的经营行为:一是根据复核后的工程量与招标文件提供的工程量之间的差距,考虑相应的投标策略,决定报价尺度;二是根据工程量的大小采取合适的施工方法,选择适用、经济的施工机具设备,确定投入使用的劳动力数量等,从而影响到投标人的询价过程。通过工程量计算复核还能准确地确定订货及采购物资的数量,防止由于超量或少购等带来的浪费、积压、停工待料。

4. ABC

解析:常采用的"不平衡报价法"有下列几种:①为了将初期投入的资金尽早回收,以减少资金占用时间和贷款利息,而将待摊入单价中的各项费用多摊入早收款的项目(如施工动员费、基础工程、土方工程等)中,使这些项目的单价提高,而将后期的项目单价适当降低,这样,可以提前回收资金,既有利于资金周转,存款也有利息。②对在工程实施中可能增加工程量的项目适当提高单价,而对在实施中可能减少工程量的项目则适当降低单价。③图纸不明确或有错误的,估计今后有可能修改的项目单价可提高,工程内容说明不清楚的单价可降低,这样做有利于以后的索赔。④工程量清单中无工程量而只填单价的项目(如土方工程中的挖淤泥、岩石等备用单价)其单价宜高。

5. BCD

解析:为了将初期投入的资金尽早回收,以减少资金占用时间和贷款利息,而将待摊入单价中的各项费用多摊入早收款的项目(如施工动员费、基础工程、土方工程等)中,使这些项目的单价提高,而将后期的项目单价适当降低,这样,可以提前回收资金,既有利于资金周转,存款也有利息。

6. BC

解析:有时招标文件中规定,可以提一个建议方案,即可以修改原设计方案,提出投标者的方案,投标人这时应抓住机会,组织一批有经验的工程技术人员和管理人员,对原招标文件的设计和施工方案仔细研究,提出更为合理的方案以吸引招标人,促成自己的方案中标。这种新建议方案可以降低总造价或是缩短工期,或使工程运用更为合理。但要注意,对原招标方案一定也要报价。建议方案不要写得太具体,要保留方案的技术关键,防止招标人将此方案交给其他投标人。同时要强调的是,建议方案一定要比较成熟,有很好的可操作性。

7. AC

解析:对在工程实施中可能增加工程量的项目适当提高单价,而对在实施中可能减少工程量的项目则适当降低单价。这样处理,虽然表面上维持总报价不变,但在今后实施过程中,承包人将会得到更多的工程付款。工程量清单中无工程量而只填单价的项目(如土方工程中的挖淤泥、岩石等备用单价)其单价宜高。因为这样做不会影响总标价,而一旦发生时可以多获利。

8. AB

解析:对于选项 C,图纸不明确或有错误的,估计今后有可能修改的项目单价可提高,工程内容说明不清楚的项目的单价可降低,这样做有利于以后的索赔。对于选项 D,工程量清单中无工程量而只填单价的项目(如土方工程中的挖淤泥、岩石等备用单价),其单价宜高,因为这样做不会影响总标价,而一旦发生时可以多获利。

Ⅲ. 判断题

1. ×

解析:承包人的风险责任规定,在招标文件的各份文件中都能直接或间接的体现。通常,承包人的风险责任越大,其报价越高。

2. √

解析:略。

3. √

解析:略。

(五)公路建设项目施工评标定标

Ⅰ. 单项选择题

1. B

解析:评标委员会可以以书面形式要求投表人对投标文件中含义不明确的内容作必要的澄清、说明或补正,但是澄清、说明或补正不得超出投标文件的范围或者改变投标文件的实质性内容。对招标文件的相关内容做出澄清、说明或补正,其目的是有利于评标委员会对投标文件的审查、评审和比较。澄清、说明或补正包括投标文件中含义不明确、对同类问题表述不一致或者有明显文字和计算错误的内容。但评标委员会不得向投标人提出带有暗示性或诱导性的问题,或向其明确投标文件中的遗漏和错误。同时,评标委员会不接受投标人主动提出的澄清、说明或补正。

2. B

解析:评标委员会由招标人负责组建,由招标人或其委托的招标代理机构熟悉相关业务的代表,以及有关技术、经济方面的专家组成,成员人数为 5 人以上的单数,其中技术、经济等方面的专家不得少于成员总数的 2/3。

3. D

解析:评标报告由评标委员会全体成员签字。对评标结论持有异议的评标委员会成员,可以书面方式阐述其不同意见和理由。评标委员会成员拒绝在评标报告上签字且不陈述其不同意见和理由的,视为同意评标结论。评标委员会应当对此做出书面说明并记录在案。对使用国有资金投资或者国家融资的项目,招标人应当确定排名第一的中标候选人为中标人。招标人可以授权评标委员会直接确定中标人。招标人和中标人应当自中标通知书发出之日起30天内,根据招标文件和中标人的投标文件订立书面合同。

4. B

解析:投标文件不响应招标文件的实质性要求和条件的,招标人应当拒绝,并不允许投标人通过修正或撤销其不符合要求的差异或保留,使之成为具有响应性的投标。投标文件中的大写金额与小写金额不一致的,以大写金额为准。当单价与数量相乘不等于合价时,以单价计算为准,如果单价有明显的小数点位置差错,应以标出的合价为准,同时对单价予以修正。

5. D

解析:评标委员会可以书面形式要求投表人对投标文件中含义不明确的内容作必要的澄清、说明或补正,但是澄清、说明或补正不得超出投标文件的范围或者改变投标文件的实质性内容。对招标文件的相关内容做出澄清、说明或补正,其目的是有利于评标委员会对投标文件的审查、评审和比较。澄清、说明或补正包括投标文件中含义不明确、对同类问题表述不一致或者有明显文字和计算错误的内容。但评标委员会不得向投标人提出带有暗示性或诱导性的问题,或向其明确投标文件中的遗漏和错误。同时,评标委员会不接受投标人主动提出的澄清、说明或补正。

6. B

解析:履约担保金额一般为中标价的10%。

7. C

解析:评标委员会由招标人负责组建,由招标人或其委托的招标代理机构熟悉相关业务的代表,以及有关技术、经济方面的专家组成,成员人数为5人以上的单数,其中技术、经济等方面的专家不得少于成员总数的2/3。

8. B

解析:评标价的偏差率计算公式如下:

$$偏差率 = \frac{投标人评标价 - 评标基准价}{评标基准价} \times 100\% = \frac{6\,500 - 5\,800}{5\,800} \times 100\% = 12.07\%$$

9. B

解析:招标人和中标人应当自中标通知书发出之日起30天内,根据招标文件和中标人的投标文件订立书面合同。

10. D

解析:根据《公路工程标准施工招标文件》第二章3.4.3:招标人与中标人签订合同后5个工作日内,向中标人和未中标的投标人退还投标保证金。

11. C

解析:评标委员按照经评审的投标价由低到高的顺序推荐中标候选人,或根据招标人授权直接确定中标人,但投标报价低于其成本的除外。

12. D

解析:根据《公路工程标准施工招标文件》第二章 8.1:有下列情形之一的,招标人将重新招标:①投标截止时间止,投标人少于 3 个的;②经评标委员会评审后否决所有投标的;③中标候选人均未与招标人签订合同的;④法律规定的其他情形。

13. A

解析:依据《中华人民共和国招标投标法》的规定,依法必须进行招标的项目,招标人应当自确定中标人之日起 15 日内,向有关行政监督部门提交招标投标情况的书面报告。

14. C

解析:发包人应在工程接收证书颁发后 28 天内把履约担保退还给承包人。

Ⅱ. 多项选择题

ABE

解析:形式评审与响应性评审标准:包括投标文件按照招标文件规定的格式、内容填写,字迹清晰可辨;投标文件上法定代表人或其授权代理人的签字、投标人的单位章盖章齐全,符合招标文件规定;与申请资格预审时比较,投标人资格没有实质性下降;投标人按照招标文件规定的金额、形式、时效和内容提供了投标担保;投标人法定代表人的授权代理人,需提交附有法定代表人身份证明的授权委托书,并符合要求;投标人以联合体形式投标时,联合体协议书满足招标文件的要求;招标人如有分包计划,应按"投标文件格式"的要求填写"拟分包项目情况表"且专业分包的工程量累计未超过总工程量的 30%;一份投标文件应只有一个投标报价,在招标文件没有规定的情况下,未提交选择性报价;投标人若提交调价函,调价函符合招标文件要求;投标人若填写工程量固化清单,填写完毕的工程量清单未对工程量固化清单电子文件中的数据、格式和运算定义进行修改;投标文件载明的招标项目完成期限未超过招标文件规定的时限;投标文件未附有招标人不能接受的条件;权利义务符合招标文件规定。

Ⅲ. 判断题

1. ×

解析:招标人可以授权评标委员会直接确定中标人。

2. √

解析:略。

(六)公路建设项目招标的分类及内容

Ⅰ. 单项选择题

1. C

解析:根据我国的法律规定,合同的订立程序包括要约和承诺两个阶段,招标投标的过程是要约和承诺实现的过程(在招标投标过程中投送标书是一种要约行为,签发中标通知书是一种承诺行为),是当事人双方合同法律关系产生的过程。

2. D

解析:公开招标在其公开程度、竞争的广泛性等方面具有较大的优势,但公开招标也有一定的缺陷,比如,由于投标人众多,一般耗时较长,需花费的成本也较大,对于采购标的较小的招标来说,采用公开招标的方式往往得不偿失;另外,有些项目专业性较强,有资格承接的潜在投标人较少,或者需要在较短时间内完成采购任务等,也不宜采用公开招标的方式。

3. C

解析:邀请招标也称有限竞争性招标或选择性招标,即由招标人以投标邀请书的方式邀请特定的法人或者其他组织参加投标竞争,从中选定中标者的招标方式。招标人采用邀请招标方式的,应当向三个以上具备承担招标项目的能力、资信良好的特定的法人或者其他组织发出投标邀请书。按照《工程建设项目施工招标投标办法》的规定,国务院发展计划部门确定的国家重点建设项目和各省、自治区、直辖市人民政府确定的地方重点项目,以及全部使用国有资金投资或者国有资金投资占控股或者主导地位的工程建设项目,应当公开招标。符合《公路工程施工招标投标管理办法》规定的条件,不适宜公开招标的项目,依法履行审批手续后,可以进行邀请招标。

4. C

解析:根据《中华人民共和国招标投标法》第三条规定:在中华人民共和国境内进行下列工程建设项目包括项目的勘察、设计、施工、监理以及与工程建设有关的重要设备、材料等的采购,必须进行招标:①大型基础设施、公用事业等关系社会公共利益、公众安全的项目。②全部或部分使用国有资金投资或国家融资的项目。③使用国际组织或者外国政府贷款、援助资金的项目。

5. C

解析:根据《工程建设项目招标范围和规模标准规定》第七条规定。①施工单项合同估算价在 200 万元人民币以上的。②重要设备、材料等货物的采购,单项合同估算价在 100 万元人民币以上的。③勘察、设计监理等服务的采购,单项合同估算价在 50 万元人民币以上的。④单项合同估算价低于第①、②、③项规定标准,但项目总投资额在 3 000 万元人民币以上的。

6. C

解析:招标代理机构是依法设立、从事招标代理业务并提供相关服务的社会中介组织。

7. A

解析:公路建设项目招标分类。①按照工程标的分类:公路工程招标可分为勘察设计招标、施工监理招标、材料设备招标和施工招标。②按照竞争程度分类:可分为公开招标和邀请招标,这也是我国《中华人民共和国招标投标法》中规定的法定招标方式。③按照招标的组织形式分类:可以分为招标人自行招标和招标人委托招标机构代理招标。

Ⅱ. 多项选择题

1. CD

解析:同相关题目解析。

2. BCD

解析:《中华人民共和国招标投标法》要求招标代理机构应当具备下列条件:①有从事招标代理业务的营业场所和相应资金。②有能够编制招标文件和组织评标的相应专业力量。③有符合规定条件、可以作为评标委员会成员人选的技术、经济等方面的专家库。

3. ABC

解析:《公路工程施工招标投标管理办法》第十一条规定:公路工程施工招标符合下列条件之一,不适宜公开招标的,依法履行审批手续后,可以进行邀请招标:①项目技术复杂或有特殊技术要求,且符合条件的潜在投标人数量有限的。②受自然地域环境限制的。③公开招标的费用与工程费用相比,所占比例过大的。

4. ABCD

解析:公路建设项目招标分类。①按照工程标的分类。根据标的的不同,公路工程招标可分为勘察设计招标、施工监理招标、材料设备招标和施工招标。②按照竞争程度分类。可分为公开招标和邀请招标。这也是我国《中华人民共和国招标投标法》中规定的法定招标方式。③按照招标的组织形式分类。可以分为招标人自行招标和招标人委托招标机构代理招标。

5. ABC

解析:公开招标在其公开程度、竞争的广泛性等方面具有较大的优势,但公开招标也有一定的缺陷,比如,由于投标人众多,一般耗时较长,需花费的成本也较大,对于采购标的较小的招标来说,采用公开招标的方式往往得不偿失;另外,有些项目专业性较强,有资格承接的潜在投标人较少,或者需要在较短时间内完成采购任务等,也不宜采用公开招标的方式。

Ⅲ. 判断题

1. ×

解析:邀请招标也称有限竞争性招标或选择性招标,即由招标人以投标邀请书的方式邀请特定的法人或者其他组织参加投标竞争,从中选定中标者的招标方式。招标人采用邀请招标方式的,应当向三个以上具备承担招标项目的能力、资信良好的特定的法人或者其他组织发出投标邀请书。

2. √

解析:略。

(七)国际上有关建设工程招投标和国际咨询工程师联合会编写的土木工程施工合同条件(简称 FIDIC 合同条件)的主要内容

Ⅰ. 单项选择题

1. D

解析:世界银行虽然并不“批准”招标文件,但需其表示“无意见”后招标文件才可以公开发售。

2. C

解析:从发出广告但投标人做出反应之间应有充分时间,以便投标人进行准备。一般从刊登招标广告或发售招标文件(两个时间中以较晚的时间为准)算起,给予投标商准备投标的时间不得少于 45 天。

3. C

解析:如果在合同双方之间产生起因于合同的任何争端,任一方可以将此类争端以书面形式提交 DAB 供其裁定,由 DAB 在 84 天内提出裁决意见,争端双方如同意此裁决意见,则双方应立即执行 DAB 做出的每项决定,如果合同双方中任一方对 DAB 的裁决不满意(或 DAB 在 84 天内未能做出裁决意见),则可提交仲裁。但仲裁必须经过 56 天的友好解决期后才能开始。如双方在同意 DAB 的裁决意见后而其中一方又不执行,则另一方可要求直接仲裁。

Ⅱ. 多项选择题

1. BC

解析:开标时间一般应是投标截止时间或紧接在截止时之后。

2. BC

解析:关于国际竞争性招标的开标,应允许投标人或其代表出席开标会议,对每份标书都应当众读出其投标人、报价和交货或完工期;如果要求或允许提出替代方案,也应读出替代方案的报价及完工期。标书是否附有投标保证金或保函也应当众读出。不能因为标书未附投标保证金或保函而拒绝开启。标书的详细内容是不可能也不必全部读出的。开标应做出记录,列明到会人员及宣读的有关标书的内容。如果世界银行有要求,还应将记录的副本送交世界银行。开标时一般不允许提问或作任何解释,但允许记录和录音。上述公开开标的程序是竞争性招标最常采用的开标程序,也是世界银行要求其贷款项目采用国际竞争性招标方法时必须遵循的程序。公开开标也有其他变通的办法,例如"两个信封制度",即要求投标书的技术性部分密封装入一个信封,而将报价装入另一个密封信封。

Ⅲ. 判断题

1. √

解析:略。

2. ×

解析:1999 版 FIDIC 通用合同条件中,明确了工程师属于业主方的人员,不再是独立的第三方,这与 1987 版 FIDIC 规定工程师属于独立的第三方有所区别,但仍强调工程师应站在公正的立场处理问题。

六、公路建设项目施工阶段工程造价的计价与控制

(一)掌握工程变更和合同价款的调整

Ⅰ.单项选择题

1. C

解析:根据《公路工程标准施工招标文件》第三章第一节15.3.1,承包人收到监理人按合同约定发出的图纸和文件,经检查认为其中存在第15.1款约定情形的,可向监理人提出书面变更建议。变更建议应阐明要求变更的依据,并附必要的图纸和说明。

2. D

解析:根据《公路工程标准施工招标文件》第三章第一节15.3.1,在合同履行过程中,可能发生第15.1款约定情形的,监理人可向承包人发出变更意向书。变更意向书应说明变更的具体内容和发包人对变更的时间要求,并附必要的图纸和相关资料。变更意向书应要求承包人提交包括拟实施变更工作的计划、措施和竣工时间等内容的实施方案。

3. A

解析:根据《公路工程标准施工招标文件》第三章第一节15.1,除专用合同条款另有规定外,在履行合同中发生以下情形之一,应按照本条规定进行变更。①取消合同中任何一项工作,但被取消的工作不能转由发包人或其他人实施;②改变合同中任何一项工作的质量或其他特性;③改变合同工程的基线、高程、位置或尺寸;④改变合同中任何一项工作的施工时间或改变已批准的施工工艺或顺序;⑤未完成工程需要追加的额外工作。

4. D

解析:设计变更文件完成后,项目法人组织对设计变更文件进行审查。一般设计变更文件由项目法人审查确认后决定是否实施。项目法人应当在15日内完成审查确认工作。重大及较大设计变更文件经项目法人审查确认后报省级交通主管部门审查。其中,重大设计变更文件由省级交通主管部门审查后报交通运输部批准;较大设计变更文件由省级交通主管部门批准,并报交通运输部备案。若设计变更与可行性研究报告批复内容不一致,应征得原可行性研究报告批复部门的同意。设计变更文件的审批应当在20日内完成。

5. D

解析:设计变更文件完成后,项目法人组织对设计变更文件进行审查。一般设计变更文件由项目法人审查确认后决定是否实施。项目法人应当在15日内完成审查确认工作。重大及较大设计变更文件经项目法人审查确认后报省级交通主管部门审查。其中,重大设计变更文件由省级交通主管部门审查后报交通运输部批准;较大设计变更文件由省级交通主管部门批准,并报交通运输部备案。若设计变更与可行性研究报告批复内容不一致,应征得原可行性研究报告批复部门的同意。设计变更文件的审批应当在20日内完成。

6. C

解析:设计变更文件完成后,项目法人组织对设计变更文件进行审查。一般设计变更文件

由项目法人审查确认后决定是否实施。项目法人应当在15日内完成审查确认工作。重大及较大设计变更文件经项目法人审查确认后报省级交通主管部门审查。其中,重大设计变更文件由省级交通主管部门审查后报交通运输部批准;较大设计变更文件由省级交通主管部门批准,并报交通运输部备案。若设计变更与可行性研究报告批复内容不一致,应征得原可行性研究报告批复部门的同意。设计变更文件的审批应当在20日内完成。

7. C

解析:按照交通运输部《公路工程设计变更管理办法》,公路工程设计变更分为重大设计变更、较大设计变更和一般设计变更。有下列情形之一的属于重大设计变更。①连续长度10km以上的路线方案调整的。②特大桥的数量或结构形式发生变化的。③特长隧道的数量或通风方案发生变化的。④互通式立交的数量发生变化的。⑤收费方式及站点位置、规模发生变化的。⑥超过初步设计批准概算的。

8. A

解析:对一般设计变更建议,由项目法人根据审查核实情况或者论证结果决定是否开展设计变更的勘察设计工作。对较大设计变更和重大设计变更建议,项目法人经审查论证确认后,向省级交通主管部门提出公路工程设计变更的申请,并提交以下材料:①设计变更申请书。②对设计变更申请的调查核实情况、合理性论证情况。③省级交通主管部门要求提交的其他相关材料。省级交通主管部门自受理申请之日起15日内作出是否同意开展设计变更的勘察设计工作的决定,并书面通知申请人。

9. B

解析:根据《公路工程标准施工招标文件》第三章第一节15.3.1,承包人收到监理人按合同约定发出的图纸和文件,经检查认为其中存在第15.1款约定情形的,可向监理人提出书面变更建议。变更建议应阐明要求变更的依据,并附必要的图纸和说明。监理人收到承包人书面建议后,应与发包人共同研究,确认存在变更的,应在收到承包人书面建议后的14日内作出变更指示。经研究后不同意作为变更的,应由监理人书面答复承包人。

10. A

解析:需调整的价格差额为:

$$\begin{aligned}\Delta p &= p_0\left[A+\left(B_1\times\frac{F_{t1}}{F_{01}}+B_2\times\frac{F_{t2}}{F_{02}}+B_3\times\frac{F_{t3}}{F_{03}}\right)-1\right]\\&=500\left[45\%+\left(20\%\times\frac{107}{105}+10\%\times\frac{106}{102}+25\%\times\frac{115}{110}\right)-1\right]\\&=9.55(\text{万元})\end{aligned}$$

所以调整后的合同价款为:500+9.55=509.55(万元)。

11. A

解析:《标准施工招标文件》通用合同条款15.1规定工程变更的范围包括:①取消合同中任何一项工作,但被取消的工作不能转由发包人或其他人实施;②改变合同中任何一项工作的质量或其他特性;③改变合同工程的基线、高程、位置或尺寸;④改变合同中任何一项工作的施工时间或改变已批准的施工工艺或顺序;⑤为完成工程需要追加的额外工作。在合同履行过程中,如果监理人、发包人和承包人发现出现上述约定情形的,均可提出变更建议,但变更指示只能由监理人发出。监理人发出的变更指示应说明变更的目的、范围、变更内容以及变更的工程量及其进度和技术要求，并附有关图纸和文件。承包人收到变更指示后，应按变更指示进行变更工作。没有监理人的变更指示，承包人不能进行任何变更。

12. A

解析：《公路工程标准施工招标文件》专用合同条款 15.4 款给出了估价的原则，一般在变更估价时：①如果取消某项工作，则该项工作的总额不予以支付；②已标价工程量清单中有适用于变更工作的子目的，采用该子目的单价；③已标价工程量清单中无适用于变更工作的子目，但有类似子目的，可在合理范围内参照类似子目的单价，由监理人按合同规定商定或确定变更工作的单价；④已标价工程量清单中无适用或类似子目的单价，可在综合考虑承包人在投标时所提供的单价分析表的基础上，由监理人按合同规定商定或确定变更工作的单价；⑤如果本工程的变更指示是因承包人过错、承包人违反合同或承包人责任造成的，则这种违约引起的任何额外费用应由承包人承担。

13. B

解析：项目法人在报审设计变更文件时，应提交以下材料：①设计变更说明；②设计变更的勘察设计图纸及原设计相应图纸；③工程量、投资变化对照清单和分项概、预算文件。

14. A

解析：合理的定价方法是在考虑单价时，在保持原有报价不受实质影响的前提下，对新增工程量部分以合理定价的差价计算，变更工程的新单价是在承包人原有报价的基础上加上合理定价的差价。所以变更后的单价 $=28+(34-30)=32.0$（元/m^2）。

15. D

解析：以合同单价为基础定价的特点是简单且有合同依据。但不足是合同单价是由不变成本和可变成本构成，可变成本随着工程量的增加而增加，不变成本是相对固定的，当工程量增加时，分摊在合同单价中的不定成本下降，而不是随着工程量的增加而增加。

16. D

解析：采用合同单价为基础确定的新单价 $=36\times5/4=45$（元/m^2）；采用合理差价定价法确定的新单价 $=32+(49.6-40)=41.6$（元/m^2）。

17. B

解析：根据《公路工程标准施工招标文件》第三章第一节 15.3.2，除专用合同条款对期限另有约定外，承包人应在收到变更指示或变更意向书后的 14 天内，向监理人提交变更报价书，报价内容应根据第 15.4 款约定的估价原则，详细开列变更工作的价格组成及其依据，并附必要的施工方法说明和有关图纸。

18. C

解析：以概预算方法为基础单价方法的优点是有法律依据，产生的价格相对合理，能真实地反映完成变更工程的成本和利润。其缺点是不同的施工方案和施工方法单价不同，概预算的方法反映的是社会平均水平，不能反映承包人的实际水平和市场竞争对价格的影响，特别是当承包人采用了不平衡报价时，以概预算方法确定的工程变更单价，可能会加剧总造价的不合理性。

19. B

解析：合理差价定价法体现了工程变更定价的一般原则，即工程变更不改变承包人在报价时的状态，承包人不因工程变更而额外收益，也不因工程变更而受损。

20. B

解析:合理差价定价法是在考虑单价时,在保持原有报价不受实质影响的前提下,对新增工程量部分以合理定价的差价计算,变更工程的新单价是在承包人原有报价的基础上加上合理定价的差价。所以新单价为:35 + (50 - 40) = 45(元/m^2)。

Ⅱ. 多项选择题

1. BC

解析:按照交通运输部《公路工程设计变更管理办法》,公路工程设计变更分为重大设计变更、较大设计变更和一般设计变更。有下列情形之一的属于重大设计变更:①连续长度10km以上的路线方案调整的。②特大桥的数量或结构形式发生变化的。③特长隧道的数量或通风方案发生变化的。④互通式立交的数量发生变化的。⑤收费方式及站点位置、规模发生变化的。⑥超过初步设计批准概算的。

2. ABD

解析:按照交通运输部《公路工程设计变更管理办法》,公路工程设计变更分为重大设计变更、较大设计变更和一般设计变更。有下列情形之一的属于较大设计变更:①连续长度2km以上的路线方案调整的。②连接线的标准和规模发生变化的。③特殊不良地质路段处置方案发生变化的。④路面结构类型、宽度和厚度发生变化的。⑤大中桥的数量或结构形式发生变化的。⑥隧道的数量或方案发生变化的。⑦互通式立交的位置或方案发生变化的。⑧分离式立交的数量发生变化的。⑨监控、通信系统总体方案发生变化的。⑩管理、养护和服务设施的数量和规模发生变化的。⑪其他单项工程费用变化超过500万元的。⑫超过施工图设计批准预算的。

3. ABC

解析:在工程项目的实施过程中,由于多方面的原因,经常会出现工程形式、数量、性质、进度等方面变化的问题,这些问题的产生,一方面是由于勘察设计工作不细致,以致在施工过程中发现许多招标文件中没有考虑或估算不准确的情况,因而不得不改变施工项目或增减工程量;另一方面,是由于发生不可预见的事件,比如地质条件与预计的不同,或社会原因引起的停工或工期拖延等。工程变更的目的是为了使工程更完善、合理或有利于工程的实施。因此,一旦发生工程变更,应遵循合同条款规定进行。

4. BCD

解析:根据《公路工程标准施工招标文件》第三章第一节15.6,暂列金额只能按照监理人的指示使用,并对合同价格进行相应调整。

5. ACD

解析:根据《公路工程标准施工招标文件》第三章第一节15.3.3,变更指示应说明变更的目的、范围、变更内容以及变更的工程量及其进度和技术要求,并附有关图纸和文件。承包人收到变更指示后,应按变更指示进行变更工作。

6. ABC

解析:根据《公路工程标准施工招标文件》第三章第二节15.4,除项目专用合同条款另有约定外,因变更引起的价格调整按照本款约定处理。①如果取消某项工作,则该项工作的总额价不予以支付。②已标价工程量清单中有适用于变更工作的子目的,采用该子目的单价。③已标价工程量清单中无适用于变更工作的子目但有类似子目的,可在合理范围内参照类似子目的单价,由监理人按第3.5款商定或确定变更工作的单价。④已标价工程量清单中无适用或类似子目的单价,可在综合考虑承包人在投标时所提供的单价分析表的基础上,由监理人按第3.5款商定或确定变更工作的单价。⑤如果本工程的变更指示是因承包人过错、承包人违反合同或承包人责任造成的,则这种违约引起的任何额外费用应由承包人承担。

Ⅲ.判断题

1.√

解析:略。

2.×

解析:以合同单价为基础定价的特点是简单且有合同依据。但不足是合同单价是由不变成本和可变成本构成,可变成本随着工程量的增加而增加,不变成本是相对固定的,当工程量增加时,分摊在合同单价中的可变成本下降,而不是随着工程量的增加而增加。

(二)掌握工程索赔的处理原则和索赔费用的计算

Ⅰ.单项选择题

1.D

解析:合同缺陷常常变现为合同文件规定不严谨甚至矛盾、合同中的遗漏或错误,这不仅包括商务条款中的缺陷,也包括技术规范和图纸中的缺陷。在这种情况下,监理人有权作出解释。但如果承包人执行监理人的解释后引起成本增加或工期延长,则承包人可以为此提出索赔,监理人应给予证明,发包人应给予赔偿。

2.C

解析:按索赔事件的性质,索赔可分为①工程延误索赔。②工程变更索赔。③工程终止索赔。④施工加速索赔。⑤意外风险和不可预见因素索赔。在工程实施工程中,因人力不可抗拒的自然灾害、特殊风险以及一个有经验的承包人通常不能合理预见的不利施工条件或外界障碍,如地下水、地质断层、溶洞、地下障碍物等引起的索赔。⑥其他索赔。

3.C

解析:工程变更常常表现为设计变更、施工方法变更、追加或取消某些工作、合同约定的其他变更等。

4.D

解析:总时差是指在不影响总工期的前提下,本工作可以利用的机动时间。若施工暂停5天,则承包人可获得工期补偿为5-4=1天。

5.B

解析:当共同延误同时出现在一项关键活动中时,可以按照出现延误的责任顺序进行处理。处理的原则是:追究首先出现延误责任的第一方,当第一责任方的延误已经结束,第二责任方的延误仍在继续时,追究第二责任方,若第三责任方的延误一直持续到第二责任方之后,则之后的延误追究第三责任方。

6.C

解析:根据《公路工程标准施工招标文件》第四章第一节通用合同条款11.6、5.2.4、4.11.2、11.4,发包人要求承包人提前竣工的可索赔费用;发包人要求向承包人提前交付工程设备的可索赔费用;承包人遇到不利物质条件的可索赔工期和费用;承包人遇到异常恶劣的气候条件的可索赔工期。

7. C

解析:根据《公路工程标准施工招标文件》第四章第一节通用合同条款 19.2、5.2.4、1.10.1、16.2,发包人原因导致的工程缺陷和损失可索赔费用和利润;发包人要求向承包人提前交付工程设备的可索赔费用;施工过程发现文物可索赔工期和费用;政策变化引起的价格调整可索赔费用。

8. C

解析:在实际工程中,若干扰事件仅影响到某些单项工程、单位工程或分部分项工程的工期,要分析它们对总工期的影响,可采用较简单的比例类推法。比例类推法可根据工程量进行类推,也可根据工程造价进行类推。按造价进行比例类推:工期索赔值 = 原合同工期 × 额外增加的工程量的价格/原合同总价 = 18 × 50/1 000 = 0.9(月)。

9. C

解析:在实际工程中,若干扰事件仅影响到某些单项工程、单位工程或分部分项工程的工期,要分析它们对总工期的影响,可采用较简单的比例类推法。比例类推法可根据工程量进行类推,也可根据工程造价进行类推。按工程量进行比例类推:工期索赔值 = 原合同工期 × 额外增加的工程量/原合同工程量 = 16 × [(8 000 + 10 200 − 8 000 × (1 + 20%)]/8 000 = 17.2(天),其中额外增加的工程量部分应去除承包人应承担的工期风险工程量。

10. B

解析:根据《公路工程标准施工招标文件》第四章第一节通用合同条款 21.3.1,由于不可抗力,承包人可获得工期的补偿。

11. D

解析:根据《公路工程标准施工招标文件》第四章第一节通用合同条款 5.2.6,由于发包人提供的材料和工程设备不符合合同要求的,承包人可获得工期、费用和利润的赔偿。

12. C

解析:根据《公路工程标准施工招标文件》第四章第一节通用合同条款 23.1,承包人应在发出索赔意向通知书后 28 天内,向监理人正式递交索赔通知书。索赔通知书应详细说明索赔理由以及要求追加的付款金额和(或)延长的工期,并附必要的记录和证明材料。

13. C

解析:不论是风险事件的发生,还是当事人不完成合同工作,都必须在合同中找到相应的依据,这些依据可以是明示的,也可以是隐含的。只要是与索赔有关的双方会谈纪要,就可以作为索赔依据。

14. D

解析:根据《公路工程标准施工招标文件》第四章第一节通用合同条款 8.3,由于发包人提供基准资料错误导致承包人的返工或造成工程损失的,承包人可获得工期、费用和利润的赔偿。

15. B

解析:根据《公路工程标准施工招标文件》第四章第一节通用合同条款 1.10.1,施工过程发现文物、古迹以及其他遗迹、化石、钱币或物品的,承包人可获得工期和费用的赔偿。

16. A

解析:发包人违约常常表现为发包人或监理人未能按合同规定为承包人提供得以顺利施

工的条件。《公路工程标准施工招标文件》通用合同条款约定的有:①发包人未能按合同约定支付预付款或合同价款,或拖延、拒绝批准付款申请和支付凭证,导致付款延误的;②发包人原因造成停工的;③监理人无正当理由没有在约定期限内发出复工指示,导致承包人无法复工的;④发包人无法继续履行或明确表示不履行或实质上已停止履行合同的;⑤发包人不履行合同约定其他义务的。

17. C

解析:合同缺陷常常变现为合同文件规定不严谨甚至矛盾、合同中的遗漏或错误,这不仅包括商务条款中的缺陷,也包括技术规范和图纸中的缺陷。在这种情况下,监理人有权作出解释。但如果承包人执行监理人的解释后引起成本增加或工期延长,则承包人可以为此提出索赔,监理人应给予证明,发包人应给予赔偿。

18. B

解析:根据《公路工程标准施工招标文件》:承包人遇到不利物质条件时,应采取适应不利物质条件的合理措施继续施工,并及时通知监理人。监理人应当及时发出指示,指示构成变更的,按有关变更的约定处理。监理人没有发出指示的,承包人因采取合理措施而增加的费用和(或)工期延误,由发包人承担。监理人发出的指示不构成变更时,承包人因采取合理措施而增加的费用和(或)工期延误,也应由发包人承担。

19. A

解析:根据《标准施工招标文件》第 12.2 款规定,由发包人原因引起的暂停施工,承包人可索赔工期、费用、利润。

20. C

解析:季节性大雨造成的工期延误属于承包人应承担的风险,所以可索赔的工期 =2 +3 =5(天)。

21. C

解析:根据《公路工程标准施工招标文件》第四章第一节通用合同条款 21.3.1 和第二节专用合同条款 21.1.1:由于不可抗力的原因,承包人可索赔工期,但不包括费用和利润,事件一只可获得 2 天工期索赔款;事件二是由于发包人原因引起的暂停施工,可获得工期、费用和利润索赔。所以索赔工期 =2 +2 =4(天);索赔费用 =30 ×15 =450(元)。

22. C

解析:承包人遇到异常恶劣天气可索赔工期,发包人额外增加工作时可索赔工期和费用,而承包人遇到不利物质条件与异常恶劣天气同时发生,且只持续一天,故承包人进行 A 工作时可索赔工期 3 天,而进行 B 工作时可索赔工期 7 天,费用 15 000 元。

23. B

解析:发包人额外增加工作时,承包人可索赔工期和费用。其中增加工作内容的人工费应按照计日工费计算,而停工损失费和工作效率降低的损失费按窝工费计算。当工作内容增加引起机械费索赔时,可以按照机械台班费计算;因窝工引起的机械费索赔,如果施工机械属于施工企业自有时,按照机械折旧费计算索赔费用;当施工机械是施工企业从外部租赁时,索赔费用可以按照设备租赁费计算。故承包人可得的费用索赔额为(20 ×50 +1 ×200) ×(1 +30%) =1 560(元)。

24. C

解析:工期延误按工程延误责任可分为:①发包人及监理人的责任;②承包人的责任;③不可控制因素导致的延误。

25. D

解析:工期延误按延误原因可分为:①可原谅延误;②不可原谅延误。

26. A

解析:工期延误按延误出现的活动类型可分为:①关键延误;②非关键延误。

27. B

解析:工期延误按延误出现的形式可分为:①单独延误;②共同延误。

28. A

解析:根据《标准施工招标文件》第 11.4 款规定,遇到异常恶劣的气候条件时,承包人可以索赔工期,但不能索赔费用。

29. D

解析:当共同延误同时出现在一项关键活动中时,可以按照出现延误的责任顺序进行处理。处理的原则是:追究首先出现延误责任的第一方,当第一责任方的延误已经结束,第二责任方的延误仍在继续时,追究第二责任方,若第三责任方的延误一直持续到第二责任方之后,则之后的延误追究第三责任方。

Ⅱ.多项选择题

1. BC

解析:按索赔处理方式,索赔可分为①单项索赔;②综合索赔。

2. BD

解析:根据《公路工程标准施工招标文件》第四章第一节通用合同条款 16.2、19.2、5.2.4、18.4.2,由于法律变化引起的价格调整,承包人可索赔费用;由于发包人原因导致的工程缺陷和损失,承包人可索赔费用和利润;由于发包人要求向承包人提前交付材料和工程设备的,承包人可索赔费用;由于发包人在全部工程竣工之前,使用已接收的单位工程导致承包人费用增加的,承包人可索赔工期、费用和利润。

3. BD

解析:根据《公路工程标准施工招标文件》第四章第一节通用合同条款 4.11、2.5.2.4、1.10.1、11.6,承包人遇到不利物质条件的可索赔工期和费用;发包人要求向承包人提前交付材料和工程设备的可索赔费用;施工过程发现文物、古迹以及其他遗迹、化石、钱币或物品的可索赔工期和费用;发包人要求承包人提前竣工的可索赔费用。

4. ABC

解析:按照通用条款中的责任规定,发包人因承包人责任原因而受到损害时,提出的索赔有以下情况:①由于承包人原因导致工程延期。②承包人原因导致施工缺陷的索赔。③承包人原因导致其他损失的索赔:a. 承包人在运输材料设备过程中,因承包人应承担的责任,如损坏了公路和桥梁等设施。因而发包人受到交通管理部门的罚款后,向承包人的索赔;b. 对承包人不合格材料或设备进行的重复检验费;c. 承包人应以双方共同名义投保失效,给发包人带来的损失;d. 因承包人原因工程延期,需加班赶工时,所增加的监理服务费。

5. BCE

解析:根据《公路工程标准施工招标文件》第四章第一节通用合同条款 5.2.4、5.2.6、

11.3、19.2、12.2，发包人要求向承包人提前交付材料和工程设备的，承包人可索赔费用；发包人提供的材料和工程设备不符合合同要求的，承包人可索赔工期、费用和利润；发包人的原因造成工期延误的，承包人可索赔工期、费用和利润；发包人的原因导致工程缺陷和损失的，承包人可索赔费用和利润；发包人的原因引起的暂停施工的，承包人可索赔工期、费用和利润。

6. CD

解析：根据《公路工程标准施工招标文件》第四章第一节通用合同条款 11.6、5.2.4、4.11.2、11.4，发包人要求承包人提前竣工的可索赔费用；发包人要求向承包人提前交付工程设备的可索赔费用；承包人遇到不利物质条件的可索赔工期和费用；承包人遇到异常恶劣的气候条件的可索赔工期。

7. ABCD

解析：根据《公路工程标准施工招标文件》第四章第一节通用合同条款 19.2、5.2.4、1.10.1、16.2，发包人原因导致的工程缺陷和损失的可索赔费用和利润；发包人要求向承包人提前交付工程设备的可索赔费用；施工过程发现文物的可索赔工期和费用；法律变化引起的价格调整可索赔费用。

8. BD

解析：根据《公路工程标准施工招标文件》第四章第一节通用合同条款 19.2、5.2.4、1.10.1、16.2，发包人原因导致的工程缺陷和损失的可索赔费用和利润；发包人要求向承包人提前交付工程设备的可索赔费用；施工过程发现文物的可索赔工期和费用；法律变化引起的价格调整可索赔费用。

9. CD

解析：事件①不能获得费用索赔；事件②索赔额 $=(20\times50+1\times200)\times(1+30\%)=1\,560$（元）；事件③索赔额 $=20\times20+1\times100=500$（元）；索赔额合计 $=2\,060$（元）。

10. ABD

解析：承包人向发包人的费用索赔事件中，施工费用一般由可变费用和不变费用构成，引起可变费用增加的可能：一是停工损失和生产效率下降，二是增加工作，三是物价因素。

11. AC

解析：根据《公路工程标准施工招标文件》通用合同条款：8.3、21.3.1、13.5.3、1.10.1，发包人提供的基准资料错误的可索赔工期、费用和利润；遇到不可抗力的可索赔工期；监理人指标对隐蔽工程揭开重新检查，检查后表明工程质量符合合同要求的可索赔工期、费用和利润；施工过程中发现文物的可索赔工期和利润。

12. BC

解析：费用索赔的计算方法有实际费用法、修正总费用法等。

Ⅲ. 判断题

1. ×

解析：合同通用条款要求：承包人应在知道或应当知道索赔事件发生后 28 天内，向监理人递交索赔意向通知书，并说明发生索赔事件的事由。承包人未在前述 28 天内发出索赔意向通知书的，丧失要求追加付款和（或）延长工期的权利。

2. ×

解析：费用索赔计算中，在总费用计算的原则上去掉一些不确定的可能因素，对总费用进行相应的修改和调整,此法称为修正的总费用法。

3. ×

解析:承包人没有合法的理由拖延工期,而又不能按时竣工,就要承担延期违约赔偿责任。合同条件内规定的延期违约赔偿费并不是“罚款”,只是要求承包人补偿由于发包人不能将合同工程按期投入使用蒙受的经济损失。

4. ×

解析:在工程实施过程中,一旦出现索赔事件,承包人应在合同规定的时间内,及时向发包人或监理人书面提出索赔意向通知,亦即向发包人或监理人就某一个或若干个索赔事件表示索赔愿望、要求或声明保留索赔的权利。

(三)工程价款的支付与结算

Ⅰ. 单项选择题

1. A

解析:开工预付款属于发包人的预付,因此,要在中期结算(支付)中由发包人逐次扣回。扣回时间是在进度付款证书的累计金额达到签约合同价的30%之后开始,按工程进度以固定比例(即每完成签约合同价的1%,扣回开工预付款的2%)分期从各月的进度付款证书中扣回,全部金额在进度付款证书的累计支付金额达到签约合同价的80%时扣完。

2. B

解析:物价指数包括基期价格指数和现价值数。合同条款规定,投标截止日期前第28天原产地国家统计局公布流通使用的基础物价指数为参与调价品种的基价值数;工程开工后原产地国家统计局公布流通使用的现行物价指数为参与调价品种的现行指数。

3. B

解析:根据《公路工程标准施工招标文件》通用合同条款16.1.1.1,因人工、材料和设备等价格波动影响合同价格时,根据投标函附录中的价格指数和权重表约定的数据,按以下公式计算差额并调整合同价格。

$$P = P_0\left[A + \left(B_1 \times \frac{F_{t1}}{F_{01}} + B_2 \times \frac{F_{t2}}{F_{02}} + B_3 \times \frac{F_{t3}}{F_{03}} + \cdots\cdots + B_n \times \frac{F_{tn}}{F_{0n}}\right)\right]$$

$$= 50[0.3 + (0.7 \times 0.45 \times 1.1 + 0.7 \times 0.45 + 0.7 \times 0.1)]$$

$$= 51.58(\text{万元})$$

所以调整后的工程价款 = 50 + 1.58 = 51.58(万元)。

4. C

解析:由于承包人原因未在约定的工期内竣工的,则对原约定竣工日期继续施工的工程,在使用价格调整公式时,应采用原约定竣工日期与实际竣工日期的两个价格指数中较低的一个作为现行价格指数。

5. D

解析:监理人在收到承包人进度付款申请单以及相应的支持性证明文件后的14天内完成核查,提出发包人到期应支付给承包人的金额以及相应的支持性材料,经发包人审查同意后,由监理人向承包人出具经发包人签认的进度付款证书。根据《公路工程标准施工招标文件》通用条款第17.3.3款的有关约定,发包人应在收到期中支付证书后28天内将应付款项支付给承包人,如果发包人未能在规定期限内付款,则应按投标书附录规定的利率支付全部未付款额的利息。

6. D

解析:开工预付款的支付条件包括:①签订了合同协议书;②提交了履约担保;③提交了开工预付款担保。

7. D

解析:材料、设备预付款按项目专用合同条款数据表中所列主要材料、设备单据费用(进口的材料、设备为到岸价,国内采购的为出厂价或销售价,地方材料为堆场价)的百分比支付。

8. A

解析:根据《公路工程标准施工招标文件》第三章第一节 19.1,公路工程的缺陷责任期自交工验收之日起计算。在全部工程交工验收前,已经发包人提前验收的单位工程,其缺陷责任期的起算日期相应提前。

9. D

解析:约定的缺陷责任期满,承包人向发包人申请返还保证金。发包人在接到承包人返还保证金申请后,应于 14 日内会同承包人按照合同约定的内容进行核实。如无异议,发包人应当在核实后 14 日内将保证金返还给承包人,逾期支付的,从逾期之日起,按照同期银行贷款利率计付利息,并承担违约责任。发包人在接到承包人返还保证金申请后 14 日内不予答复,经催告后 14 日内仍不予答复,视同认可承包人的返还保证金申请。

10. D

解析:根据《标准施工招标文件》通用条款第 17.3.3 款的有关规定,发包人应在收到期中支付证书后 28 天内将应付款项支付给承包人,如果发包人未能在规定期限内付款,则应按投标书附录规定的利率支付全部未付款额的利息。

11. A

解析:工程量清单以外、合同以内的费用项目,是指哪些没有包括在工程量清单以内、但根据合同条款规定应该结算的费用项目。包括:开工预付款、材料预付款、质量保证金、工程变更费用、价格调整费用、索赔费用、拖期违约损失偿金、提前竣工奖金、迟付款利息等费用项目。

12. B

解析:监理人在收到承包人提交的竣工付款申请单后的 14 天内完成核查,提出发包人到期应支付给承包人的价款送发包人审核并抄送承包人。发包人应在收到后 14 天内审核完毕,由监理人向承包人出具经发包人签认的竣工付款证书。

13. C

解析:监理人收到承包人提交的最终结清申请单后的 14 天内,提出发包人应支付给承包人的价款,送发包人审核并抄送承包人。发包人应在收到后 14 天内审核完毕,由监理人向承包人出具经发包人签认的最终结清证书.发包人应在监理人出具最终结清证书后的 14 天内,将应支付款支付给承包人。

14. C

解析:$2\,000 \times 60\% = 1\,200$(万元),大于前两个月的工程款并小于前三个月的工程款,所以本工程预付款的起扣月份是第三个月。

15. A

解析:未超出部分工程款为 $10(1+10\%) \times 10^4 \times 30 = 330$(万元)

超出部分工程款为$[12-10(1+10\%)]\times10^4\times25=25$(万元)

总工程款为$330+25=355$(万元)

16. D

解析:工程价款结算按照时间分类,可以划分为预结算(支付)、期中结算(支付)、交工结算(支付)和最后结算(支付)四种。我国公路工程建筑安装工程价款最常用的结算方式是期中结算(支付),即施工中进行的结算,一般按月进度支付,是根据每月完成的工程量按清单价格计算的工程价款及合同规定应结算(支付)的其他款项。

Ⅱ. 多项选择题

1. BD

解析:根据《公路工程标准施工招标文件》通用合同条款 16.1.1.1:P_0 的计算应不包括价格调整、不计质量保证金的扣留和支付、预付款的支付和扣回。第 15 条约定的变更及其他金额已按现行价格计价的,也不计在内。

2. BCD

解析:除专用合同条款另有约定外,交工付款申请单应包括下列内容:①交工结算合同总价。②发包人已支付承包人的工程价款。③应扣留的质量保证金。④应支付的竣工付款金额。

3. BCD

解析:合同中通常含有计日工明细表,表中列有不同劳务、材料、施工设备的估计数量;发包人在接到承包人返还保证金申请后,应与 14 日内会同承包人按照合同约定的内容进行核实。如无异议,发包人应当在核实后 14 日内将保证金返还给承包人;根据《标准施工招标文件》通用条款第 17.3.3 款的有关规定,发包人应在收到期中支付证书后 28 天内将应付款项支付给承包人。

4. ABC

解析:工程施工结算的主要依据有国家和地方有关主管部门颁发的有关工程造价编制、管理方面的文件、工程承包合同、合同条款、技术规范、工程量清单、设计图纸、计量的工程量、日常施工记录等。

5. ACD

解析:对于已竣工未验收且未实际投入使用的工程的质量争议按工程质量监督机构的处理决定执行后办理竣工结算;对于已竣工未验收但实际投入使用的工程,其质量争议按工程保修合同执行。

6. ACD

解析:根据合同规定,承包人应在每月末向监理人提交由其项目经理签署的按监理人格式要求填写的月结账单(付款申请书)一式 6 份,该月结账单包括以下栏目:①自开工截至本月末止已完成的工程价款。②自开工截至上月末止已完成的工程价款。③本月完成的(应结算的)工程价款,即① - ②。④本月完成的应结算的计日工价款。⑤本月应支付的暂列金额价款。⑥本月应支付的材料设备预付款。⑦根据合同规定本月应结算的其他款项。⑧价格调整及法规变更引起的费用。⑨本月应扣留的保留金、材料设备预付款及开工预付款。⑩根据合同规定,本月应扣除的其他款项。

7. ABC

解析：材料、设备预付款的支付条件包括：①材料、设备符合规范要求并经监理人认可；②承包人已出具材料、设备费用凭证或支付单据；③材料、设备已在现场交货，且存储良好，监理人认为材料、设备的质量及其存储方法符合要求。

Ⅲ.判断题

×

解析：各可调因子的现行价格指数，指根据进度付款、竣工付款和最终结清等付款证书相关周期最后一天的前42天的各可调因子的价格指数。

(四)投资偏差分析的方法及纠正措施，项目资金计划的编制

Ⅰ.单项选择题

1.A

解析：由于偏差是费用比较的结果，因而某一偏差的出现必然同时与两个费用变量有关。在费用分析中，一般涉及以下三个与工程费用有关的参数：①拟完工程计划费用。②已完工程计划费用。③已完工程实际费用。相应地，就有三种工程费用偏差变量：费用偏差1=已完工程实际费用-拟完工程计划费用；费用偏差2=已完工程实际费用-已完工程计划费用；费用偏差3=已完工程计划费用-拟完工程计划费用。费用偏差1包含了实际完成工程数量与计划完成工程数量以及实际单价与计划单价两方面的偏差；费用偏差2只包含实际单价与计划单价的偏差；费用偏差3则只包含实际完成工程数量与计划完成工程数量的偏差，反映的是进度的偏差。

2.D

解析：

$$\text{进度相对偏差}=\frac{\text{已完工程计划投资}-\text{拟完工程计划投资}}{\text{拟完工程计划投资}}=\frac{160\times60-100\times60}{100\times60}=0.6$$

3.B

解析：费用偏差=已完工程实际投资-已完工程计划投资，故第3个月末的费用偏差=$(300\times20+800\times20+900\times23)-(300+800+900)\times20=2\,700$(元)，其值为正，故为投资增加。

4.D

解析：进度绝对偏差=已完工程计划费用-拟完工程计划费用=$16\times6-10\times6=36$(万元)。值为正，所以进度提前。

5.D

解析：表格法是进行偏差分析最常采用的一种方法，它具有许多突出的优点。①灵活、适用性强，可以根据项目的具体情况、数据来源、工程造价控制工作的要求等条件来设计表格。②信息量大，可以反映各种偏差变量和指标。③便于用计算机辅助工程造价控制，减少工程造价控制人员在处理费用数据方面所消耗的时间和精力。

6.D

解析：累计偏差分析并不是局部偏差分析的简单汇总，而需要对局部偏差分析的结果进行综合分析，其结果更能显示出代表性、规律性，对工程造价控制工作在较大范围内具有指导作用。

7.C

解析:费用相对偏差 =(已完工程实际费用 - 已完工程计划费用)/已完工程计划费用 =(14 000 ×5.5 - 14 000 ×5.5)/(14 000 ×5.5) = 0;进度绝对偏差 = 已完工程计划费用 - 拟完工程计划费用 = 14 000 ×5.5 - 15 197 ×5.5 = -6 583.5(元)。

8. A

解析:组织措施是其他各类措施的前提和保障,而且一般不需要增加什么费用,运用得当可以收到良好的效果。尤其是对由于发包人原因所导致的工程造价偏差,这类措施可能称为首选措施,故应予以足够的重视。

9. A

解析:偏差分析可以采用不同的方法,常用的有横道图法、表格法和挣值法。在工程造价控制的实际工作中,可以根据具体情况选择其中 1 ~2 种方法;必要时,也可以把这三种方法综合起来应用。

10. A

解析:香蕉形曲线左侧曲线是计划以各项工作的最早开始时间安排进度而绘制的 S 形曲线,称为 ES 曲线。右侧曲线是计划以各项工作的最迟开始时间安排进度,而绘制的 S 形曲线。

11. B

解析:编制资金使用计划过程中最重要的步骤,就是工程造价目标的分解。

12. A

解析:按进度计划绘制时间 - 费用累计曲线步骤如下:①绘制时标网络图;②计算单位时间资金使用计划;③计算规定时间的计划累计完成的资金额;④编制 S 形曲线。

Ⅱ. 多项选择题

1. BCD

解析:经济措施是最易为人接受和采用的措施。在这方面,要特别注意不要把经济措施仅仅理解为审核工程量及相应的付款和结算报告。尽管这是非常必要和非常重要的工作,但这对有效地控制工程造价仍然是不够的,还需要从一些全局性、总体性的问题上加以考虑。例如,检查工程造价目标的分解是否合理、是否正确,资金支出计划是否合理、有无保障、与施工进度是否协调,设计修改和变更是否必要、是否超标准等。

2. BD

解析:挣值法的四个评价指标中,费用偏差公式 CV = 已完工作量预算费用 - 已完工作量的实际费用;进度偏差公式 SV = 已完工作量的预算费用 - 计划工作量的预算费用;费用执行指标公式 CPI = 已完工作量的预算费用/已完工作量的实际费用;进度执行指标公式 SPI = 已完工作量的预算费用/计划工作量的预算费用。

3. ACD

解析:合同措施在纠偏方面主要是索赔管理。在施工过程中,承包人有时会提出索赔要求。工程造价控制人员或合同管理人员要审查承包人的索赔依据是否符合合同有关条款的规定,索赔事件是否属实、是否确实是非承包人的责任,索赔的计算方法是否合理等。在必要和可能的情况下,可对已签订并执行的合同作一些补充或修改。

4. AD

解析:进度绝对偏差 = 已完工程计划费用 - 拟完工程计划费用 = 1 200 - 1 500 = -300(万元);费用绝对偏差 = 已完工程实际费用 - 已完工程计划费用 = 1 800 - 1 200 = 600(万元);所

以工期拖延300万元,费用超支600万元。

5. BCD

解析:一般而言,在编制资金使用计划时,所有工作都按最迟开始时间开始,对节约建设资金贷款利息是有利的,但同时,也增加了项目按期竣工的风险。因为施工中如果有意外情况发生,就不能再利用时差。

6. BC

解析:施工阶段工程造价控制的主要费用是建筑安装工程费用。控制目标的分解可以将建筑安装工程费用按照项目的构成和时间进度的形式进行。

Ⅲ. 判断题

1. ×

解析:绝对偏差的结果比较直观,其作用主要在于了解项目工程费用偏差的绝对数额,指导资金支出计划和资金筹措计划的制订或调整。但绝对偏差有一定的局限性,而相对偏差就能较客观地反映工程费用偏差的严重程度和合理程度,并且可以与项目不同层次工程造价控制人员的偏差控制范围结合起来。从对工程造价控制工作的要求来看,相对偏差比绝对偏差更有意义,应当予以更高的重视。

2. ×

解析:从工程造价控制的要求来看,技术措施并不一定是因为发生了技术问题才加以考虑,也可以完全是因为出现了经济问题(如工程费用偏差较大)而加以运用。

3. ×

解析:在编制项目资金计划时,要对项目的总支出考虑一定的预备费,也要在主要的分项工程上考虑适当的不可预见费,避免在计划实施中,由于个别单位工程的变更或实际工程量与计划有较大出入,使原来的施工预算失实,同时在项目实施过程中对其尽可能地采取一些措施。

(五)国际咨询工程师联合会编写的土木工程施工合同条件(简称FIDIC合同条件)下工程价款的结算

Ⅰ. 单项选择题

1. D

解析:当保留金已累计扣留到保留金限额的60%时,为了使承包人有较充裕的流动资金用于工程施工,可以允许承包人提交保留金保函代换保留金。业主返还保留金限额的50%,剩余部分待颁发履约证书后再返还。保函金额在颁发接收证书后不递减。

2. B

解析:扣留承包人的保留金分两次返还:第一次,颁发工程接收证书后的返还;第二次,保修期满颁发履约证书后将剩余保留金返还。

Ⅱ. 多项选择题

1. AC

解析:在收到最终报表及书面结清单后28天内,工程师应向业主发出一份最终支付证书;业主应在收到证书后的56天内支付。

2. BD

解析:承包人应按工程师批准的格式在每个月末之后向工程师提交一式六份报表;业主的

付款时间不应超过工程师收到承包人的月进度付款申请单后的56天。

Ⅲ.判断题

解析:略。

(六)工程项目管理软件的使用

Ⅰ.单项选择题

1. A

解析:项目管理软件是服务于项目管理模式,而国内的项目管理模式在发展中处于多元混合态,各项目管控的重点、精细程度、管控力度、管控流程都千差万别,因此,需要平台化的项目管理软件,来快速适应项目管理的可变性。

2. B

解析:项目管理软件的应用,需要项目投入资金,用于软件、硬件的购买、培训及服务工作,项目建设单位专门列出项目管理软件费用专款专用。交通运输部组织编制的《公路工程标准施工招标文件》中,工程量清单第100章已经专门增加了项目管理软件费用一项,体现了对应用项目管理软件的资金保障。

3. D

解析:3G、4G通讯技术、RFID无线射频技术、BI(商业智能)的发展,必然带动项目管理软件的智能化发展。

Ⅱ.多项选择题

1. ABCD

解析:应用项目管理软件的保障措施包括:①组织措施;②资金保障;③制度保障;④技术保障。

2. BCD

解析:项目管理软件的主要功能包括:①多项目并行管理;②自定义业务设置;③合同管理;④费用控制;⑤质量控制;⑥计划进度;⑦资料管理;⑧信息管理。

Ⅲ.判断题

1. ×

解析:项目管理软件的发展趋势的特点包括平台化、集成化、可视化、智能化。

2. ×

解析:随着BIM(建筑信息模型)技术的兴起、视频监控的应用,三维图形与工程部位空间信息、时间信息、进展信息、费用信息等相互结合,利用视频监控及时掌握工程实际进展。此状况表现了项目管理软件的可视化发展趋势。

七、竣工决算的编制和竣工后保修费用的处理

(一)公路建设项目工程决算的编制

Ⅰ.单项选择题

1. B

解析:通过工程决算的编制能够真实地反映项目费用形成,考核各项费用支出的必要性和合理性,与批准的概(预)算对比反映概(预)算执行情况,从而达到规范管理,堵塞漏洞的目的。

2. D

解析:根据《公路建设项目工程决算编制办法》的规定,依据资金来源和建设项目分类。工程决算适用范围是政府和国有经济组织投资的公路工程新建和改建项目。

3. D

解析:公路工程决算文件包括决算编制说明和工程决算表。

4. A

解析:根据财政部、国家计委联合发布的《基本建设项目竣工决算编制办法》和国家计委发布的《建设项目(工程)竣工验收办法》的要求,交通部制订了《交通基本建设项目竣工决算报告编制办法》、《关于发布公路建设项目工程决算编制办法的通知》,规定要求:公路建设项目工程决算是建设项目竣工验收工作的重要组成部分,各级交通主管部门要加强对公路建设项目工程决算编制工作的指导,项目法人要做好项目建设过程中有关资料的收集、整理和分析工作,按照《公路建设项目工程决算编制办法》要求,组织编制工程决算文件。

5. C

解析:公路工程决算数据软盘包括基础数据表和工程决算文件。

6. B

解析:工程决算表包括:建设项目概况表、投资控制情况比较表、工程数量情况比较表、概(预)算分析表、标底及合同费用分析表、项目总决算表、建安工程决算汇总表、设备、工具及器具购置费用支出汇总表、工程建设其他费用支出汇总表。

7. A

解析:工程决算总费用由建筑安装工程费,设备、工具及器具购置费,工程建设其他费用三部分构成。

Ⅱ.多项选择题

1. ABC

解析:工程决算编制依据包括:①经交通主管部门批准的设计文件,以及批准的概(预)算或调整概(预)算文件;②招标文件、标底(如果有)及与各有关单位签订的合同文件;③建设过程中的文件及有关支付凭证;④竣工图纸;⑤其他有关文件、资料、凭证等。

2. ABD

解析:工程决算编制要求包括:①工程决算总费用由建筑安装工程费,设备、工具及器具购置费,工程建设其他费用三部分构成;②工程决算通过工程决算表进行计算;③工程决算文件由项目法人在交工验收后负责组织编制,竣工验收前编制完成.并将工程决算文件及工程决算数据软盘各1份上报交通主管部门,同时抄送工程造价管理部门;④工程决算文件由项目法人在交工验收后负责组织编制,竣工验收后编制完成。并将工程决算文件及工程决算数据软盘各1份上报交通主管部门,同时抄送工程造价管理部门。

3. ACD

解析:工程决算文件编制说明包括以下内容:①工程决算概况;②工程概(预)算执行情况说明;③设备、工具、器具购置情况的说明;④工程建设其他费用使用情况的说明;⑤预留费用使用情况的说明;⑥工程决算编制中有关问题处理的说明;⑦造价控制的经验与教训总结;⑧工程遗留问题;⑨其他需要说明的事项。

4. BC

解析:工程决算表包括:建设项目概况表、投资控制情况比较表、工程数量情况比较表、概(预)算分析表、标底及合同费用分析表、项目总决算表、建安工程决算汇总表、设备、工具及器具购置费用支出汇总表、工程建设其他费用支出汇总表。

Ⅲ. 判断题

√

解析:略。

(二)新增资产价值的确定

Ⅰ. 单项选择题

1. C

解析:新增固定资产价值是以独立发挥生产能力的单项工程为对象的。单项工程建成经有关部门验收鉴定合格,正式移交生产或使用,即应计算新增固定资产价值。一次交付生产或使用的工程一次计算新增固定资产价值,分期分批交付生产或使用的工程,应分期分批计算新增固定资产价值。

2. B

解析:对于为了提高产品质量、改善劳动条件、节约材料消耗、保护环境而建设的附属辅助工程,只要全部建成,正式验收交付使用后就要计入新增固定资产价值。对于单项工程中不构成生产系统但能发挥效益的非生产性项目,在交付使用后计入新增固定资产价值。凡购置达到固定资产标准不需要安装的设备、工具、器具,应在交付使用后计入新增固定资产价值。分期分批交付生产或使用的工程,应分期分批计算新增固定资产价值。

3. D

解析:开办费、租入固定资产改良支出等属于递延资产;专利权、非专利技术、商标权、商誉等属于无形资产;现金、存货、银行存款、应收账款、预付款、短期投资属于流动资产;单项工程建成经有关部门验收鉴定合格,正式移交生产或使用需要计入新增固定资产。

4. B

解析:无形资产是指特定主体所控制的,不具有实物形态,对生产经营长期发挥作用且能够带来经济利益的资源。新增无形资产是指企业长期使用但没有实物形态的资产,包括专利权、商标权、著作权、土地使用权、非专利技术、商誉等。

5. B

解析:新增固定资产的其他费用,如果是属于整个建设项目或两个以上单项工程的,在计算新增固定资产价值时,应在各单项工程中按比例分摊。分摊时,什么费用应由什么工程负担应按具体规定进行。一般情况下,建设项目管理费按建筑工程、安装工程、需安装设备价值总额按比例分摊,而土地征用费、勘察设计费等费用则按建筑工程造价比例分摊。

6. B

解析:运输设备及其他不需要安装的设备、工具、器具、家具等固定资产一般仅计算采购成本,不计分摊的待摊投资,路线工程应分摊的待摊投资 3 000 ÷ (4 000 + 8 000) × 8 000 = 2 000(万元)。

7. B

解析:固定资产是指使用年限超过一年的、单位价值较高的、非货币性的有形资产,并且在使用过程中保持原有实物形态的资产。流动资产是指可以在一年或者超过一年的营业周期内变现或者耗用的资产。无形资产是指特定主体所控制的,不具有实物形态,对生产经营长期发挥作用且能带来经济利益的资源。递延资产是指不能全部计入当年损益,应当在以后年度分期摊销的各种费用。

8. B

解析:建设项目管理费按建筑工程、安装工程、需安装设备价值总额按比例分摊。路线工程应分摊的建设项目管理费 = 800 ÷ (4 000 + 8 000) × 8 000 = 533.33(万元)。

9. C

解析:建设项目管理费按建筑工程、安装工程、需安装设备价值总额按比例分摊;土地征用费、勘察设计费等费用按建筑工程造价分摊。桥梁工程应分摊的建设管理费 = 800 ÷ (4 000 + 8 000 + 5 000) × 4 000 = 188.24(万元);桥梁工程应分摊的征地、迁移补偿费 = 3 000 ÷ (4 000 + 8 000) × 4 000 = 1 000(万元)。则桥梁工程应分摊的征地、迁移补偿费和建设项目管理费合计为 1 000 + 188.24 = 1 188.24(万元)。

10. B

解析:建设项目管理费按建筑工程、安装工程、需安装设备价值总额按比例分摊;土地征用费、勘察设计费等费用按建筑工程造价比例分摊。安装设备应分摊的建设管理费 = 800 ÷ (4 000 + 8 000 + 5 000) × 5 000 = 235.29 万元,该公路项目安装设备新增固定资产价值为 5 000 + 235.29 = 5 235.29(万元)。

Ⅱ. 多项选择题

1. AC

解析:新增固定资产价值的计算是以单项工程为对象的。分期分批交付生产或使用的工程,应分期分批计算新增固定资产价值。建设单位管理费按单项工程的建筑工程、安装工程、需安装设备价值总额按比例分摊。土地征用费、勘察设计费用按单项工程的建筑工程造价总额比例分摊。

2. ABC

解析:建设单位管理费按单项工程的建筑工程、安装工程、需安装设备价值总额按比例分摊。

3. BD

解析:对于为了提高产品质量、改善劳动条件、节约材料消耗、保护环境而建设的附属辅助工程,只要全部建成,正式验收交付使用后就要计入新增固定资产价值。对于单项工程中不构成生产系统但能发挥效益的非生产性项目,在交付使用后计入新增固定资产价值。凡购置达到固定资产标准不需要安装的设备、工具、器具,应在交付使用后计入新增固定资产价值。与项目配套,且由本项目投资并掌握其产权的专用工程,交付使用后一并计入新增固定资产价值。

4. AC

解析:对于为了提高产品质量、改善劳动条件、节约材料消耗、保护环境而建设的附属辅助工程,只要全部建成,正式验收交付使用后就要计入新增固定资产价值。对于单项工程中不构成生产系统但能发挥效益的非生产性项目,在交付使用后计入新增固定资产价值。凡购置达到固定资产标准不需要安装的设备、工具、器具,应在交付使用后计入新增固定资产价值。与项目配套,且由本项目投资并掌握其产权的专用工程,交付使用后一并计入新增固定资产价值。

Ⅲ. 判断题

√

解析:略。

(三)公路建设项目竣工决算的内容和编制

Ⅰ. 单项选择题

1. B

解析:竣工决算的编制,是以建设单位为主,在监理工程师和施工单位的配合下共同完成的,是建设工程所特有的多次性计价环节中的最后一次计价。

2. C

解析:建设项目办理交付使用财产价值的依据是竣工决算。

3. C

解析:工程决算是从工程管理的角度出发,侧重于工程实体形成过程中“量”、“价”、“费”的分析,以建安工程费用为重点,以签订的合同为基础,以实施工程量、合同单价及合同相关条款为核算依据。竣工决算则是从财务管理的角度出发,侧重于对资金的流向、大小和在时间上分布的分析;由于它侧重于对财务制度执行情况的反映,能够确定资金流动的真实性和合法性,是办理资产交付使用手续的依据。工程决算与概预算表格不同。工程决算是建设项目竣工验收工作的重要组成部分。

4. B

解析:竣工决算的编制,是以建设单位为主,在监理工程师和施工单位的配合下共同完成的,是建设工程所特有的多次性计价环节中的最后一次计价。施工企业为了总结经验,提高自身经营水平,在单位工程(或单项工程)竣工后,往往也编制单位工程(或单项工程)竣工成本结算,用以核算工程实际成本、预算成本和成本降低额,作为实际成本分析。它与建设竣工决算在概念和内容方面都不一样。

5. C

解析:公路工程竣工决算包括了基本项目从筹建到建成投产的全部费用。它除了用货币形式表示基本建设的实际成本和有关指标外,还包括建设工期、工程量和资产的实物量、技术经济指标以及是否遵守国家的财经纪律和投资计划的执行情况。

6. A

解析:竣工决算是以实物数量和货币指标为计量单位,综合反映竣工项目从筹建开始到项目竣工交付使用为止的全部建设费用、投资效果和财务情况的总结性文件,是竣工验收报告的重要组成部分。

7. D

解析:工程决算能满足不同管理部门对工程造价管理信息的需求,而竣工决算不能满足不同管理部门对工程造价管理信息的需求。

8. C

解析:依据《交通基本建设项目竣工决算报告编制办法》的规定,竣工决算报告表式分为竣工决算审批表、工程概况专用表和财务通用表。

9. B

解析:工程概况专用表反映已完工的建设项目的建设周期、完成的主要工程数量、主要材料消耗、占用拆迁面积、工程投资、新增资产和新增生产能力。

10. C

解析:财务通用表映竣工工程从开始建设起至竣工时为止资金来源、支出、节余等全部资金的运用情况,作为考核和分析基本建设拨款和投资效果的依据。

11. D

解析:竣工决算报告说明书是竣工决算报告中的重要组成部分,主要内容包括:工程项目概况及组织管理情况;工程建设过程和工程管理工作中的重大事件、经验教训;工程投资支出和财务管理工作的基本情况;工程遗留问题等。

12. A

解析:竣工财务决算说明书主要反映竣工工程建设成果和经验,是对竣工决算报表进行分析和补充说明的文件,是全面考核分析工程投资与造价的书面总结。

13. D

解析:基建结余资金 = 基建拨款 + 项目资本 + 项目资本公积 + 基建投资借款 + 企业债券资金 + 待冲基建支出 − 基本建设支出 − 应收生产单位投资借款 = 2 500 + 100 + 600 + 800 + 2 000 + 500 − 1 500 − 1 800 = 3 200(万元)。

14. D

解析:在建设项目竣工决算报表编制中,对于外资使用情况,将外币折合为人民币时,应以竣工时的汇率为准。

15. D

解析:"主管部门"填写需上报竣工决算报告的主管部门或单位;"建设项目名称"填写批准前的项目初步设计文件中注明的项目名称;"建设项目类别"是指"大中型"或"小型";"建设性质"是指建设项目属于新建、改建、扩建、续建等内容;"级别"是指中央及或地方级的建设项目。

Ⅱ. 多项选择题

1. ABCD

解析:公路工程竣工验收的依据包括:①批准的项目建议书、工程可行性研究报告;②批准的工程初步设计、施工图设计及设计变更文件;③施工许可;招标文件及合同文本;④行政主管部门的有关批复、批示文件;⑤公路工程技术标准、规范、规程及国家有关部门的相关规定。

2. ABD

解析:交工验收阶段,其主要工作是:检查施工合同的执行情况,评价工程质量,对各参建单位工作进行初步评价;竣工验收阶段,其主要工作是:对工程质量、参建单位和建设项目进行综合评价,并对工程建设项目作出整体性综合评价。

3. ABCD

解析:公路工程竣工决算报告由竣工决算报告封面、竣工工程平面示意图、竣工决算报告说明书、竣工决算表格四部分组成。

4. ABC

解析:财务通用表包括基本建设项目竣工财务决算总表,资金来源情况表,资金来源表,待核销基建支出及转出投资明细表,工程造价和概算执行情况表,外资使用情况表,交付使用资产总表和交付使用资产明细表。

5. ACD

解析:竣工决算报告编制依据包括以下文件、资料:

①经批准的可行性研究报告、初步设计、概算或调整概算、变更设计以及开工报告等文件。

②历年的年度基本建设投资计划。

③经审核批复的历年年度基本建设财务决算。

④编制的施工图预算,承包合同、工程结算等有关资料。

⑤历年有关财产物资、统计、财务会计核算、劳动工资、审计及环境保护等有关资料。

⑥工程质量鉴定、检验等有关文件,工程监理有关资料。

⑦施工企业交工报告等有关技术经济资料。

⑧有关建设项目附产品、简易投产、试运营(生产)、重载负荷试车等产生基本建设收入的财务资料。

⑨有关征地拆迁资料(协议)和土地使用权确权证明。

⑩其他有关的重要文件。

Ⅲ.判断题

1. ×

解析:基本建设项目竣工财务决算是正确核定新增固定资产价值,反映竣工项目建设成果的文件,是办理固定资产交付使用手续的依据。

2. ×

解析:建设项目竣工决算报表的工程概况专用表中的"主要收尾工程"填写工程内容和名称、预计投资额及完成时间等,如果收尾工程内容较多,可增设"收尾工程登记表",这部分工程的实际成本,可根据具体情况进行估算,并作说明,完工以后不再调整竣工决算,但应将收尾工程执行结果按规定程序补报有关资料。

(四)保修费用的处理

Ⅰ.单项选择题

1. A

解析:选项 A,不可抗力造成的质量缺陷不属于规定的保修范围;当使用人需要责任以外的修理、维护服务时，承包人应提供相应的服务，但应签订协议，约定服务的内容和质量要求；所发生的费用，应由使用人按协议约定的方式支付。选项 B，非施工原因造成的事故，承包人不承担经济责任；选项 C，发包人或使用人竣工验收后使用不当造成的损坏，应由发包人或使用人自行修理并承担经济责任。选项 D，由于勘察、设计方面的原因造成的质量缺陷，由勘察、设计单位负责并承担经济责任，由施工单位负责维修或处理。

2. B

解析：在保修期内项目出现质量问题影响使用，使用人应填写“工程质量修理通知书”告知承包人，注明质量问题及部位、维修联系方式，要求承包人指派人前往检查修理。承包人应在 7 天内派出人员执行保修任务。

Ⅱ. 多项选择题

ABD

解析：建筑施工企业违反规定不履行保修义务的，责令改正，可以处以罚款。

Ⅱ. 判断题

√

解析：略。

(五)公路建设项目竣工验收的范围、依据、标准和工作程序

Ⅰ. 单项选择题

1. B

解析：公路工程竣工验收委员会由交通运输主管部门、公路管理机构、质量监督机构、造价管理机构等单位代表组成。

2. C

解析：公路工程竣工验收主要工作内容：①成立竣工验收委员会；②听取公路工程项目执行报告、设计工作报告、施工总结报告、监理工作报告及接管养护单位项目使用情况报告；③听取公路工程质量监督报告及工程质量鉴定报告；④竣工验收委员会成立专业检查组检查工程实体质量，审阅有关资料，形成书面检查意见；⑤对项目法人建设管理工作进行综合评价。审定交工验收对设计单位、施工单位、监理单位的初步评价；⑥对工程质量进行评分，确定工程质量等级，并综合评价建设项目；⑦形成并通过《公路工程竣工验收鉴定书》；⑧负责竣工验收的交通运输主管部门印发《公路工程竣工验收鉴定书》；⑨质量监督机构依据竣工验收结论，对各参建单位签发“公路工程参建单位工作综合评价等级证书”。

Ⅱ. 多项选择题

1. BC

解析：竣工验收准备工作程序包括：①公路工程符合竣工验收条件后，项目法人应按照公路工程管理权限及时向相关交通运输主管部门提出验收申请；②相关交通通运输主管部门对验收申请进行审查，必要时可组织现场核查。审查同意后报负责竣工验收的交通运输主管部门；③以上文件齐全符合条件的项目，由负责竣工验收的交通运输主管部门通知所属的质量监督机构开展质量鉴定工作；④质量监督机构按要求完成质量鉴定工作，出具工作质量鉴定报告，并审核交工验收对设计、施工、监理初步评价结果，报送交通运输主管部门；⑤工程质量鉴定等级为合格及以上的项目，负责竣工验收的交通运输主管部门及时组织竣工验收。

2. BD

解析:建设项目综合评分大于等于90分且工程质量等级优良的为优良,小于90分且大于等于75分为合格,小于75分为不合格。对建设项目出现特别严重问题的合同段,整改合格后,合同段工程质量不得评为优良。交工验收工程质量等级评定分为合格和不合格,质量评分大于等于70分均为合格,小于75分的为不合格。

3. ABCD

解析:公路工程验收分为交工验收和竣工验收两个阶段;施工单位完成合同约定的全部工程内容,且经自检和监理检验评定均合格后,提出合同段交工验收申请报监理单位审查;交工验收工程质量评分值大于等于75分的为合格;项目法人、设计、施工、监理、接管养护单位代表参加竣工验收工作,但不作为竣工验收委员会成员。

Ⅲ. 判断题

×

解析:公路工程交工验收质量等级评定分为合格和不合格两个等级。

(六)公路建设项目后评价的方法及主要评价指标的计算

Ⅰ. 单项选择题

1. D

解析:纳入交通运输部进行后评价的公路建设项目应已建成通车运营5年以上并通过竣工验收;公路建设项目已建成2年以上才可以竣工验收。

2. D

解析:公路建设项目后评价报告的主要内容包括项目过程评价、项目投资与效益评价、项目影响评价、项目目标持续性评价,经验与教训,措施与建议。

Ⅱ. 多项选择题

1. ACD

解析:根据我国《公路建设项目后评价报告编制办法》(交规划发[2011]695号)的规定,公路建设项目后评价方法有有无对比法、层次分析法、因果分析法、逻辑框架法、综合评价法等,可根据项目特点选择一种或多种方法。

2. BC

解析:公路建设项目后评价报告由主报告和附件组成,主报告应按《公路建设项目后评价报告编制办法》的附件《公路建设项目后评价报告文本格式及内容要求》编制;附件主要包括专题报告、公路建设项目管理表和有关委托、招标、评审、批复等主要文件的复印件。

Ⅲ. 判断题

×

解析:纳入交通运输部后评价工作管理的公路建设项目后评价报告的编制应由具有甲级工程咨询资质的咨询机构承担,该机构不得是参加过同一项目前期工作和建设实施工作的工程咨询机构;参与后评价工作的人员不得是该项目各阶段的主要参与者。